唐朝往事系列

耿元骊 主编

大唐名城
长安风华冠天下

赵耀文 著

辽宁人民出版社

© 赵耀文　2025

图书在版编目（CIP）数据

大唐名城：长安风华冠天下 / 赵耀文著 . —沈阳：辽宁人民出版社，2025.1. —（唐朝往事系列 / 耿元骊主编）. —ISBN 978-7-205-11201-1

Ⅰ．K242.09

中国国家版本馆 CIP 数据核字第 20246K7E69 号

出版发行：辽宁人民出版社
　　　地址：沈阳市和平区十一纬路 25 号　邮编：110003
　　　电话：024-23284191（发行部）　024-23284304（办公室）
　　　　　 http://www.lnpph.com.cn
印　　刷：天津光之彩印刷有限公司
幅面尺寸：145mm×210mm
印　　张：10.5
字　　数：169 千字
出版时间：2025 年 1 月第 1 版
印刷时间：2025 年 1 月第 1 次印刷
责任编辑：赵维宁
封面设计：乐　翁
版式设计：一诺设计
责任校对：郑　佳
书　　号：ISBN 978-7-205-11201-1
定　　价：78.00 元

总 序

盛唐：中华文明的辉煌时代

  唐朝有自己独特的气质。当我们提起唐朝，经过长达千年集体记忆形塑，大概每一个华人都会立刻呈现一幅宏大画卷萦绕脑海，泱泱大国典范形象勃现眼前，甚至还会莫名有一种自豪感油然而生。三百年波澜壮阔（实289年），四千位杰出人物（两《唐书》有姓名者约数），五千万烝民百姓（开元载簿约数，累计过亿），共同在欧亚大陆东端上演了一出雄浑壮丽、辉煌灿烂的人间大剧。

  唐朝在中国历史上有着巍然的地位。它海纳百川，汲取万方长处；自信宏达，几无狭隘自闭之风。日本学者外山军治以域外之眼，推崇隋唐时代是"世界性的帝国"，自有其独到眼光。唐代在数百年乱世基础上，在经历多次民族大融合之后，引入周边各族之精英及其文化，融合再造生机勃勃的新一代文化，从而使

大唐名城：长安风华冠天下

以华夏文明为中心的中原文明再次焕发出生机与活力。唐朝，也成为中华文明辉煌的时代。如果在朝代之间进行比赛，唐代在大多数项目上都能取得前几名，"唐"也与"汉"共同成为中华代称。

唐朝有着空前辽阔的疆域。其开疆拓土之勇猛气概与精细作业之高超能力，一时无双。皇帝的"天可汗"称号，使唐成为周边各区域政权名义共主。这是一个大有为的豪迈时代，自张骞通西域以来，再次大规模稳定沟通西域，所谓"是时中国盛强，自安远门西尽唐境凡万二千里，闾阎相望，桑麻翳野"。在南方则形成了稳定通畅的广州通海夷道，大概是同时代世界上最远的航路。杜环、杨良瑶在中亚游历，促进了东西方海路沟通，大批波斯、大食商人来到广州，唐代和中亚、西方直接往来越来越密切，唐帝国是世界舞台上的优胜者。

大唐独有气质、巍然历史地位、空前辽阔疆域，共同形成了"盛唐气象"。"盛唐气象"也从最初描绘诗文格调的形容词，逐渐转变为唐代整个社会风范的代名词。"盛唐"逐步成为描绘唐朝基本面貌最常用词语，一个典范概括。唐朝各个方面，都呈现出进取有为和气质昂扬的面貌，无论是精神、文化还是生活上，都展现了独特时代风貌，其格局气势恢宏，境界深远，深深体现

总　序　盛唐：中华文明的辉煌时代

在盛唐精神、文化、生活等各个方面。

盛唐的精神

大唐精神体现在何处？首先是开放的心态，其次是大规模的制度建设。没有开放心态，就不会建成这些制度。唐朝有传统时代最开放的万丈雄心，不自卑，也不保守，更没有"文化本位主义"的抱残守缺。上层统治群体胡人血统很深，胡汉通婚情况很普遍，社会氛围基本不强调排外。唐高祖母独孤氏，太宗母窦氏、皇后长孙氏，这些都是鲜卑人。"胡客留长安久者，或四十余年"，来华的日本人很多在唐娶妻生子，大食国李彦、朝鲜半岛崔致远等，都考中进士，日本人阿倍仲麻吕进士及第后还当过官员。华夷观念上，没有鲜明对抗。唐朝人不自限天地，也不坐井观天。

在制度建设方面，唐朝延续了隋朝之初创，多方面建立了模板标杆，后代仿而行之，千年而未改，是盛唐精神最佳外在表现。在中央行政体制上，建立了完善的三省六部制，其体制健全，运行相对其他制度较为顺畅。结束了家国一体、门阀政治局面，以皇帝为核心，建立官僚政治制度，以严密官僚体系，分门别类推动行政运作，这个基本框架和运行模式历经改良在后世得到了长期沿用。在法律上，唐代创建了律令格式体系，形成了中

大唐名城：长安风华冠天下

华法系。特别是唐律，不仅仅在中国，在东亚历史上都有着重要地位，得到了长期沿用。在科举体制上，进一步完善科举模式，也得到了长期沿用。科举公平考试最受益者无疑是寒素出身者，推动并加快了社会阶层流动速度。在礼制这个社会等级秩序最鲜明标志物的建设上，唐代也有着最大贡献，形成了最早的国家礼典，在东亚文化体系当中影响巨大。

盛唐时期昂扬向上，走在各方面都开创事功的道路上，能出现贞观之治、开元盛世新局面，也就不足为奇。虽然安史之乱打破了原有局势，但是它并没有颠覆已经形成的大格局，所以唐朝仍能继续维系百年以上。

盛唐的文化

唐朝是文化的时代，各种艺术形式都让人有如臻化境之感。大唐是诗之国度，唐诗是诗之顶峰，唐诗至今仍是我们中国人日常最爱古典文化，谁不能脱口而出一两句唐诗呢！唐诗厚重与灵巧并重，对现实、人生总是充满着昂扬奋发的精气神，所体现出的时代精神是那么刚健、自豪！读李白诗，不由得让人有意气风发之感。读杜甫诗，不由得起家国之深思。才气纵横如李白，勤思苦练如杜甫，是唐诗当中最亮的双子星。读边塞诗，似亲行塞上，悲壮深沉。读田园诗，则宁静致远，平和悠适。即使安史之

总　序　盛唐：中华文明的辉煌时代

乱以后，大唐仍然有元稹、白居易、韩愈、柳宗元等诸多诗文大家。韩、柳更是开启古文运动，兴起一代文体新风。无论是诗还是文，大唐诗人都已长领风骚千年之久。即使到了白话文广泛通行的今日，唐诗、古文又有哪个华夏子孙不读之一二呢？

而绘画、书法、舞蹈与音乐、史学等都在中国历史上具有重要意义，是前此千年的总结，又是后此千年的开创。吴道子是唐代最有名的天才画家，"吴带当风"，被称颂为"气韵生动"，自成一派；而山水画也开始兴起，出现了文人画，两派画风都深深影响了宋朝人审美趣味，流风余韵至今日。书法在本质上已经脱离了记录符号，其实也是一种绘画，是绘画和文字本身含义的结合体。唐代书法大盛，书法理论自成一格。前期尊崇王羲之书法，盛唐之后形成了张旭草书新体，书风飘逸；又形成了颜真卿楷书，端庄正大，成为至今通行常用字体，其影响可谓远矣。舞蹈与音乐更是传统时代的顶峰，太宗时形成"十部乐"，广泛引入了域外曲调。盛唐时代，更是从玄宗到乐工，都精于音律，《秦王破阵乐》《霓裳羽衣曲》大名流传至今。唐代史学承前启后，《隋书·经籍志》确定了史部领先子、集的地位，一直沿用到《四库全书》。纪传体成为正史唯一体裁，也是在唐代得以确立，"二十四史"由唐朝修成有8部之多。设史馆，修实录，撰

大唐名城：长安风华冠天下

国史，成为持续千年的国家规定动作，影响之大，自不必言。

文化是盛唐精神的最佳展示，是大唐时代风貌的具象化展示，表达了全社会的心理和情绪。

盛唐的生活

盛唐时代经济富庶，生活安定，杜甫有一首脍炙人口之史诗可为证："忆昔开元全盛日，小邑犹藏万家室。稻米流脂粟米白，公私仓廪俱丰实。"这就是唐代经济社会繁盛的形象化表述。盛唐时代，"天下大稔，流散者咸归乡里，……东至于海，南及五岭，皆外户不闭，行旅不赍粮，取给于道路"，几乎是到当时为止农业经济条件下，所能取得的最高峰。南方特别是江南得到了广泛开发，开元、天宝之时，长江三角洲开发已经取得了显著成绩，工商业更加发达，经济水平在全国取得了领先性地位。

盛唐时代，也是宗教繁荣时代。高宗建大慈恩寺，请玄奘译经。武则天更是深度利用佛教，在全国广建大云寺，推动了佛教大发展。玄宗尊崇密宗，行灌顶仪式，成为佛弟子。除唐武宗灭佛之外，唐代其他皇帝基本是扶持利用佛教。在中国历史上，唐代是佛教全盛时代，整个社会笼罩在佛教影子之下。唐朝也崇信道教，高祖自称老子后裔，高度推崇道教，借道教提高李氏地位，建设了一大批道教宫观。太宗规定道士地位在僧人之前，高

总　序　盛唐：中华文明的辉煌时代

宗追封老子，睿宗两个女儿出家入道。玄宗对老子思想高度赞赏，尊《老子》为《道德真经》，并亲自为其注释，颁行全国。

在唐代社会生活中，婚姻、丧葬、教育、养老是最重要的内容。盛唐时代，婚姻仍然非常看重门第，观察对方家族的社会名望和地位，对等才能让子女结合，基本实行一夫一妻多妾制。丧礼是社会关系确认重要标志，唐代有厚葬之风。在丧葬仪式方面，朝廷出台了官方规定，形成了系统化、程序化仪式。教育在盛唐时代也被高度关注，中央设立六学二馆，地方上设置了郡学和县学，开元时期全国各州县普遍设学。唐朝强调以"孝"治国，唐玄宗亲自为《孝经》作注，提高了老人地位，对老人提供各种礼节性待遇。

盛唐时代，虽然围绕最高权力争夺不断，但是百姓生活尚称安乐。然而，"渔阳鼙鼓动地来，惊破霓裳羽衣曲"，大唐转折来得也很猛烈，安史之乱对盛唐造成了重大伤害。另外，在我们对大唐赞叹有加的同时，不得不说，唐代短板也很多，特别是原创思想开拓性不足，微有遗憾。在传统时代唐朝所具有的开放性足以为傲，但是对其相对的封闭性也要有明确认识，值得思考。唐朝社会精英可以对外开放，但是普通百姓必须遵守牢笼规则，遍布长安的高墙和里坊就是佐证。大唐女性，看起来可以袒胸露

大唐名城：长安风华冠天下

乳，气质昂扬，独立自主，但只是少部分贵族妇女。大部分普通女性，还是生活在枷锁之中，虽然还没有裹脚这种身体残害，但是被禁锢的附属品命运还是传统时代所常见。

总之，唐朝个性鲜明，"大一统"最终成为定局。在唐朝之前，只有汉朝在一个较长时期内落实了大一统。隋朝虽然恢复了大一统体制，但是流星般的命运让它没有时间稳固大一统。唐朝立国稳定，最终把大一统定局为中华政体的深层底蕴结构，从此，大一统有了稳定轨道和天然正义性，延续千年，成为中华民族社会心理的共同基本。

如此唐朝，谁又不爱，谁又不想了解呢？然而时代变迁，让每个人都从史籍读起，显然不可能。虽然坊间关于唐代的读物已有不少，其中品质高超者也为数甚多，但是在文史百花园当中，自当要百花齐放，因此即使关于唐朝的普及性读物已经汗牛充栋，我们还是要在这著述之海当中，继续增加一些新鲜气息，与读者共赏唐朝之美！我们曾表达过，孟浩然"人事有代谢，往来成古今"最能代表我们的心声。没有人，没有事，也就没有历史。见人，见事，方见历史。所以，我们愿意努力在更多维度上为读者提供思考和探寻唐代历史的基础，与已经完成的"宋朝往事"略有不同，在人和事两方面基础上，增加了典制内容。大唐

总　序　盛唐：中华文明的辉煌时代

三百年历程，人事繁杂，典制丰富。我们采中国传统史学模式当中的纪事本末、列传、典制体裁之意，并略有调整，选十事、五人、五专题进行定向描绘，各书文字流畅，线索清晰，分析准确精当，且可快速读完。希望读者能和我们一起从更多维度观察唐、了解唐、思考唐，回首"唐朝往事"。

公元617年，留守晋阳（今山西太原）的唐国公李渊起兵，拉开了大唐王朝序幕，攻势如破竹，一年不到就改换了天地。虽然正史当中塑造了一个平庸的李渊形象，但是实情是没有李渊的方略和能力，就不会建成大唐。玄武门之变，兄弟刀兵相见，血流成河；父子反目，无奈老皇退位。从玄武门之变到出现贞观之治，二十多年时光，选贤任能、开疆拓土、建章立制，李世民留给世界一段值得长期探讨、反复思考的"贞观"长歌。太宗才人武媚，与高宗李治一场姐弟恋，却开创了大唐一段新故事。武周霸业，建神都洛阳，成就武则天唯一女皇。神龙元年（705），李武势力默认，朝臣积极推动，"五王"主导政变成功，女皇被迫退位，重新成为李家儿媳。此后十年间，四次政变，四次皇位更迭，大唐核心圈就没有停止过刀光剑影，但是尚未伤到帝国根本。玄宗稳定了政局，"贞观之风，一朝复振"，再开新局，开放又自由，包容又豁达，恢宏壮丽的极盛大唐就体现在开元时代。

大唐名城：长安风华冠天下

"开元盛世"四字，至今脍炙人口。

盛极而衰，自然之理。盛世接着就是天宝危机，酿成安史之乱。这场大变乱，改变了中国历史走向，时间长，范围广，破坏大，影响深。战乱过后，元气大伤。河朔藩镇只是名义上屈服，导致朝廷也只能屯兵防备。彼此呼应，武人势力极度膨胀，群雄争霸，朝廷无力。唐宪宗元和时代，重新形成了短暂振兴局面，这也是唯一一位能控制藩镇的皇帝，再次构建了由中央统领的政治秩序。元和中兴也成为继开元盛世后，大唐王朝最后一次短暂辉煌。宪宗身后，朝廷局势一天不如一天，穆宗、敬宗毫无能力，醉生梦死。文宗时代，具体操办政务运行的朝臣，以李德裕、牛僧孺各自为首的政治集团党争不断，势同水火，"去河北贼易，去朝中朋党难"。宦官权重，杀二帝，立七君，势力凌驾皇权之上。导致皇帝也难以忍受，文宗试图利用"甘露之变"诛杀宦官，但是皇帝亲自发动政变向身边人夺权功败垂成，朝臣一扫而光，大唐也就踏上了不归路。

大唐功勋卓著的名人辈出，自不能逐一详细介绍，只好有所选择。狄仁杰，我们心目中的"神探"，实是辅周复唐大功臣，两次为相，为君分忧，为民解难。特别是劝说武则天迎回李显，又提拔张柬之等复唐主力人物。生前得到同时代人赞誉，死后获

总　序　盛唐：中华文明的辉煌时代

得了后世敬仰。郭子仪在战乱中显露英雄本色，平安史，击仆固，退回纥，是力挽狂澜的武将代表。长期位极人臣，生活在权力核心地带，谨慎经营，屹立不倒，"完名高节，福禄永终"，可谓文武双全，政治智慧超群。上官婉儿是唐朝著名女性代表，有着出色的文字能力，是可以撰拟诏敕的"巾帼宰相"，还可以参与军国权谋，但命运多舛，未有善终。近年来墓志出土，形成了一波婉儿话题。韩愈，千古文宗第一人。谏迎佛骨，显示了韩愈风骨。一代文化巨人，"匹夫而为百世师，一言而为天下法"，努力振兴儒学，文起八代之衰，推动"古文"运动，千年之后，仍然能够感受到他的影响。陆羽，唐代文人的代表，撰写了世界上第一部茶叶专著——《茶经》，号为"茶圣"，影响千年，成为古今中外吟咏不已、怀念不止的人物。

大唐创业垂统，建章立制。三省六部，成为中国古代官僚行政的典范。三省六部是决策机构，九寺五监是执行机构。虽然三省屡经变迁，但是所确立的中枢体制模式，却是千年如一。六部分科管理行政，其行政原理至今还在运行。九寺五监，今日"参公""事业"单位名目仍可见其遗意。唐代法律完善，律令格式体系齐备，是中华古典法系的杰出代表，对东亚影响可谓广泛。大唐生活，千姿百态。衣食住行，是维系每个大唐人生存的基

大唐名城：长安风华冠天下

本、婚丧学老，是每个大唐人成长所必有的经历。八件大事，又都和等级制度挂钩，是观察唐朝日常的最佳窗口。古都长安，是东亚中心，也是当时"世界"之都，是经济中心，是文化交流中心，是思想和学术的高地。巍巍长安，是盛唐气象直接承载体，长安风华引领着世界风潮，展示着盛唐文明所达到的高度。吐鲁番地处丝绸之路要地，是中外文明交汇融通之处。多元人口组成，多元文化集结地，是大唐开拓西域的关键节点，具有重要的军政和战略地位。凡此种种，理当书之。

以上，就是"唐朝往事"的总体设计。我们希望以明晰的框架，建设具有整体感的书系。既有主线，又可分立；有清晰流畅语言，有足够的事实信息，也有核心脉络可以掌握。提供给读者既不烧脑又不低俗的"讲史"，以学术为基础，但是又不是满满脚注的学究文。专业学者用相对轻松的笔调来记录和阐释，提供一点不一样的阅读感受。这个目标能否实现还很难说，但是我们正在向此努力。我们21人以一年时光，共同打造的20部小书，请读者诸君阅后评判！

感谢鲍丹琼（陕西师范大学）、侯晓晨（新疆大学）、靳小龙（厦门大学）、李航（洛阳师范学院）、李瑞华（西北大学）、李效杰（鲁东大学）、李永（福建师范大学）、刘喆（北京师范大学）、

总　序　盛唐：中华文明的辉煌时代

罗亮（中山大学）、雒晓辉（中国社会科学院古代史研究所）、孟献志（首都经济贸易大学）、孙宁（山西师范大学）、王培峰（山东师范大学）、许超雄（上海师范大学）、原康（淮北师范大学）、张春兰（河北大学）、张明（陕西师范大学）、赵龙（上海师范大学）、赵耀文（重庆大学）、朱成实（上海电机学院）等学界友朋（按姓名拼音为序）接受邀请，给予大力支持，参加"唐朝往事"的撰写工作，更要感谢他们能在一年多的时间内不停忍受我的絮叨和催促，谢谢大家！感谢辽宁人民出版社蔡伟先生及其所带领的编辑团队，是他们的耐心细致，才使得本书以这样优美的状态呈现出来。

现在，亲爱的读者，请您展卷领略"唐朝往事"，与我们一起走进大唐，思考大唐！

耿元骊

2024年3月26日于唐之汴州

目录

总　序　盛唐：中华文明的辉煌时代　　001

引　子　大唐气象　长安风华　　001

第一章　革故鼎新：从大兴到长安　　012
　一、隋都形胜：龙首原上的"帝王都"　　013
　二、政在大兴："开皇之治"与大兴城　　027
　三、唐都长安：续写古都华章　　036

第二章　建中立极：长安的宫城与皇城　　043
　一、政治中心"三大内"　　046
　二、百僚廨署列其间　　073

大唐名城：长安风华冠天下

第三章　郭以守民：长安坊市与社会生活　　096

　　一、丝绸之路的东方起点：长安两市　　100

　　二、乐居长安与"逐粮天子"　　116

　　三、里坊中的地方"驻京办"　　136

　　四、刺客、盗贼与京城恶少年　　144

第四章　巍巍长安：京城的政治景观　　155

　　一、碑铭胜景在长安　　156

　　二、谁家豪宅在里坊？　　165

　　三、世家大族有"别业"　　178

第五章　人文荟萃：魅力文化之都　　183

　　一、宴饮曲江边与题名雁塔上　　185

　　二、寺塔林立与古都梵音　　195

　　三、"蕃客"与胡姬酒肆　　218

　　四、京师文艺与都城"异事"　　223

目 录

第六章　兵火照长安：播迁的天子与陷落的都城　243
　一、"渔阳鼙鼓"入长安　245
　二、吐蕃人与泾原兵　260
　三、"草贼"占长安　274
　四、长安余音：最后的都城　290

尾　声　回首望长安　306

后　记　311

引 子

大唐气象 长安风华

隋唐时代从公元581年隋朝建立开始,到公元907年唐朝灭亡结束,共300多年的历史。虽是两个朝代的合称,却有一脉相承的文明发展理路,是华夏大地经历了魏晋南北朝漫长分裂时期后的两个大一统王朝。可以说,隋唐时期是每一个中国人都引以为傲、心向往之的时代,当时的制度文明、物质文明和精神文明都居于世界前列,国际社会无不服膺钦羡,真可谓风头之盛,一时无两。

隋朝存续的时间并不长,仅有37年的时间,但历史意义重

大唐名城：长安风华冠天下

大，因为隋朝结束了中国历史上的一段长期分裂对峙，是继秦、西晋之后第三次大规模统一中国的朝代。隋文帝治国有方，清明吏治，还进行了政治经济和军事制度的改革，被誉为"开皇之治"。隋炀帝的统治虽然多有弊政，大运河耗费民力，劳民伤财，但从长远来看，却是加强南北交流、助推国家繁荣昌盛的重要创举。此外，隋朝开创的制度文明被唐朝乃至后世沿袭承用，三省六部制度构成后世中枢行政体制的基本框架。

治世与盛世的光环背后蕴含着隋唐时代空前的治理风貌和文明成就。言及中国古代的治世或盛世，必称汉唐。唐代被视为中国历史上的"黄金时代"，这是基于唐文明的发展高度做出的论断。史学大家陈寅恪对唐代关注颇多，他认为"唐代之武功为中国历史上之空前盛业"，给予李唐一朝极高的赞誉。盛唐之名的形成，是集天时、地利、人和的结果。得天独厚的空间优势、统治者张弛有度的治国理念和政治举措、开明包容的文化政策、与时俱进的制度改革等，奠定了时代发展的基本面相，促成了唐代空前的鼎盛格局。

大唐的文治武功超迈绝伦，雄踞东方世界，是时代的弄潮儿，自有一番独特的气象。整个社会展现出蓬勃迸发、激情洋溢

引　子　大唐气象　长安风华

的氛围，兼容并蓄、大气恢弘的形象深入人心，再加上唐朝的自由奔放和豪放雄浑之风，可谓气象万千，独树一帜。

隋唐对中国古代政治文明的贡献影响深远。政治制度不仅为当时的社会、经济、文化发展提供支撑，更对后世的统治产生了深远影响。之前在贵族政治和门阀政治背景之下，皇权往往对世家大族的依赖很深，九品官人法更是为这种政权结构提供了持续的动力。隋文帝废止九品中正制，由中央直接任免地方官吏，中央集权不断加强。他还确立了用科举考试选才的制度，影响尤为深远，是国家统治阶层从门阀贵族向科举官僚群体转变的制度机制。科举制度施行以来，没有门第和出身的普通读书人也可以通过科举考试而获得功名，进入仕途。所谓"朝为田舍郎，暮登天子堂"，身份转变剧烈如斯，全仰赖科举制度。唐人生发出如此感慨，体现的是一种摆脱门阀束缚的快感，这种豁达开朗、积极向上的大唐气象成为中国历史上辉煌夺目的一页。科举制度的流衍，推动了社会群体的流动，使得国家人才选拔以更加科学的方式前进。

隋文帝、唐太宗、武则天、唐玄宗等著名皇帝声名远播，魏徵、房玄龄、杜如晦、姚崇、宋璟等名臣贤相妇孺皆知。君明臣

大唐名城：长安风华冠天下

贤，共致太平，隋唐形成的政治原则和国家治理方式将中国古代的国家治理理论提升到一个新高度，为政治清明、社会安定、经济发展、文化交融做出了巨大贡献。

"贞观之治"的精髓就是人民百姓安居乐业，社会经济蓬勃发展。这是建立在君臣时刻怀着忧患意识、以史为鉴的基础上的。唐太宗对君主和百姓的关系有十分恰当的认识，常说"水能载舟，亦能覆舟"，告诫自己事事、时时以百姓为先。他常用隋炀帝的事迹来提醒自己，认为"为君之道，必须先存百姓，若损百姓以奉其身，犹割股以啖腹，腹饱而身毙"，像隋炀帝那种毫不考虑后果的行为，他是断然不会做的。正是唐太宗治国方法得宜，统治经验足以垂训后世。史家吴兢创作了《贞观政要》，将贞观君臣的嘉言懿行分门别类记录，若皇帝能够"克遵前轨，择善而从"，那就能够达到"可久之业益彰，可大之功尤著"的目的，此书成了后世皇帝常读的书籍之一。

丰富的物质文化、完善的典章制度、具有震慑性的军事实力、领先世界的科学技术，让我们总是不吝于以最美好的措辞来描述这个时代，这源于我们对大唐气象的认同，对长安风华的领悟。

引　子　大唐气象　长安风华

唐代的长安是整个东亚的中心，周边各国都以一睹唐都风貌为荣。唐朝的物质文化吸引了周边各国和各民族人民的目光，成为他们心中向往的"天朝"。他们不远万里派出使臣、商人、僧侣、留学生等，前来交流学习，使得大唐的典章制度、文化艺术等极具中华特色的伟大贡献远播异域。唐人在世界各国人的心中树立了美好的国际形象。为了强化文化交流，玄奘西行、鉴真东渡，他们都是肩负时代使命，为中外文化交流贡献一生的杰出代表。文成公主入藏的故事，更多的是文明交流、交融、交汇。当时中亚各国称呼唐代的中国人为"唐家子"，世界各地的"唐人街"展现了唐文化在国际社会的影响力。

唐朝是文人学者泉涌的时代，以李白、杜甫为代表的唐朝诗人用属于自己的方式书写这个时代的恢弘气象和精神风貌。李杜诗篇风格迥异，因为他们分别描绘了唐朝的鼎盛期和衰落期的社会样态。李白说"人生得意须尽欢，莫使金樽空对月"，这种肆意洒脱，奔放豪迈的心境是他对时代的认知。杜甫的"三吏""三别"等，从题材选取上就体现出诗人的时代关怀。

白居易"文章合为时而著，歌诗合为事而作"宣告了唐朝文人的使命感和责任感，唐朝诗歌和锦绣文章既描绘出了作者生活

大唐名城：长安风华冠天下

的场景，展现了时代的风貌，又蕴含了无数对长安的想象。通过诗词歌赋进行的交际活动，谱写了文化界的新样态，无数锦绣华章承载了对繁华长安的写照。朝会是展现唐朝政治中心的绝佳舞台，岑参就通过诗句来表达这一场景，他说"金阙晓钟开万户，玉阶仙杖拥千官"。李白也说"王侯象星月，宾客如云烟"。唐太宗对长安国际大都市的形象也有表达，他在《正日临朝》诗中说"百蛮奉遐赆，万国朝未央"，说的就是万国来朝的盛况，大国的气象跃然纸上。

唐朝是讲究各民族和谐共生的时代，中华文明多元一体的民族关系大放异彩。李世民就曾宣称："自古皆贵中华，贱夷狄，朕独爱之如一。"即他愿意消除民族之间的壁垒，平等地看待世界各国各民族。这不仅是唐太宗的气魄和胸怀，也深深地烙印在了长安城的日常中。贞观四年（630），唐太宗击败东突厥之后，接受了诸蕃部落君长奉上的"天可汗"称号，充分展现了多民族结合的时代特征，这被认为是唐代国家政治结构的重要内容，形成了"唐型天下秩序"，李世民以大唐天子的身份"下行可汗事"。杜佑在《通典》中说，"天可汗"称号是唐朝"临统四夷"的标志。到了唐后期，虽然国家历经动乱，但周边民族还是象征性地称呼唐朝皇帝为"天可汗"。

唐人国际视野开阔，心胸旷达，形成了天下一家的民族平等思想，皇帝以万国之主自居。东突厥灭亡之后，唐朝"全其部落，顺其土俗"，用羁縻政策设立都督府安置，这种用"中国法"治理中原地区，用"胡法"统治少数民族的自信，并不是任何君主都能拥有的气概和魄力。在官员选择上，门第已经不是最主要的考量内容，甚至民族背景也逐渐弱化，蕃汉并用，没有很突出的华夷之分，有许多少数民族背景的人在唐朝政府担任要职。长孙无忌是鲜卑人，执失思力、哥舒翰是突厥人，扈从唐太宗便桥之盟的武将安元寿是粟特人，仆固怀恩是铁勒人，李多祚、李怀光等重要将领是靺鞨人，高仙芝是高句丽族，这些来华的少数民族或外国人在唐朝都得到了很好的仕途和发展。

文成公主和金城公主的和亲，使汉族和吐蕃建立甥舅关系，"和同为一家"，经济文化的交流空前密切。唐朝和少数民族的和亲、互市、册封以及合理使用羁縻府州制度，使得汉族和少数民族之间的隔阂减少，融合增多，时日既久，彼此之间就形成了不可分割的联系，所以，世界各国称呼的"唐人"自然不只是汉族，而是一个极具包容性、囊括了以华夏文明为主体的众多民族

大唐名城：长安风华冠天下

人群。

盛唐气象还体现对法制文明的重视上，隋朝制定的《开皇律》被唐朝延续，并以《开皇律》为蓝本编撰了中国古代法典的集大成《唐律》，永徽年间长孙无忌等作了疏议。唐太宗说"法者，非朕一人之法，乃天下之法"，明确了依法办事，以法立国的法治取向。唐朝法律体系完备，律令格式各有侧重，所谓"律以正刑定罪，令以设范立制，格以禁违正邪，式以轨物程事"，欧阳修则将这四类法律形式称之为"刑书"。

唐朝政治制度的改革强调实用性和变通性，将三省六部制度和使职差遣制度相结合，从而形成中书门下体制。杜佑就说唐朝的制度是"设官以经之，置使以纬之"，充分保证政治制度的活力和运作的效率。对美好生活的向往也激发了我们对盛唐这个"黄金时代"的无数想象与寄托，当视域不断聚焦，思绪逐渐清晰，最先映入眼帘的还是那座承载着时代使命、见证过血雨腥风、经历过辉煌与失落，却又牵引着无数中华儿女精神世界的古都——长安（大兴城）。

长安是隋唐两代王朝的都城，以关陇贵族集团中的杨、李两大家族为中心的统治者，依靠得天独厚的区位优势，充分发挥都

引　子　大唐气象　长安风华

城职能，开创了文治武功超迈绝伦的治世，将长安城打造成了名扬古今中外的国际性大都市。大唐气象是基于对唐文明的集体认同，是构筑中华民族共同体的精神资源，也是镶嵌在中华儿女内心深处无法磨灭的记忆底色。长安风华引领时代风潮，宫阙楼阁、万方来朝、商贾辐辏，是西方人心目中的"天朝"，更是东方人引以为傲的生活家园。

都城的政治性是其不可或缺的使命，但长安的内涵不单是政治，更是当时的经济中心，商业贸易的集散地，中外文化交流中心，思想和学术的融汇地。规划有序，布局合理，商旅往来不绝，中外思想和文化艺术交融互动频繁，形成了兼容并蓄的时代风貌。大唐创造的华夏文明折射出中华大地的蓬勃生机。唐文化的先进性、开放性、优越性、包容性，使得盛唐气象多彩多姿。

长安作为"丝绸之路"的起点，构筑起了连接中外文明的桥梁，是域外从事商业贸易或者朝贡使臣的目的地，更是一座具有丰富多彩的人文历史内涵的城市。长安的发展秉承着"走出去"与"引进来"并举的方式，形成了中外文化交流互鉴的良好风貌。佛教在唐朝获得空前的发展，隋唐时代是佛教思想中国化、世俗化的关键时期。域外来华的僧侣、使者、留学生等，都乐于

大唐名城：长安风华冠天下

在唐朝做官生活。唐人陈鸿祖在《东城父老传》中叙述元和时期长安的情况，说"北胡与京师杂处，娶妻生子，长安中少年有胡心矣"。可见当时长安有不少域外民族，他们在大唐生活，娶妻生子，终老一生。不同民族文化的融合，将唐朝的包容性展现得淋漓尽致。

富庶繁盛、稻脂流香的物质生活；多姿多彩、美妙绝伦的精神佳境；美轮美奂、雕梁画栋的古都景观。唐都长安是政治活动和社会生活的空间，还是文化展示的舞台，也是权力博弈的前沿阵地。长安上演了一幕幕围绕权力争夺、利益纷争的行动，各路势力暗流涌动，尔虞我诈，元和刺相案震动朝野，"甘露之变"和黄巢"洗城"之类的行动，真可谓血流成河、惊心动魄。

追忆盛唐气象，浅吟诗词歌赋，感受梵音如缕，暮鼓晨钟。走进长安城，体会大唐气象。描绘一座古都的荣光与落寂，展现历史洪流下的兴衰沉浮。当我们倾心于唐朝的繁盛时，也应留意到长安遭受的苦难。这更显这座城的真实，是理解长安的应有之义。历经风雨沧桑，难掩千年风华。她不仅是一座城，更是一个文化符号，一种精神象征。展示了盛唐文明的高度，传颂着中国传统文化的精髓。长安创造了绚丽夺目的中华文化底蕴，流风所及，远涉域外，日本受其惠泽，尚保存着数量非常多的仿唐式遗迹。

盛唐气象是一种精神，也是时代的风貌和理想的寄托。王维的名句"九天阊阖开宫殿，万国衣冠拜冕旒"是叙说大唐气象、展现长安风华的经典诗句。霍松林先生在20世纪70年代就有"大唐气象今何在？欲访昭陵泪已流"的痛感。唐代的长安城在战火中沦为丘墟，我们只能从字里行间去寻求古都长安的风采神韵了。回首1400年前的古都，领略唐代长安的繁盛与沉浮，应当成为每个中华儿女的集体自觉。天街古刹，坊市繁华。让我们走入盛唐，认识唐朝往事，感受大唐气象、古都风华。

第一章

革故鼎新：从大兴到长安

隋唐时代是中华文明发展史上非常璀璨的一页，开皇与贞观时代被称为"治世"，而"开元盛世"更是经久传唱。借用陈寅恪先生的话来说，就是"与天壤而同久，共三光而永光"。隋祚不永，杨坚和杨广父子统治的风格差异很大，两位皇帝又多遭祸殃。文帝死于仁寿宫，炀帝遇祸在江都，两位君主都没能获得个寿终正寝的结局。但继承了隋朝典章文物的大唐，则把华夏文明的发展推到一个新高度，将中华大地的蓬勃气象和精神风貌展现在了世界的舞台。

第一章 革故鼎新：从大兴到长安

隋唐嬗代，最高统治者发生了改变，但仍旧是关陇集团内部统治权力博弈的结果。李渊表面上是隋末义军的一支，实际上其祖先李虎和隋文帝的父亲杨忠都是北周的柱国大将军，属于关陇集团的核心成员。革故鼎新，唐王朝接续了隋朝开创的统一局面，把中国文明推向新的高度。李唐统治的时代，都城长安是最引人注目的地方，因为这是帝王所居之地，所谓"择天下之中而立国"，这个"天下之中"不仅是地理的中心点，更是政治权力的中心，经济文化的中心，国家的心脏命脉所在。从大兴城到长安城，虽有朝代更迭，时移事易的表征，但都城的基本格局一脉相承，是展示中国文化气象和盛世文明的窗口。

一、隋都形胜：龙首原上的"帝王都"

公元582年六月，按照当时的年号，正是开皇二年，杨坚已经登基为帝一年多了。这一年来，他每日都在从北周接手的旧宫殿里处理政务。尽管殷勤有加，但各种现实问题时刻困扰着这位新皇帝。旧都城使用时间太久了，完全无法满足新王朝统治的需要。姑且不说宫城周边人群复杂，官员的办公场所和百姓的生活

大唐名城：长安风华冠天下

场所混在一起，管理起来非常不方便。甚至京城生活环境方面也出现了问题，林木植被消耗过盛，京城水质下降。人口增多，京城用水出现短缺，百姓生活面临着较大的问题。于是，就有许多王公大臣建议朝廷迁都，他们提出的原因无非是现在的都城太过残败，而且发展的动力也不够，没有前景，再加上经历过多次战火波及，修缮成本过高，不如另择新都。

这些声音他经常会听到，时间久了，也就动心了。据说他还经常在睡梦中梦见寝殿有鬼魂作祟，也不知道真假，但他阴谋篡夺了北周的江山，恐怕更多的是心里有鬼，鬼便无处不在。正好大家建议重新选择都城，是个就坡下驴的好机会，杨坚便找人卜筮，请风水大师择一宝地以营建新都。汉长安故城的东南有一座山，名为龙首山，沿山而下是一片相对空旷的地域，有六道山坡，与乾卦六爻之义相合，当地人称为龙首原。此处风景秀丽，山河环绕，真是一处风水宝地。隋文帝就决定在龙首原上营建新都城。

被誉为"诗圣"的唐代大诗人杜甫，就有"秦中自古帝王州"的诗句，能够承此重誉，那绝非一般区域，自然有其格外突出的优势。唐代政治家、史学家杜佑说"秦川是天下之上腴，关

第一章 革故鼎新：从大兴到长安

中为海内之雄地"。这当然不是单纯的吹捧，而是有着深刻的现实依据。清代历史地理学家顾祖禹在比较了各处古都的优劣后，坚持认为"关中形胜，自古建都极选也"，配得上"极选"的美誉，这在历朝历代的都城中都不多见。那么，关中究竟如何重要？他说"据天下之上游，制天下之命者也"，要想实现国富民殷的统治局面，就必须占据得天独厚的地理空间，关中正是当时的不二之选。

就地理环境而言，此地是群山环绕的一处平原地带，渭河水长期堆积，形成了天然沃野。关中平原号称"八百里秦川"，天府之国。四面山河环绕，西靠陇山，南面秦岭，北依高坡，东控中原。天然的地形优势成了隋唐以前历代王朝在关中定都的根本原因。早在秦国时，著名军事家范雎就对秦昭王分析过关中的区位优势，说"四塞以为固"，意思是四面各有便利，进可攻，退可守，是真正的"王者之地"。依靠形胜优势，秦始皇、汉高祖已经成功实现了逐鹿中原的意图，而隋文帝和李渊，也正是在此基础上开创了隋唐的盛世局面。

东边有黄河天险，随着秦汉的不断经营，关隘完善，潼关成为进入长安的咽喉，也是历代兵家的必争之地。山河环绕，山间

大唐名城：长安风华冠天下

河谷中必然有很多与外界连接的孔道，这些道路就成了进入长安的唯一途径。众多关隘峡口成就了关中之名，因为只要控制了这些关键的山口，就等于是守住了出入关中的门户。自秦汉开始，为了控制这些道路，朝廷不断在重要通道处修建关隘，以全面掌控内外交通。

潼关是西入长安的第一条要道，南有武关，西有大散关，北有萧关。萧关是长安北部偏西的一座关口，王维有诗"萧关逢候骑，都护在燕然"。这座雄踞在六盘山口的关隘，是北方游牧民族南下的必经之路，攻取萧关，也就意味着打开了长安的西部通道。萧关虽然不在边境之上，但经常被唐人塑造为边关，深含凄凉悲怆之意。如唐代著名边塞诗人岑参写给颜真卿的一首诗中就说"凉秋八月萧关道，北风吹断天涯草"。王维送别朋友出征时，也说"遥知汉使萧关外，愁见孤城落日边"，都体现了悲凉凄楚之意。

选好了地址，就要动工修建了，但建造都城不能一蹴而就，应该经过细致的规划，负责都城建筑规划的是当时著名的建筑大师宇文恺。筹谋时间并不长，这一年的六月，杨坚在各方的拥护中下诏营建新都。修建进度非常快，仅仅用时9个月。到了第二

第一章 革故鼎新：从大兴到长安

年（583）三月，他就迁入新都城办公了。在营建新都的诏书中，杨坚毫不避讳地指出这次建都乃是"谋新去故"，然而，若结合当时的实际情况，隋文帝营建这座新都大体有以下几个方面的原因。

一是生活环境的恶化，尤其是水资源的影响。自汉代以来，长期在此生活，使得生态环境遭到了极大的破坏，不仅水资源的质量变差，而且盐碱化日益严重，给都城生活带来了极大不便。

二是为了应对北方突厥的侵扰。隋朝的外患主要是雄踞北方草原的游牧民族，他们不时南下侵扰，旧城历经沧桑，在抵御能力上有明显的不足。

三是政治权力关系的建构与彰显帝国新气象，体现"革故鼎新"的治理理想。这在营建新都的诏书中就已经明确指出来了。

值得特别指出的是，新都城的选址充分考虑到了水源问题。"八水绕长安"之说由来已久，汉代司马相如在《子虚赋》中有"八川分流，相背异态"的表述，其中的"八川"就是指环绕汉长安城的八条河流。唐代所谓的"八水"，一般是指泾水、渭水、浐水、灞水、沣水、滈水、涝水、潏水。其实，只有渭水是主流，其他七条河流都是渭水的支流。泾水和渭水在城北，浐水和

大唐名城：长安风华冠天下

灞水在城东，城西则是沣水和涝水，城南是潏水和滈水。这八条河流都绕城而流，这是颇为少见的情况。丰富的水资源不仅给京师的生活带来了许多便利，而且充分挖掘利用水资源，还带动了城市经济的发展。

"长安八水"在唐代不单是一个自然地理的概念，更有着文化符号的价值，许多文人雅士用"八水"来体现他们的长安情怀。韦应物诗"秦川八水长缭绕，汉氏五陵空崔嵬"，我们熟知的骆宾王，也有关于八水的诗句"八水分流横地轴"。

唐中宗李显在骊山上眺望长安城，曾作了一首《登骊山高顶寓目》诗，首句就说"四郊秦汉国，八水帝王都"，形容的就是长安的水文胜景。渭水上游及沿岸生态环境较好，所以河水清澈。但泾水附近人口繁多，水土保持反而不如渭水，再加上农业发展，森林植被多遭到破坏，河水浑浊，"泾渭分明"说的就是这两条河流。沣水的水流量较大，夏季多雨时节，经常发生河水溢出的情况。玄宗时的大宦官高力士曾在沣水上修建过水磨，据说"并转五轮，日硙麦三百斛"，虽是权贵敛财的行为，却也是一道非常壮观的景象。潏水经常被开渠运输，供给长安百姓的生活。玄宗时期，京兆尹韩朝宗就引潏水自金光门而入西市，把南

第一章 革故鼎新：从大兴到长安

山的薪炭运到京城。这条运输渠道直到代宗时期还在使用。

这几条河流上都建有桥梁，以供人们通行。唐朝初年，李世民发动宫廷政变夺取了皇位，突厥趁着关中内乱的机会，挥师南下，兵临城下，唐太宗与突厥颉利可汗在便桥会盟，其桥就在渭水上。浐水与灞水上的桥也很出名。灞水上的灞桥，时人称为"销魂桥"，因为亲朋故旧离开京城，往往在此送别，具有离别之地的含义。浐水上的桥称浐桥，也有人在该桥送别。浐水和灞水上的桥梁在贞元时期破损，还引起了皇帝的注意，于是下敕让京兆府和金吾卫合计一下，征调长安城内各个官署衙门坏死的枯树木头，充当修缮浐桥和灞桥的木板。

会昌时期，来大唐进修的日本僧人圆仁也去过浐桥和灞桥。他在记录个人游行的日记中写到，从灞桥向南走五十里就到浐桥。隋文帝开皇三年（583）开凿龙首渠时，曾引浐河水入渠。浐水的水量应该较可观，水质比较好，所以城内用水、灌溉等，也多仰赖浐水。但浐水和灞水的流量很容易受到气候变化的影响，多雨的时节，水量增多，经常会产生涝灾，而干旱的季节，也曾出现过枯竭。唐德宗贞元元年（785）长安大旱，雨水缺少，这一年的七月，浐水和灞水竟然枯竭了。三年之后的贞元四

大唐名城：长安风华冠天下

年（788）八月，因几个月来雨水不断，导致灞水暴涨溢出河道，"溺杀渡者百余人"。显然，随着自然环境的变化，这些季节性河流也会出现溢水或干涸的问题。

长安既有自然地理优势，定为都城当然还有诸多政治考量，最主要的是统治阶层的权力构成与长安关系密切。长安是关陇集团的大本营，无论是西魏、北周的贵族，还是隋唐两朝的统治者，都是关陇集团的核心成员。杨坚的父亲杨忠是西魏、北周的军事贵族，战功卓著，其军事势力主要在关中地区。杨坚继承其父基业，经营手段较其父有过之而无不及，最终独揽朝政，于公元581年逼迫周静帝退位，成了新的王朝统治者。所以，本着安抚笼络人心的初衷，继续维持关陇贵族集团对他的支持，他也只能选择定都长安。陈寅恪指出，"隋唐二代，长安、洛阳东西两京俱为政治文化之中心，而长安为西魏、北周以来关中本位政策之根据地"。由此可见长安在关陇集团中的重要性。

当然，影响文帝下定决心修建新都，也有一些别的因素。比如旧宫殿中的鬼魅问题，据说杨坚居住的宫殿经常能听到一些奇怪的声音，但这应该不是最主要的原因，最根本的恐怕还是政治经济的因素。营建新都的筹划是比较匆忙的，甚至一开始连新都

第一章 革故鼎新：从大兴到长安

城的名字都没想好，都城的名称是在动工半年之后才确定的，叫"大兴城"。如此一来，很多建筑都用"大兴"命名，如宫殿叫大兴殿、城门叫大兴门、县名也改为大兴县、寺院叫大兴善寺，很多的园林亭榭也以大兴为名。那么，为什么会取这个名字？历史上有不同的说法，归纳起来主要有三种：

一是隋文帝在北周时期，曾获得一个爵位叫大兴公，所以新都城名就叫"大兴"。这是流传最广的说法，也有史料佐证，根据《隋书》记载，隋文帝在立杨广为太子的时候，当面告诉新太子杨广说，"吾以大兴公成帝业"，意思是他继承皇位之前，曾担任了大兴公。他让杨广迁入大兴城，寓意新皇帝也要成就一番功业。宋代史学家郑樵也认可这种说法，这个观点也就成了最主流的说法。

二是隋朝时人费长房的说法，他在《历代三宝记》中提到命名大兴的原因是"定鼎之基永固，无穷之业在兹"，即要建设一个永世兴旺，传之无穷的新王朝。包含了统治者大业兴盛，永垂不朽的政治理想寄托。

三是南宋人程大昌的说法，认为与大兴村有关。他在《雍录》中指出，大兴的得名源自太极殿（即大兴殿）位于大兴村的

大唐名城：长安风华冠天下

旧址，所以才被隋文帝沿袭行用。

　　无论怎样，以大兴为名必不是偶然，何况还是给新京城取名，肯定不能随意为之，当是经过深思熟虑、反复讨论的结果。以大兴公的爵位而给一座城命名，恐怕不是最主要的原因，最根本的应该是修建新都城的理想寄托，是统治者追求皇位传之后世、帝业永垂不朽的执念。正如隋文帝给儿子杨广说的那样，他是凭借大兴公而取得帝位的，当然是希望这位新太子能够将杨家的事业发扬光大了。

　　开皇二年（582）六月二十三日，隋文帝正式下诏营建新都，同时成立了营建新都工作组。尚书左仆射高颎为营新都大监，作为工作组组长总领诸事，协调指挥。太子左庶子宇文恺为营新都副监，负责建设规划事宜，是事实上的总负责人。太府少卿张煲为营新都监丞，将作大匠刘龙、工部尚书贺娄子干、太府少卿高龙义等为营建使。宇文恺是当时著名的建筑大师，他是朔方（今陕西靖边北）人，后来迁居到京兆。据说他博览群书，在他的主持下营建的新都城，规划合理，奠定了后世都城的基本格局。陈寅恪认为大兴城深受北魏都城的影响，因为营建新都的负责人，"或家世久居山东，或本为北齐宗室及遗臣，俱可谓洛阳邺都文

第一章 革故鼎新：从大兴到长安

化之产物"，不仅如此，除了人员家世和身份的影响外，大兴城沿袭北魏都城风格更深层次的原因是"文化染习及师承问题"。

城依靠龙首山而建，建筑大师宇文恺的规划设计可谓巧夺天工，充分利用龙首山南麓的地形，结合了都城营造的风水原理和君、人、神的理念，融会贯通，建构了秩序井然、层次分明的新都城。无论是在设计规划上还是结构布局上，都是体现了宇文恺"巧思"的。"官民不相参"的规划设计理念之下，城市区块划分更明晰，功能区的优势得到最大的发挥。这和汉代长安城的布局完全不同。北宋的吕大防对隋代大兴城的规划给予很高的评价，他说"朝廷，官寺、民居、市区，不复相参，亦一代之精制也"。长安城则把这种设计发展到巅峰。

根据宋敏求《长安志》记载，朱雀门南北都是郭城，百姓就居住在这里面，但和乾卦呼应的六条高坡中，不同的地域要有所区分，所谓"于九二置宫殿，以当帝王之居"，这是皇帝居住的地方，不可混淆，又"九三立百司，以应君子之数"，政府的官署区也要和其他的人群分开，然后有个特殊的地方，那就是"九五贵位，不欲常人居之"，此处太过尊贵，平常人不能居住，只能安排神，所以就修建了玄都观和兴善寺。

大唐名城：长安风华冠天下

开皇三年（583）三月十八日，隋文帝就率领文武百官迁入新都。修建如此迅速，不禁令人惊讶，据史料统计所征民夫总数可达百万人之多，而且修建所需建造木料除采伐于关中之外，还有拆毁汉长安城宫殿、官民住宅等就地取材的情况，这也保证了营建进度。

大兴城是一座经过严密规划设计，严格按照设计分步骤完成的，所以整个城市布局非常整齐有序。按照既定安排，先建宫城，再建皇城，最后才建郭城。宫城和皇城又被称为内城。皇城和宫城之间有门道联通，外郭城环绕宫城和皇城，东、南、西三面各开三门，东西两面的门还呈对称格局。东边的通化门对应西边的开远门、东春明门对应西金光门、东延兴门对应西延平门。南面正中为明德门，朝门而进，左为安化门，右为启夏门。

宫城是一组建筑群，整体呈正方形。大兴宫居中，主体建筑是大兴殿。唐朝改为太极宫，正殿也改为太极殿。殿前左右分列两廊，东廊是门下省，西廊是中书省。宫城前面是宫城门，正对着太极殿那道门是正门，名承天门。以此为中心，向四周延伸，以左右对称的思路设计了官厅和各类礼仪建筑。皇太子居住的东宫在大兴宫殿东侧，宫廷女性的日常居住和生活则在西侧。西侧

第一章 革故鼎新：从大兴到长安

从北向南，依次分布着太仓、掖庭宫、内侍省。太仓用于储备粮食，是国家的粮仓。掖庭宫里主要居住着宫女等服侍人员。内侍省在隋代属于五省之一，负责宫内的事务。这一安排总体上还是天子居中，左右分阴阳的安排。

皇城位于宫城南面，主要是政府机构办公的区域和皇家的祭祀区域，除了一些特殊的机构（如国子监在务本坊）外，省台寺监、御史台等大多都集中在此处。如果说皇帝是国家的头脑，那这一片地区就是国家的心脏。一应全国事务的管理，都是这些政府机构执行。外郭城北横街划分为109坊，坊也叫里，所以统称"里坊"。里坊则按照区块排列，各有名称，如皇城根下的务本坊、兴道坊、善和坊、太平坊，东宫外侧的翊善坊和永昌坊。每个坊都设有坊墙、坊门，坊门只有固定的时候才会开启，这样的设计既便于管理，也把平民百姓、官僚的居住生活区和皇帝的内城分离开来了。里坊的布局也呈左右对称，南北向有11条街道，东西向有14条街道，就像棋盘一样把城郭划分开来。

最吸引人的是在坊内建了两个市，东边是都会市，西边是利人市，也是后来唐朝时候的东市和西市。市中则主要是商业贸易活动开展的地方，是典型的商业区。在管理上，市有专门的管理机构，而且会固定开放和关闭的时间。外国商人的贸易活动也要在市中进行，但他们主要集中在西市。近年的考古发掘，已经对唐代的西市"十字街"周围发现的道路、沟渠、建筑等进行保护，并建造了大唐西市博物馆来展示西市的出土文物。

隋唐以后，历朝都不再定都长安。北宋定都汴州（今开封），宋太祖赵匡胤曾想要把都城迁到洛阳，起居郎李符上书指出洛阳定都有"八难"，但赵匡胤并不听从，甚至还趁着祭祀的机会，赖在洛阳不回汴京了。他的弟弟晋王赵光义也劝他，赵匡胤竟然说"迁河南未已，久当迁长安"，意思是迁在洛阳也是临时的，时间久了是要返回长安的。根据他自己的说法，是想"据山河之胜而去冗兵，循周汉故事以安天下"。很显然，赵匡胤的行为只是一番政治表演，他内心深处恐怕并不愿意迁都洛阳，更何况长安了。长安作为古都的时代已经一去不复返了，但正如顾祖禹所说"建都之地，关中为上，洛阳次之，燕都又次之"，隋唐都于关中，对中国古代物质文明和精神文明的发展做出了巨大的贡献。

第一章　革故鼎新：从大兴到长安

二、政在大兴："开皇之治"与大兴城

自开皇三年（583）三月开始，大兴城正式投入使用，隋文帝大赦天下，率领百官正式迁入这座新都城，拉开了隋朝在大兴城的统治序幕。隋文帝在历史上是一位饱受赞誉的君主，他做皇帝期间有很多突出的政绩，如勤于政务，励精图治，派兵攻灭了南方的陈朝，实现了国家的统一等。尤其是在开皇年间，政治、经济、文化等都取得了很大的进步，社会稳定、政治清明，被誉为"开皇之治"。

皇帝为天下之主，地位尊崇，当为万民表率。正所谓"上行之，下效之"，其一举一动都会引起轰动。帝王的一言一行代表的不是个人，而是国家的门面。"楚王好细腰，宫中多饿死"的情况正体现了这种牵引效应。"成由勤俭败由奢"，隋文帝治理国家有两个非常突出的特点，一是勤，二是俭。

先说勤，杨坚素有"勤劳思政"的美名，他事必躬亲的行事作风为后世帝王做出了表率，成了后世反复赞颂的励精图治之主。他每日坐朝处理军政大事，从早到晚，不知疲倦。这其实是

对大臣的不信任,作为皇帝,应当有君主的身份认同,朝廷细务不应该过多插手,这样严重影响了朝廷各个行政机构的正常运转。杨坚还经常微服私访,亲自体察人民的生活状况,史书记载说"人间疾苦,无不留意",这是人民的幸运。

隋文帝任用的大臣也很提倡勤俭的美德。苏威出身名门,以政治清明为己任,很受杨坚的倚重。有一次,苏威看到皇宫里悬挂帐幔的竟然是银钩,就给杨坚进谏,皇帝马上就更换了。独孤皇后非常认可丈夫的勤俭主张,对后宫的把控很严格,杨坚没有嫔妃众多的问题,只有独孤皇后一个妻子。有一次,杨坚看到一个宫女的手长得好看,就多看了几眼,不料被独孤皇后知道了,就把那个宫女的手砍掉拿给杨坚看,因为这事,还让独孤皇后和大臣生出了嫌隙。

杨坚的勤俭朴素作风,严重影响了社会风气,史书记载说杨坚统治的开皇、仁寿时代,"丈夫不衣绫绮",不穿华贵的衣服,而且没有人用金和玉来做装饰,平时的穿戴多是布帛制成,装饰品大多是用铜、铁或骨角制作。隋文帝统治时期的风气可见一斑。

再说俭,杨坚的节俭与其他君主相比,真的是近乎苛刻,这

第一章 革故鼎新：从大兴到长安

看似抠门的行为俨然不符合皇帝的形象，但文帝确实是这样一个人，而且也以此成就了一番功业。《隋书》记载文帝的节俭，说"居处服玩，务从节俭"，意思是从吃的、住的到穿的、用的，都非常注意节约。他提倡节俭不是一句空话，而是身体力行，戒奢从简，为国表率。他"法令清简，躬履节俭"，获得了全天下人的称誉。

隋文帝的节俭是出了名的，他施行的为政措施被称为"惠政"。开皇十五年（595），相州刺史豆卢通给文帝进贡了非常精美的绫文布，这是地方特产，本来想讨好皇帝，不料被文帝在朝堂上当着诸位大臣的面就给烧掉了，认为这太精致了，过于奢华，朝廷并不提倡。有一次长安发生灾荒，文帝就派人去考察百姓的饮食，回来告诉皇帝说百姓吃"豆屑杂糠"，生活非常艰难，文帝流着泪给大臣看，感到深深的自责。于是自己吃的御膳也减省，一年不吃肉喝酒。自己的衣服和使用的东西，往往是多次修补重复使用，若非重要的国家宴会，他平日里只是吃一个荤菜。长安发生旱灾的时候，百姓生活尤为艰难，他就把长安城中（北）周代积攒下的陈年粟贱卖给大家，还购买了6000头牛和驴，作为扶贫物资分发给特别贫困的人户。

大唐名城：长安风华冠天下

杨坚即位之初，就下诏禁止各地进献。平时吃饭也有严格的限制，除了特殊的节日不允许增添一个菜。穿过的旧衣服也是缝缝补补接着穿，对国家的各项支出也是严格把关，不奢靡浪费。朝廷大臣和宗师皇子们的骄奢淫逸行为，杨坚也大力制止，随时严厉惩办。杨坚有次去寺院进香，看到一些官吏用毡袋装香料，这让他非常生气，自己在这毫不敢浪费，大臣们却如此奢靡，成何体统。于是，就用竹板把送香料的官吏打了一顿，以为警戒。

皇子也是如此，杨坚时刻监督他们是否奢华浪费。秦王杨俊是杨坚的第三个儿子，最初很受杨坚赏识，但后来生活越来越奢侈放荡。仗着皇子的身份，修建了豪华宫室，用香料涂抹墙壁，用黄金、美玉装饰台阶，在梁柱之间镶嵌明镜、宝珠等。杨坚听说后就派人去调查，发现果然如此，非常气愤，立刻就免去了杨俊的所有职务。

皇太子杨勇性情直率，为人宽厚，不善于伪装。有一次杨勇穿了一件非常华丽的铠甲，杨坚看到后非常生气，就当面训斥了一顿，说从古到今，没有一位帝王能因为喜欢奢侈而长久的，你身为太子，将来是要继承皇位的人，应该率先节俭，作为表率，这样才能承继宗庙，当一个好皇帝啊。他还列举了自己的例子，

第一章 革故鼎新：从大兴到长安

说我以前穿过的旧衣服，都会留下一件，时常拿出来看看，以此来告诫自己。你现在做皇太子了，恐怕已经忘记了过去艰难的生活，现在我就把我旧日所佩带的刀赏赐给你，再给你一盒你以前经常吃的腌菜。如果你还记得以前的经历，就应该懂得我的良苦用心。

较之杨勇，他的弟弟杨广才是善于逢迎，极会伪装的人。杨坚与独孤皇后去杨广的府第，他就提前把美姬都安排到另外的屋子，只留下一些年老丑陋的仆人，穿着非常朴素的衣服来服侍。还把屏障都改用素色的幔帐，故意弄断琴弦，也不让下人清理上面的灰尘，造成一种非常节俭的假象，以此来博得皇帝的好感。果然，杨坚看到这种场景，就以为杨广不好声色，回宫之后就和侍臣很开心地谈起了这个事情，侍臣也表示祝贺。经历过这次事情，杨坚对杨广的喜爱逐渐超过了其他儿子。

隋文帝是非常崇尚佛教的一位皇帝，甚至他自己就是由尼姑带大的。所以，他就在大兴城里支持修建了有上百座佛寺。史料记载说他刚入驻大兴新都，就给出了要在城里修建 120 座寺院的名额，让城里的贵族自己选择，"有能修造，便任取之"。这很可能是隋文帝为了充实新都城的人口，发展新都城的经济文化生活才采取的办法,并不完全是因为崇佛使然。但这种举措,客观上使得大兴城佛寺林立。响应者也很多,比如大司马窦毅,在开皇六年(586)就捐出自己在常乐坊的一处宅院,建造了太慈寺。也有一些贫困的农民加入建寺工程,有个叫田通的农民,在颁政坊有一所非常破落的宅院,"柴门瓮牖,上穿下漏",即便如此,听到朝廷开放寺院修建名额,他也跑去要了一个名额,但家里太穷了,哪里能够建造一座寺院。恰好他的邻居是一个皇亲国戚,就把自己的家施舍给田通,这样才建起了一座寺院。

虽然当初给出了要修建120座寺院的名额,但根据学者的考证,可以知道的就有113座,当然还有许多无法详细了解。隋炀帝也崇信佛教,在大兴城修建了许多的佛寺,如日严寺、大禅定寺等,同时,他也废黜许多佛寺院,尤以大业七年(611)废除最多,有30多座。

隋文帝对国家的治理取得了显著的成效,到了开皇十二年(592),主管粮储的官员报告说府库里都装满了,现在没地方存储粮食,只能"积于廊庑",于是朝廷就修建了左藏院来存储。隋文帝末年,府库积储丰盈,可供国家五六十年的使用。唐朝建立二十年之后,隋朝积攒的钱帛粮储还"为国家之用,至今未尽"。马端临对隋朝的钱粮积蓄颇为称许，说"古今国计之富者，莫如隋"，意思是隋代的积蓄比唐宋还丰富，要知道隋朝仅仅存在了三十七年。隋朝的经济恢复和发展的速度非常之快，而社会繁荣程度也十分惊人。据史料记载，隋文帝统治期间，"二十年间，天下无事"，呈现出一派繁荣的气象。

复苏经济的同时，政治制度的建设也同步进行。隋文帝即位的当天，就宣布废黜六官制度，确立三省六部制度。王仲荦先生说，北周后期的中央政府组织形式方面尽管实行的是《周礼》的一套六官制度，实际上却还是依靠魏晋以来形成的三省制度在发挥作用。所以，废除不合时宜的六官制度是当务之急。隋文帝的制度改革为维护国家统一和政权稳定做出了巨大贡献，最主要的是把决策权和行政权分离，形成职能和职权分工的政治体制。另一项重要的改革内容是对兵制的完善，确立了皇帝直辖的十二府，并且还分为内卫和外卫两个维度，使其彼此互相牵制。自北魏以来，府兵都有独立的军籍，但隋文帝取消了这一规定，把府兵和百姓编在同一个户籍之上，所谓"寓兵于农"，将士们既是军人，也是地方上的百姓，平时要从事农业生产。而且在地方管理体制方面，取消了郡的行政层级，确立了州县两级行政体制，

大唐名城：长安风华冠天下

精简了机构和官吏，节省了国家财政开支。后来隋炀帝在此基础上，继续深化官僚制度改革，以便强化中央统治。

隋朝实行的这些改革成效明显，所以唐朝建立之后，在官制方面是"大体皆沿隋故"。后世思想家王夫之就给予了很高的评价，说"隋无德而有政，故不能守天下而固可一天下。以立法而施及唐宋，盖隋亡而法不亡也"。

隋炀帝长期居住在洛阳，再加上四处巡游，真正在大兴城都时间很少。大业十年（614）十月回到京师，十二月就又去东都了。《隋书》记载他在京师做了两件事，一是在金光门外肢解了斛斯政，二是在南郊祭天。

斛斯政是隋朝叛乱将领，逃入高句丽，炀帝把他抓到京师，先在太庙告功，告诉祖先自己的丰功伟绩。之后就把斛斯政拉到金光门给肢解了。金光门是大兴城西面的中门，大业九年（613）就肢解过杨积善，现在又肢解叛将。可见此门并不是一座简单的城门，西出金光门，就意味着要出塞了。所以炀帝此举，蕴含着展示国威的意图。为解心头之恨，还把他的尸体煮了让大臣吃，骨头都烧成了灰烬。南郊祭天也不顺利，严冬时节刮起了大风，凛冽刺骨，祭祀完之后，他就赶紧骑着马跑回了宫里。

可见，这次回京师是有很明显的政治目的的，首先就是告功祭天，这个目的达到了，但另一个目的并没有实现，那就是动员发动再一次对辽东的战役，结果大臣们响应不多，他就又去东都了。

大业十年（614）年底，炀帝又要离开西京去东都洛阳，太史令庾质就劝谏，说这些年来连续征讨辽东，百姓实在劳累不堪，生活困苦，陛下应该镇守安抚关内，让百姓把心思全部都放到农业生产上。这样再有个三五年，国家就稍微可以富足殷实一些，然后陛下再巡视，是比较合适的，还请陛下仔细思量一下。大臣的劝谏确有事实根据，但炀帝听后非常不高兴，庾质还托病，不愿意跟着去东都。这一下就惹恼了这位皇帝，杨广派出使者，跑到庾质家里把他给押解到皇上的行营，到了东都之后，把他关在监狱里，结果就真的死在监狱中了。

"成由勤俭败由奢"，这是隋文帝和隋炀帝父子二人最真切的写照。杨坚修筑的大兴城，从一开始就肩负起了治世的美名。加上后来实现"开皇之治"，真是一番幸事。

三、唐都长安：续写古都华章

隋文帝杨坚营建大兴城的初衷并没有实现，"定鼎之基永固，无穷之业在斯"的理想很快就落空了。隋炀帝即位之后，就已经冷落了这座营建不久的新都城，开始大力营建洛阳，把政治中心也转移到了洛阳。

仁寿四年（604）七月隋文帝去世，杨广即位，这年八月汉王杨谅在并州发动叛乱，虽然马上被戡平，但对炀帝产生了很大的冲击。下葬完隋文帝之后，杨广马上就跑到洛阳去了，然后发动数十万人准备强化洛阳的安防。随即发了一份诏书，说洛阳非常重要，是"自古之都"，历代的帝王都想在此建都，杨谅发生叛乱的时候祸及山东一带，由于大兴城"关河悬远，兵不赴急"，治理起来很困难，有些鞭长莫及的感觉，所以要"营建东都，便即设官分职，以为民极"。很显然，在炀帝的规划中，洛阳地理位置居中，拥有得天独厚的政治经济条件。其实，这里面还隐含着炀帝治理天下，巡狩四方，经略四夷的筹谋。

大业二年（606）正月，东都大体建成，炀帝从江都回到洛

第一章　革故鼎新：从大兴到长安

阳，然后到大业三年（607）三月，才去长安，但不到一个月就开始北巡，所以炀帝大部分时间都在到处巡游，即便返回也是经常在洛阳，偶尔才会去大兴城。如此一来，可以说炀帝时期的大兴城只是一个象征性的首都，而真正的政治中心在洛阳。

隋炀帝背负着好大喜功的骂名，其实他本人确也是很有才能的，姑且不说年轻的时候就统率大军南下平陈，统一中国，此后长期担任一方统帅，确实有自负的资本。他曾对人说天下人都以为我是继承了父亲的基业才做了皇帝，其实"设令朕与士大夫高选，亦当为天子矣"，公平的竞争，你们也不是我的对手。只是，这样一位皇帝，若是把心思都用到治理国家上，必然会有一番成就，可惜的是走了弯路，最终葬送了国家。李世民就曾评价隋炀帝，说杨广的亡国不是因为"甲仗"不足，而是因为"仁义不修，而群下怨叛故也"。

隋炀帝大业后期，到处都弥漫着起义的军队，胡如雷先生说当时起义的军队大概有60余支，李渊也是起义的势力之一。李渊并非无名之辈，他也是关陇集团的核心成员。李渊的祖父李虎在西魏乃是八柱国之一，北周的开国元勋，被封为"唐国公"。隋文帝的皇后独孤氏是李渊的姨母，有这样的政治资源，李渊的仕途倒也是顺风顺水。李渊的家世是陇西李氏，不过陈寅恪认为这可能是个冒牌货，李渊家族应该是少数民族。李渊是在长安出生的，他七岁的时候就承袭了唐国公的爵位。他原本是被安排到太原防御北方威胁的，被任命为太原留守。李渊做太原留守的时候，也是一方大员，却遭到炀帝的猜忌。渐渐地也就有了取而代之的心思。他让长子李建成"于河东潜结英俊"，而次子李世民则在"晋阳密招豪友"，这都是凝聚自己的军事力量，为起事做准备。炀帝的猜忌，对突厥战事的失利，无疑加速了李渊密谋起义的步子。

大业十三年（617），朝廷对李渊有很多猜忌，就把他下放到地方去，做了个太原留守，承担着防御突厥的重任，朝廷还给他配了王威和高君雅两个副手，实际上就是负责监视李渊。当时国内十分混乱，群雄并起，李渊经过长期谋划，也准备在动乱中分一杯羹。这年五月，李渊诛杀了两个副手，举起义旗。李渊发动的起义，史称"太原起义"。起义军经过半年的征战，到十一月，李渊大军才攻进大兴城，随即让代王杨侑当皇帝，是为隋恭帝，遥尊炀帝为太上皇，改年号为义宁。这时候的杨侑是个十三岁的小孩子，哪里懂得什么做皇帝的事情，李渊为唐王、大丞相，开

第一章　革故鼎新：从大兴到长安

丞相府"总录万机"，而李世民为秦王、京兆尹，京城的实际掌控权全部都落到李渊父子的手中了。

李渊大军进入长安，建立了临时政府，却面临着很大的军事压力。外有突厥虎视眈眈，内有各路义军针锋相对，其中以李密的军力最强。所以，李渊就采取了求助突厥，和好李密的应对策略。他先派刘文静去见了突厥始毕可汗，希望能够得到突厥的帮助，并且约定"若入长安，民众土地入唐公，金玉缯帛归突厥"，以巨大的利益诱惑作筹码，这样就得到了突厥这个强大的外援。然后又让温大雅给李密写信，用词非常考究，语言极尽婉转，说"天生蒸民，必有司牧，当今为牧，非子而谁"，对李密进行了一番夸赞，表示自己只是应对长安西边的危险，愿意主动放弃竞争天下，并表达了想推举李密为皇帝的意愿。李密获信后非常高兴，就跟部下说："唐公见推，天下不足定矣！"实际上这只是迷惑李密的策略，为的就是先入长安，占得"挟天子以令诸侯"的先机。

李渊数万大军在长安城，功劳赏赐和日常供给就是个很大的问题。尽管李渊拿出府库来赏赐，可还是不够。城里粮草价格高涨，布帛反而贬值，于是就有人建议，说可以把长安六街和禁苑

大唐名城：长安风华冠天下

中的树都砍掉，然后拿去换布帛，这样就能够获得数十万匹布帛，国用就充足了。

五月，隋恭帝禅位，李渊在太极殿（即大兴殿）即位，建立了唐朝，改义宁年号为武德。大兴城也改名为长安城。隋唐禅代意味着关陇集团内部的政治斗争和权力博弈中，李家最后胜出，成了国家新的代言人。"义宁"的年号也不是空穴来风，李渊曾写给突厥可汗的一份书信中说"大举义兵，欲宁天下"。然而，"义兵"不到两年就改为了"唐军"，"武德"也是大唐的第一个年号，意思是国家虽然建立了，但四方战乱未平，依然要以武力戡平，要通过征伐来使国家实现真正的统一。

当时，本来是为了推翻隋炀帝统治的农民起义军依然遍及全国，势力和规模大小不一，最著名的是李密的瓦岗军。

李渊能够顺利进京城，有一个很大的原因就是洛阳的李密牵制了隋朝中原的大部分力量。所以，李渊虽然拥有京城这个先机，却不得不面临两个军事挑战，一是李密的部队，二是北方的突厥。据说太原起义的时候，李渊打的是带白色的旗，这是依附于突厥的象征。第二年（618）三月，炀帝在江都被宇文化及杀害，宇文化及转而拥立杨浩为傀儡皇帝。此时，在大兴

第一章　革故鼎新：从大兴到长安

城的李渊早就准备登基称帝了。

李渊的天子之路和杨坚如出一辙，但杨坚新修筑的大兴城却并不是李渊想要的都城，突厥的侵扰让李渊对长安城作为都城的问题产生过质疑。他接受了大臣的建议，本来想"焚长安而不都"，还派遣了中书侍郎宇文士及到襄邓一带考察，准备迁都到襄阳。当然，这并不是李渊自己有这样的想法，太子李建成、齐王李元吉和大臣裴寂都持赞成意见，若非李世民苦谏，唐朝的都城很有可能就会迁徙到其他地方去了。《新唐书·食货志》就直接指出长安城潜伏的危机，说"唐都长安，而关中号称沃野，然其土地狭，所出不足以给京师备水旱，故常转漕东南之粟"。这句话就是说这里地狭人多，粮食供给非常困难，朝廷要在关中立足就要依靠东南的粮食。后来到了唐代宗时，程元振也向皇帝建议，想迁都到洛阳去，代宗也同意了程元振的请求，准备要迁到洛阳，幸亏在郭子仪的强烈反对下才没有施行。

无论如何，唐朝最终还是选择定都长安，延续了隋文帝创立的都城传统，不断对这座前朝旧城修缮利用，最终贡献了中国历史上著名的"贞观之治"和"开元盛世"。从大兴城到长安，虽

大唐名城：长安风华冠天下

然经历了隋末战乱，改朝换代，但都城风貌和规划布局则一脉相承。隋文帝开创的大兴城发展前景，被唐朝完成了接力，并且在不断的修缮中强化了都城整体的功能。

第二章

建中立极：长安的宫城与皇城

都城是一个国家的象征，长安作为隋、唐两代王朝的京师，在各方面都拥有得天独厚的优势。放眼长安城，最引人注目的自然是最高统治者所在之地和象征国家权力的政府机构。前者为宫城，后者则是皇城。宫城和皇城是长安最核心的区域，也是国家统治和全国行政的中心。

骆宾王是一位神童，出身寒微却才华出众，被誉为"初唐四杰"之一。唐高宗上元三年（676），他从武功主簿调任为明堂主簿，开始在长安工作。此前，他刚经历了5年的军旅生涯，当他

大唐名城：长安风华冠天下

再次进入长安时，诗兴骤起，有感而发，随即创作了一首《帝京篇》来歌颂长安城，开篇就说："山河千里国，城阙九重门。不睹皇居壮，安知天子尊。"巍峨壮丽的宫城与至高无上的君主交相辉映，展现了帝都的政治风貌，折射出国家权力与政权威严。骆宾王诗中的"皇居"就是皇帝居住的地方，也就是长安的宫城。皇帝居住的宫城究竟有多壮丽，竟让自小就有"神童"之誉的骆宾王发出如此感慨，"皇居"又如何体现天子的尊贵呢？

宫城位于长安城北部的中央区域，北接禁苑，南连皇城，是皇帝和皇族成员居住和办公的地方，象征着皇帝的权力和地位，具有"建立中极，统御万方"的意涵。隋朝营建大兴城的时候，最先修筑的就是宫城，包括大兴宫、东宫、掖庭宫三个部分，其中又以大兴宫为主，是宫城的主体核心建筑。隋文帝居住和办公的地方就在大兴宫，东宫是太子的寝居之处，在地位和重要程度上比掖挺宫高，掖庭宫是普通的宫女和其他负责宫廷服务人员生活和居住的地方。

李渊建唐以后，仍以隋代大兴城为首都，并改名为长安。唐代的宫城在隋代原有建筑的基础上不断完善，城外有围墙，将其和外郭城隔开。宫城内的布局严格遵循了古代"前朝后寝"的宫

第二章　建中立极：长安的宫城与皇城

殿建造原则，体现了隋唐时代的建筑思想和宫殿营造智慧。唐代的宫城之中，最著名、最核心的宫殿建筑群是有"三大内"之称的太极宫、大明宫、兴庆宫。

皇城又叫子城，意为城中之城，其位置在宫城的南面，和宫城之间被一条宽大的街道隔开，这条街道叫第一横街。宇文恺规划大兴城的时候，认为这一片地域是"六爻"中的"九三"之地，所以"立百司"。朝廷的文武百官都是君子，是治理国家的中坚力量，把中央官署都建在这个区域，就是要"应君子之数"。皇城的三面都是外郭城，只有北面和第一横街接壤。皇城和宫城东西两侧的连接处有两座城门，东边是延喜门，西边是安福门，两门隔街相对。皇城的总体面积比宫城还要大，这里是国家的行政中心，朝廷的中央官署大多都集中分布在皇城里。韩愈说"天街小雨润如酥"，每年早春细雨绵绵，嫩柳新芽，景色别致诱人，一派生机盎然之象，所以是"最是一年好春处，绝胜烟柳满皇都"。

大唐名城：长安风华冠天下

一、政治中心"三大内"

古代的皇帝被视为"至尊"，具有至高无上的地位，是受命于天而统治众生的，所以皇帝在哪里安寝和办公就显得十分重要。总体来看，唐代皇帝大多数时候都是在长安的宫城里生活，像唐玄宗、唐德宗、唐僖宗那样被强行赶出长安的情况毕竟是不多见的。长安宫城有三大宫殿建筑群太极宫、大明宫、兴庆宫被合称为"三大内"。所谓"内"，就是内廷、大内、内宫的意思，是皇帝居住和办公的区域。根据三大宫殿群的位置空间分布，又分别称为西内、东内、南内。"三大内"在唐朝不同时期发挥的作用不同，太极宫是唐朝前期的政治中心，大明宫则是唐朝后期的政治中心，只有兴庆宫是玄宗朝的政治中心。

太极宫　太极宫是唐前期的政治中心。太极宫在隋朝叫大兴宫，是大兴城的核心建筑。武德元年（618）唐朝建立的时候，李渊就将大兴宫改名为太极宫，主殿大兴殿也改为太极殿，并在太极宫的主殿太极殿登基即位，建立了唐朝。太极宫的布局遵循了中国传统的宫殿建造理念，充分发挥了前朝后寝、中轴对称的

第二章　建中立极：长安的宫城与皇城

思维。太极宫建筑群兼具政治礼仪，寝居宴乐等多种功能。

太极宫东面是东宫，西面是掖庭宫。据考古学者实测，整个宫殿东西宽1285米，南北长1492米，占地面积约1.9平方千米，是一座呈长方形的宫殿。太极宫四周有10个宫门，东面是通训门，西面是嘉猷门、通明门，南有5门，自西向东依次为永安门、广运门、承天门、长乐门、永春门，北开两门，分别是玄武门与安礼门。南部5门以居中的承天门最为重要，是太极宫的正门，该门之上建有楼观，门外左右分布朝堂。

承天门又称为应门，既是宫城的南大门，也是皇城的北大门，是宫城与皇城之间最主要的连接要道。隋朝营建大兴城时，初名为广阳门，此后又改为昭阳门、显阳门。唐高祖武德元年（618）改名顺天门，直到神龙元年（705）改名为承天门。承天门外设有双阙、肺石和登闻鼓。承天门上经常举行各类政治仪式和节日活动，比如宣布大赦，举行正旦、冬至等重要节日，或者接见外国使臣等。贞观十七年（643）立晋王李治为皇太子，李世民就亲自到承天门楼上宣布大赦天下。睿宗即位之后，也是到承天门楼宣布大赦，赦免范围非常广，"常赦所不免"的都进行了赦免。景云二年（711）正月，突厥可汗来长安，睿宗就在承天门宴请他。后来玄宗即位之初，吐蕃派遣使者来京，玄宗便亲自在承天门楼接见，并在内殿举行了宴请。考古发掘队对承天门遗址进行过发掘，该遗址位于今西安市莲湖公园内莲湖池南岸。承天门正北有太极门，该门后面是太极宫的正殿太极殿，皇帝就在太极殿里举行朝会，接见群臣。

太极宫的北门是玄武门，皇家禁军就驻扎在此，这是一个非常重要的地方，李世民和太子建成围绕皇位争夺而谋划的"玄武门之变"就发生在此处。唐大明宫的北门也叫"玄武门"，神龙三年（707）七月，太子李崇俊联合羽林军将领李多祚等，发动了诛杀武三思及其党羽的政变，但最后失败了，史称"景龙政变"，发生地点就是大明宫的玄武门。唐隆元年（710）六月，李旦的第三子李隆基还是临淄王，就联合姑母太平公主和禁军发动了围剿韦氏集团的政变，诛杀了韦后、安乐公主和上官婉儿等人，重新推举李旦复位，李隆基成了太子，史称"唐隆政变"，这次政变进攻路线也是从玄武门开始的。

太极殿正对承天门而建，作为太极宫的主殿，是构成"西内"的核心建筑，主要承担"朔望视朝之所"的功能，每个月的初一、十五，京城九品以上的官员都在此殿朝见天子。皇帝即位

第二章　建中立极：长安的宫城与皇城

也在太极殿进行。贞观二十三年（649）五月，李世民去世，在太极殿发丧，宣布遗诏，李治就在太极殿灵柩前即位。唐后期虽然有大明宫，但皇帝还是多在太极宫即位。大历十四年（779）五月，代宗去世，德宗也是在太极殿即位。贞元二十一年（805）德宗驾崩，停丧在太极殿，后来即位的顺宗也是在太极殿举行即位仪式。唐敬宗即位的仪式也是在太极宫完成的，长庆四年（824）正月，穆宗去世之后，敬宗就在太极宫的太极殿发丧，并马上继承了皇位。唐代二十位皇帝，有十二位皇帝的丧礼和即位礼都是在太极殿完成的，所以宋人程大昌说大明宫建成之后，"诸帝多居大明，或遇大礼之事，复在太极"，可见太极殿在唐前期非常重要，到唐后期地位虽然衰落，但重大礼仪活动还是在太极殿举行。

太极殿后是两仪门，入门可见两仪殿。两仪殿是太极宫内又一组重要的宫殿建筑，有"内朝"之称，是皇帝"常日听政"的地方，也就是常朝之所。因此，此殿可以说是日常政务最繁杂的地方，唐前期很多重要决策都是在两仪殿制定的。"太极""两仪"之名都出自《周易·系辞》："易有太极，是生两仪，两仪生四象，四象生八卦。"传统宫殿建筑深受古代礼制思想的影响。

大唐名城：长安风华冠天下

唐太宗准备确立晋王李治为太子的时候，就召集了长孙无忌、房玄龄、李勣等大臣在两仪殿商量决策。李治被立为皇太子之后，李世民与侍臣的交流中曾坦白了他如此决定的原因，他说如果让李泰做太子，天下人就会认为"太子之位可经营而得"，当前的形势是太子无德，藩王窥伺，所以不能让他们来当太子。如果让李泰继承了皇位，承乾和李治都不会有好下场，但如果李治当了皇帝，就会善待他的两位哥哥。

两仪殿也会举行一些宴会，贞观八年（634）三月的时候，太上皇李渊就在两仪殿宴会西突厥的使者，太宗和长孙皇后、长孙无忌都参加了这次宴会。太宗贞观十四年（640）平定高昌，就在两仪殿设宴大会群臣，与魏徵有一段关于管仲、鲍叔牙的政论。两年之后的贞观十六年（642）十月，周边民族的使者来朝见，李世民在两仪殿为他们设宴款待。此外，皇帝的丧礼在太极殿完成，而皇后的丧礼则大多会安排在两仪殿。德宗昭德王皇后、懿安太后、顺宗王皇后等，丧礼都在两仪殿。

两仪殿之东有一座武德殿，也属于太极宫建筑群。李渊带兵攻入长安的时候，开大丞相府"总录万机"，当时就把丞相府设在武德殿，实际上是李渊登基之前处理全国军政大事的地方，登

第二章 建中立极：长安的宫城与皇城

基之后就转移到太极殿去了。后来齐王李元吉战功卓著，就让他也在武德殿居住，但武德殿具有特殊的政治地位，李元吉不可以居住在正殿，只能在武德殿的后院居住。让李元吉居住在拥有特殊政治含义的武德殿，恐怕是李渊特意为了牵制李世民的缘故。后来，李世民曾经想让李泰去武德殿居住，被魏徵给劝阻了，魏徵说武德殿是"嫌疑之地"，李泰既然不是太子，居住在此殿不合适，容易惹来非议。

武德殿意义特殊，所以皇帝每次去东都的时候，一般会留下太子在长安处理政事，此时监国的太子就在武德殿处理国政。史料记载说"天子幸于东都，皇储监守于武德之殿"。武德殿对唐朝有特殊的意义，玄宗通过政变夺取朝廷的实际控制权之后，睿宗就把皇位让给了他，而李隆基也是选择在武德殿即位。然而，玄宗后来长期在兴庆宫，武德殿的作用也就没那么突出了。不过唐后期的僖宗从成都返回长安之后，就住在武德殿，甚至在此殿去世。昭宗也非常重视武德殿，这可能和大明宫遭受严重损毁有关。

太极宫区域还有一些政务机构、寺庙、道观等，如具有国库性质的左、右藏库，储备武器的甲库、武库，还有储备粮食的太仓、内仓廪等。寺院如佛光寺、道观如归真观等。太极宫中还有一座三清殿，从名字就可以判断应该是一座道观。三清殿北面稍东的地方是著名的凌烟阁，凌烟阁西边是功臣阁。此阁修建时间不详，但至迟在贞观四年（630）已经完成并使用了，当年太宗征服西突厥，颉利可汗被俘，李渊非常高兴，就在凌烟阁和李世民及诸王大臣宴乐，上演了一场"酒酣，上皇自弹琵琶，上起舞，公卿迭起为寿，逮夜而罢"的娱乐活动。凌烟阁最出名的当是凌烟阁二十四功臣。贞观十七年（643），唐太宗命令画工将包括长孙无忌、房玄龄、杜如晦、秦叔宝等在内的二十四名功臣绘像，并悬挂在凌烟阁里。他们二十四人都属于开国元戎，凌烟阁由此而声名鹊起。

自此以后，陆续有功臣画像挂在凌烟阁。代宗广德元年（763），由于安史之乱已经平定，所以就"功臣皆赐铁券，藏名太庙，画像凌烟阁"，铁券就是丹书铁券，拥有赦免罪行的功能。到了德宗贞元五年（789）九月，又把褚遂良到李晟等二十七人的图像挂在凌烟阁，让他们受到世人的怀念景仰。

安史之乱以后，太极宫多次修缮，唐宪宗还在太极宫和大明宫之间修建了夹城，以方便来往。到了唐文宗时期，对两仪殿和甘露殿进行过修缮。唐后期较为典型的一次修缮是宣宗在位时期，不仅修了百福殿，还"别造屋宇廊舍七百间"，可见是一次规模宏大的修缮活动。

太极宫在唐高祖、太宗时期一直是唯一的政治中心。高宗李治在位的初期，太极宫的政治地位都不曾发生改变，但到了中期以后，李治经常去洛阳居住，在位34年，有三分之一的时间是在洛阳度过的，这就直接影响了太极宫的政治地位。此外，李治还因为患高血压的原因，重修长安的大明宫，此后还经常在大明宫处理国家政事，形成了长安城内"二宫并存"的局面。皇帝的外出和理政场所的变化，削弱了太极宫政治中心的职能。武则天在位15年，改唐为周，以洛阳为"神都"，只在长安的大明宫居住过两年时间，太极宫遭到极大的冷落。此后，唐中宗和睿宗都把太极宫作为处理政事的场所，试图恢复太极宫的核心地位，但终因时间太短，且后继者唐玄宗另建兴庆宫，太极宫的地位自此一去不复返了。

太极宫政治中心的转移，还伴随着政府官僚机构的迁移和东宫职能的减弱。大明宫发展起来之后，很多朝廷机构都陆续从太极宫向大明宫转移，原本在太极殿之南的中书内省、门下内省、舍人院、史馆、弘文馆等都开始转移到大明宫宣政殿之南。而且在大明宫还不断设置许多新的机构，比如翰林院、待制院等，尤其是翰林学士等使职，在唐后期发挥了重要的作用，甚至有"内相"之称。东宫职能的弱化主要体现为东宫官的"非实体化"，官僚系统逐渐虚置。玄宗时期，还将太子从东宫移出来，居住在"乘舆所幸之别院"，以便于时刻监督，但太子的官署机构并未配套迁移，形成了太子和机构的分离。

随着太极宫政治地位的衰落，其礼仪性功能愈加突出，史料记载说"诸帝多居大明，或遇大礼大事，复在太极"。这些重大的礼仪活动就包括皇帝即位、大赦天下、改元建储、帝后丧葬等仪式活动。唐代宗、德宗、顺宗、穆宗、武宗、宣宗等，都在西内太极殿即位，可见这是一项非常重要的政治传统。大赦天下则需要非常广阔的场地，一般是在承天门广场举行，很多时候皇帝要亲临，有非常隆重的仪式和程序。皇帝去世，灵柩也会临时停放在太极宫内，即便在玄宗以后，皇帝大多在大明宫理政，但驾崩之后还是会在太极宫举行丧葬礼仪。这说明即便政治功能发生转移，但太极宫仍旧承担了许多新的功能，其在唐朝人的心目中还是具有不可动摇的象征性和礼仪性地位。

第二章　建中立极：长安的宫城与皇城

唐朝始于太极宫，终于太极宫。黄巢之乱以后，大明宫被焚毁，僖宗从成都返回长安之后，让京兆尹王徽修缮，但损毁过于严重，终究无法投入使用，只得重新启用太极宫作为政治中心。文德元年（888）僖宗在太极宫武德殿去世，即位的昭宗延续了这一局面，太极宫成了国家最主要的政治和礼仪场所，重大活动都在太极宫开展。其间，李茂贞逼宫，昭宗逃难到华州的时候，曾让韩建负责修缮过部分建筑，后来昭宗回到京城，就在修缮后的大明宫住了一段时间，不过很快，朱温逼迫昭宗迁都，太极宫和长安其他宫殿建筑、房屋居舍一同被拆毁，木材沿河运送到洛阳去了，唐朝和太极宫一同湮没在了历史的洪流之下。

大明宫　大明宫在外郭城北的龙首原上，西南部是太极宫，西北部是禁苑。整体地势较高，是长安城布局中突出的一个空间。高宗以后，大明宫逐渐取代了太极宫的地位，成了新政治中心。唐代的皇帝除了玄宗外，其他大都以大明宫为主要活动地，可以说是高宗以后唐朝的政治中枢。

秦王李世民通过"玄武门之变"登上皇位后，他父亲李渊就成了太上皇。长安的夏季潮湿、闷热，太极宫地势低洼，空气流通不畅，一到夏季就酷热难熬。李世民为了表达孝心，多次请李渊去九成宫避暑。九成宫靠近南山，隋代叫仁寿宫，生活环境比太极宫要好，是避暑的好去处。但李渊一直不愿意去，因为隋文帝杨坚就是在仁寿宫中去世的，太上皇嫌晦气。于是，马周就建议为太上皇造一座新宫殿"以备清暑"，李世民采纳了马周的建议，决定再营建一座宫殿作为太上皇的"清暑之所"。长安城北有一块高地，靠近皇家禁苑，处在渭水之滨，气候环境宜人，人称龙首原，是一个适合避暑的地方。经过一番勘查，最终决定将此处作为修建新宫殿的选址。

贞观八年（634）李世民开始为李渊修建这座避暑的离宫，于当年十月动工修建，最初起名永安宫，在建造过程中又改名大明宫。第二年（635）五月，还没等这座宫殿修建完毕，李渊就病逝了，竟没有来得及住上一天。此后，修建工作也就搁置了下来，一直到了高宗李治登基，才决定重修这座未完成的宫殿。

李治打小身体就弱，长期在地势低洼的太极宫居住，竟然患上了风湿病，不堪忍受其苦，就重启修建大明宫的计划。因为殿后面有个池塘叫蓬莱池，就改了个名称叫蓬莱宫，然后大肆营建。当时的将作大匠是著名的建筑专家阎立本，他的兄长阎立德曾规划过太宗的昭陵，可见也是拥有丰富建筑经验的大师。

第二章　建中立极：长安的宫城与皇城

为了修建这座金碧辉煌的宫殿，高宗不惜克扣京城官员的俸禄，据记载，高宗下令"减京官一月俸，助修蓬莱宫"，果然，齐心协力之下，蓬莱宫马上修成，当年的四月二十二日，高宗就搬出太极宫而进入蓬莱宫，在含元殿办公。此后，咸亨元年（670）改成含元宫，直到武则天从洛阳返回长安时，才改名为大明宫，以后就一直叫大明宫。

结合文献记载和考古发掘，基本可以明确大明宫的构造是仿照太极宫而来，都是"三朝五门"，但也有一些细微的变动。太极宫以承天门（外朝）、太极殿（中朝）、两仪殿（内朝）为三个政治空间，形成整个太极宫殿中轴线。大明宫则以含元殿（外朝）、宣政殿（中朝）、紫宸殿（内朝）构成所谓的三朝，较之太极宫，另有一个和承天门相类似的丹凤门。

大明宫旧址位于今天西安火车站以北的地方，建有大明宫国家遗址公园。大明宫整体平面呈梯形，规模非常大，据考古实测，宫城西墙长2256米，北墙1135米，东墙长2614米，南墙长1674米，北墙比南墙短500多米，周长有7679米，面积约3.3平方千米。大明宫的正门是正南居中的丹凤门，丹凤门大街非常宽阔，有120多步，形制与功能都是延续了承天门而来的。北门

大唐名城：长安风华冠天下

也叫玄武门。

　　大明宫内有三大殿，从南到北依次是含元殿、宣政殿、紫宸殿，正殿是含元殿。这是沿袭了太极宫前朝后寝的布局，分别建立了外朝、中朝、内朝。三大殿也是按照丹凤门与玄武门勾连的中轴线分布。大明宫往北有一座皇家内苑人液池，其上有廊道亭阁连通，皇帝和后宫妃嫔经常在太液池游览。太液池西侧修建了一座麟德殿，居高临下，在此殿中放目望去，太液池及其周边美景尽归眼底，所以皇帝经常会在这里举行宴会活动。高宗时期，就曾在麟德殿宴会内命妇。武则天还在这里设宴，招待过日本的遣唐使粟田真人，并授予他司膳卿的官职。司膳卿是光禄寺的长官，武则天时改了名称，但仍是从三品的高官。

　　大明宫南墙正门是丹凤门，始筑于龙朔二年（662），至德三年（758）改名明凤门，没过多久就又恢复了丹凤门的旧称。大赦天下、改元、接待外国使臣等重大活动常在丹凤门举行。玄宗开元九年（721）突厥首领来京，玄宗在丹凤门大摆宴席接待了他们。改元和大赦活动往往和祭祀配套实施，也多在丹凤门公布。至德三载（758）二月，在举行完宗庙祭祀之后就来到丹凤门，宣诏大赦天下，改元为乾元元年。德宗贞元元年（785

十一月，在南郊举行祭天仪式，然后来到丹凤门宣布大赦。

由于大明宫是修筑在一座高台上，所以进入丹凤门，北望含元殿，能够产生一种皇权的威压感。丹凤门上有楼观，称"丹凤楼"。大明宫南面的城墙是和郭城共用，所以，丹凤门及其左右两边的望仙门和建福门都是打开南墙缺口而建成的。明德门是长安城外郭城南面正门，据《两京新记》载："正南承天门，门外两观、肺石、登闻鼓、朝堂。"承天门外的"两观"即指双阙，而朝堂也是分布东西两侧。唐朝初年在承天门并未设置肺石和登闻鼓，这是在唐高宗显庆五年（660）才设置的，肺石在东，登闻鼓在西，是清明冤狱的重要举措。无论是规模气势还是实际职能，东内大明宫都拥有着举足轻重的地位。据载"别殿、亭、观三十余所"，附属建筑非常丰富。高宗修筑完之后，唐朝的皇帝大都在此处居住和办公。

含元殿是大明宫的正殿，是日常政治活动开展的地方，也是大明宫内最宏伟的建筑。"含元"名称就很有意思，出自《周易》，所谓"含宏光大""元亨利贞"，以此为名，其寓意是"括万象以为尊"。皇帝经常在含元殿讨论政事或出席国家的重大典礼，元日、冬至大朝会就安排在含元殿。因为大明宫总体地势高，所以含元殿也高出其他建筑很多，据说在含元殿上俯瞰长安城，"终南如指掌，坊市俯而可窥"，俨然一派帝王气象。含元殿气势恢宏，有时候也举行一些宴乐活动，玄宗就多次在含元殿大宴群臣。举人的策试有时候也在含元殿进行。

含元殿前东西两侧有翔鸾、栖凤两阁，殿与阁之间有飞廊连接，所谓"左翔鸾而右栖凤，翘两阙以为翼"，这是一种极具建筑美学的结构，这种规划构思成了唐代以后宫阙建筑呈倒凹字分布的通例。两阁并非是单纯殿装饰，实际上承担了宴饮娱乐和其他的政务活动。如上元元年（674）九月，高宗登临翔鸾阁观百官宴饮，命令皇家乐队和京城四县的伶人助兴，场面非常宏大。此后，肃宗至德三载（758）正月，皇帝又在栖凤阁检阅了大军。

两阁之南分布着东西朝堂。若大臣遭到御史弹劾，便要在此处等候皇帝的进一步处理，即"朝堂待罪"。史书记载，三司理事要与给事中和中书舍人"朝堂受表"，很可能也在此处。垂拱二年（686），在大臣鱼保机的建言下，武则天还在朝堂设了铜匦，"涂以方色，列于朝堂"，并专门任命知匦使和理匦使负责此事。东西朝堂之南是肺石和登闻鼓，也是武则天设置的，并不派遣专人看守，只要有人要伸冤，就在肺石下或击登闻鼓，将状子

第二章　建中立极：长安的宫城与皇城

交给御史。肺石和登闻鼓是专为有冤狱而不能为本司、本贯、尚书省和三司处理的而设的。含元殿前也配置了肺石和登闻鼓，这应是模仿了承天门的形制。考古学者在含元殿遗址的殿前广场西南发现了两处夯土台基遗存，一处夯土台基东西长3.6米，南北宽1.5米；一处夯土台基由条砖包砌，平面呈边长1.7米的正方形，在第一处夯土台基以北14米处。有学者认为这两处台基可能是放置礼仪性用品设置的，实际上，很可能就是放置肺石和登闻鼓的台基。

左、右金吾卫日夜在宫城内巡视，以维持秩序，保卫宫城安全，他们的驻扎地点就在含元殿前。兴元元年（784）五月，将军李晟率领神策军自禁苑之北突入大明宫中，屯兵于含元殿前，"舍于右金吾仗"，终于平定了朱泚之乱，收复长安。其中"右金吾仗"即指含元殿前之"金吾右仗院"。唐文宗大和九年（835）四月二十六日，京城突然刮起了大风，含元殿上的四只鸱吻都被吹掉了，殿前三棵大树被连根拔起，金吾卫左仗院也遭受到巨大的损失，这可不是什么好兆头。这年十月的一天，大臣李训一大早就向皇帝汇报，说金吾左仗院的石榴树上夜降甘露，企图悉诛宦官，但最终事情败露，致使大批朝官被杀，史称"甘露之变"。

宣政殿在含元殿北，中间隔着宣政门。宣政殿是中朝议政的场所，即位、朝参、册封太子等重大礼仪活动常在此殿举行。宣政殿东廊为日华门，西廊为月华门。殿东以南，有门下省、弘文馆、史馆，殿西以南，有中书省、宣徽院、舍人院。据考古实测，宣政殿基址东西长约70米，南北长约40米。

宣政殿延续了太极殿的基本功能，所以皇帝在大明宫的时候，一般都是在宣政殿举行朔望朝参。唐德宗还在宣政殿创设了一种新的朝见礼仪，规定每年的五月初一，京官九品以上和外官在京者都要举行一次会见，接见范围相当广泛，但这种朝会规制只在德宗朝实施过，后来就没有记载了。

皇帝即位虽然大多数在太极宫的太极殿，但也有个别皇帝因为特殊原因而在大明宫即位，因此，举行即位仪式的时候就会选择在宣政殿完成。肃宗李亨在灵武称帝的时候，玄宗正在成都避难，后来太上皇李隆基来到长安，就在宣政殿举行禅位仪式。宪宗即位的时候，顺宗被尊为太上皇，所以没去太极殿，而是在太极宫宣政殿即位。文宗即位的时候，敬宗在政变中被宦官杀害了，文宗是以藩王的身份被王守澄拥立，仓促之际，以防夜长梦多，就直接在大明宫宣政殿即位了。战事大捷，皇帝会在宣政殿接受朝贺，如元和十二年（817），李晟平定淮西吴元济的叛乱，宪宗就在宣政殿面见群臣，接受朝贺。

唐朝的皇帝有尊号，如李世民叫"文皇帝"，武则天有个尊号叫"圣母神皇"，个别皇帝的尊号非常长，玄宗的尊号最长的有十四个字，如天宝十三载（754）的尊号是"开元天地大宝圣文神武孝德证道"皇帝。宪宗在元和三年（808）正月的尊号叫"睿圣文武皇帝"，宰相皇甫镈还想给宪宗的尊号加上"孝德"两字，另一位宰相崔群认为"有睿圣则孝德在其中矣"，惹得宪宗非常不开心，就把他赶出京城，贬黜到湖南做观察使去了。到元和十四年（819）七月，新上尊号是"元和圣文神武法天应道皇帝"。

玄宗大多数时候在兴庆宫，但大明宫并未完全废弃。丹凤门依旧是举行重大礼仪活动的场所。开元九年（721）九月，他就在丹凤门举行了一次宴会活动，主要是在城楼上设宴款待突厥首领。开元十八年（730），玄宗在丹凤门设宴招待外国使节的时候，还闹出了一个乌龙。当时，西突厥的突骑施苏禄部落派遣使节来朝见，玄宗就安排在丹凤楼为他们接风，这原本不会有任何问题，更何况款待外国使节的相关规制已经非常成熟了，但不知为何，玄宗却又让东突厥的使节也来赴宴。结果东、西突厥的使节为了位次尊卑的问题吵起来了，谁也不让步。玄宗没有办法，只能把他们分开，分别设宴招待才解决此事。

丹凤门遗址的考古工作在20世纪50年代就已经开始了，最初的发掘结果是清理出了三个门道，但文献明确记载丹凤门有五个门道。后来到了21世纪初，考古学者再次进行了勘探发掘，找到了之前未被发现的两条门道。除含元、宣政、紫宸三大殿外，大明宫中较重要的还有延英、麟德、清思、蓬莱、三清、大福等殿，这些宫殿都发挥了不同的职能。

延英殿的位置在紫宸殿以西，在唐后期的地位甚至超过了含元、宣政、紫宸三大殿，皇帝经常在该殿召见群臣，讨论国家政事。延英奏对制度的确立，使延英殿成了唐后期政治决策的主要场所。而且，群臣有紧急公务要向皇帝汇报，也会被安排在延英殿。延英殿议政是一种非常严肃的事情，因为参加者主要是皇帝和宰相，所讨论的也多是军国大事，故而气氛就会特别紧张。唐宣宗时，有多年参与延英殿议政经历的令狐绹说"十年持政柄，每延英奏对，虽严冬甚寒，亦汗流洽背"。可见场面之严肃。君相商议国家大政，宦官本无权介入，但唐后期的时候，专权跋扈的枢密使也会参与讨论，甚至和宰相当面争论不休。除了商议政事，延英殿也会举行一些典礼活动，比如官员的谢恩，举办皇帝的寿诞，召见外国的使者，举行宴会等。

麟德殿也是大明宫中主要的建筑群之一，能够容纳数量庞大的官僚群体，所以皇帝经常在麟德殿举行大规模的宴会。因为麟德殿"一殿而有三面"，所以唐人又把麟德殿称为"三殿"，根据学者研究，麟德殿其实是分为前殿、中殿、后殿的，所以叫三殿。考古实测殿基遗址东西宽70多米，南北长130多米，规模可见一斑。此殿空间非常大，殿前也有辽阔的殿前广场，所以唐朝后期接见外国使臣、举办宗教活动和盛大的宴会、各种艺术表演以及蹴鞠等体育活动常在此处。唐代宗大历三年（768）五月，在该殿举行了一场3500人的宴会，可见麟德殿的规模非比寻常，宴会的场面肯定也是极为宏大的。大历十三年（778）二月，在麟德殿举行了三天的宴会，参会人员非常广泛，赏赐也很丰厚。麟德殿空间大，建筑宏伟，具备举行大宴会的条件。一些重要的节日，比如寒食节、中和节等，皇帝都会在麟德殿设宴，与大臣同乐。

大型乐舞表演活动也经常安排在三殿举行。德宗贞元十四年（798）二月，在麟德殿设宴和文武百官观看乐舞，演奏了《破阵乐》和《九部乐》,"宫中歌舞妓十数人列于庭"。此外,麟德殿还表演百戏,文宗大和六年(832)的寒食节,有一个节目是"杂戏人弄孔子",艺人把孔子作为了取乐的对象,表演题材选取得非常不严谨,惹得文宗不高兴,就把艺人训斥了一顿,然后赶出宫去了。

麟德殿前场地空旷,有蹴鞠的空间,一些角抵和蹴鞠活动会在殿前球场举行,有时候皇帝也会参与其中。德宗贞元四年(788)二月,李晟、马燧和诸将在麟德殿前进行蹴鞠比赛,皇帝就亲自观看了比赛。贞元十二年(796)的寒食节,又在麟德殿东的亭子里观看了武臣和勋戚子弟们的球赛。宪宗在元和十二年(817)五月的时候,在太液池西侧修建回廊,又在东内苑动工,"浚龙首池,起承辉殿",极尽奢华,为了装饰,还"徙植佛寺之花木以充",以此来满足他平日的生活游乐。唐文宗喜好蹴鞠,于是在太和九年(835)的七月,把龙首池回填,准备扩建为一个蹴鞠场地。

武宗时期,在大明宫大兴土木,会昌元年(841)的三月,先是在龙首池边修了一个灵符应圣院。后来,到会昌五年(845)的正月,又要修建一个望仙台,一直到六月才修完,这项修建工

第二章　建中立极：长安的宫城与皇城

作是由神策军负责的，所以这年六月，神策军就上奏，说"望仙楼及廊舍五百三十九间功毕"，可见，不只是修建了一个楼阁，附带工程还有五百多间的廊舍。

大明宫修成之后，李治居住了十年左右，后来就去东都了。武则天则长期在洛阳，只是晚年回到长安，在大明宫中住过两年时间。中宗和睿宗赓续李唐法统，又回到太极宫处理政事，后来的玄宗则更加依赖兴庆宫，偶尔才会去大明宫，实际上在大明宫居住的时间不多。可以说，在高宗去世之后，大明宫基本上成了摆设，重要程度和政治地位都比不上太极宫和兴庆宫。

黄巢大军进入长安之后，唐朝军队与黄巢的军队之间展开了多次交战，这对长安宫殿建筑都有损坏，大明宫自然也在损毁的行列之中。后来昭宗时期，李茂贞引兵入京，在城里肆意纵火焚烧，史称"中和以来，葺构之功，扫地尽矣！"经过修缮之后，再遭兵火，势难保全。朱温逼迫昭宗迁都的时候，对长安进行了最后一次扫荡，大明宫也就荡然无存了。

兴庆宫　兴庆宫又叫"南内"，是以玄宗做藩王时居住的兴庆坊为基础，并扩展了地盘，占了两坊半之地而修建的。此坊原名隆庆坊，后来为了避玄宗的讳，就改叫兴庆坊。玄宗五兄弟最初住在此坊，宅第高筑，被称为"五王宅"。"先天政变"之后，太平公主被赐死，李隆基掌握了朝政大权，原来的太子，哥哥李成器主动让贤，于是李隆基就顺理成章地登上了皇位。隆庆坊也就改为了兴庆坊，而且其他四位兄弟也就不能继续在此处居住了，李隆基就把这里改为兴庆宫。给四位兄弟重新安排了住处，怎么安排的呢？实际上就是在周边找地方让他们居住。让李宪（李成器）住在胜业坊的东南角，申王李㧑和岐王李范居住在安兴坊的东南角，薛王李业在胜业坊的西北角。兴庆宫是一个非常特殊的宫殿，不在宫城里面，而是在长安城东春明门内，也就是说在郭城中。

开元二年（714）开始修建，原本以兴庆坊为基础，但随着职能的扩展，发现一坊之地完全无法满足。开元十四年（726），又侵占了兴庆坊北面的永嘉坊，西面的胜业坊，这才使得兴庆宫规模扩大。开元二十年（732），在兴庆宫西南隅修建了花萼相辉楼和勤政务本楼，由于楼前广场的面积不够，就又侵占了一部分东市的东北角和道政坊西北角的空间。所以，兴庆宫西南紧挨着东市。

兴庆宫的主要建筑是西北隅的兴庆殿，殿内能够看到诸王的

第二章 建中立极：长安的宫城与皇城

宅第。宫内还有一座龙池，是引入龙首渠的水而形成的，面积比曲江池小，但繁华比曲江有过之而无不及。隆庆坊内有一座池塘，原来叫隆庆池，李隆基和他兄弟们的旧宅就在这座池塘旁边，所以又叫五王子池。生活在武则天、中宗时期的武平一在《景龙文馆记》中记载，这座池塘原本没有，是垂拱年间的大雨冲击而产生的，起初面积很小，但把龙首渠的水也引入之后，逐渐就形成了一个比较大的池塘。中宗李显君臣经常在此举行宴会游乐。也有一种说法，说是当时此地盛传有天子气，所以李显他们才会在这儿游戏，以试图压制这种天子气泛滥。这当然应该是玄宗登基后，为自己即位的合法性而虚构的叙事了。

当然，当一个地方因为特定的人而闻名时，自然也就会产生一些神异的传说。关于该池的形成，当时就有一个神异的传说。据说武则天时，有一位叫王纯的人居住在此处，他在挖地的时候竟然挖出了一百斤的黄金，一下子就成了有钱人，这事也被官府知道了，就要把王纯抓起来审问，仓促之下，王纯就把黄金都投到一座井里了。当询问的官员走后，王纯就跳到井里去找回金子，然而却发现井里有一条红色的大蛇，把王纯吓跑了。当天夜里，井水溢出，便形成了这样一座池塘。这个故事在中宗时期流

大唐名城：长安风华冠天下

传很广，大概在武则天时期就已经产生了。

曾经在这座池塘边居住的李隆基后来即位，那么他的旧邸当然不会是平凡之地。开元二年（714）闰二月，玄宗下诏，命官员祭祀龙池。这当然不是无意为之，而蕴含了玄宗建构符瑞的立意。后来，李林甫在回忆这座龙池的形成时，更是直接讲道这是玄宗即位、受命于天的征兆，他说早在李隆基居住在此的时候，宅邸东边就有一口井，有一天突然井水溢出，形成了一座池塘，池塘上经常有云气出现，隐约可见有黄龙在里面盘桓。到了中宗景龙年间，水越来越多，还不到一年周边的邻居就都迁徙走了。他说这是"符命之先"，意思是玄宗即位的先兆。

玄宗在兴庆宫楼上，就能够"闻诸王音乐之声"，甚至来了兴致还会把他们招上楼一起宴饮，这虽然是想刻意表明玄宗和兄弟们和谐相处，其乐融融的场景，但很显然，与花萼相辉的名称一样，这只是一种政治展示。《新唐书·李成器传》就明确记载了玄宗监视诸位亲王的情况。皇帝经常在阁楼上，远远就能听到诸位王爷家里传出的音乐歌舞声，兴致来了，也会把他们叫到楼上，一同举行宴会。如果仅是一般姻亲兄弟，自然不会有太大的问题，人情往来，乐在其中，真是一幅和谐家庭的画卷。但他们

第二章 建中立极：长安的宫城与皇城

不行，只因为他们有一个共同的身份，那就是生于帝王家。这层政治身份注定他们绝不会平凡度过一生。早在南朝时期，宋孝武帝刘骏去世，刘子业短暂的即位，他对最受父亲宠爱的弟弟刘子鸾非常不放心，于是将其赐死，年仅十岁，刘子鸾临死前的遗言说"愿身不复生王家"，何等凄凉！

南内兴庆宫的西南角有一组建筑，是玄宗统治的标志性建筑，也是后人追忆唐代盛世叙事无法绕开的话题。那就是有"天下第一名楼"之称的花萼相辉勤政务本楼。一般认为这是两座楼，西面的那栋题为"花萼相辉之楼"，南面的那栋题为"勤政务本之楼"。然而，据杨为刚考证，花萼相辉楼和勤政务本楼实际上是一座楼的不同名称。花萼相辉勤政务本楼是兴庆宫内最著名的一组建筑，在开元以前叫"花萼相辉楼"，开元以后多称为"勤政务本楼"，从这一名称的变化可以看出其功能的转变，原本是作为玄宗私人政治空间的楼阁，转变为具有诸多政务功能，具备公共空间意义的场所。

玄宗时期的著名宰相张说有一首《踏歌词》："花萼楼前雨露新，长安城里太平人。龙衔火树千灯艳，鸡踏莲花万岁春。"描绘的正是正月十五上元佳节之际花萼楼前的盛况。这两栋楼的兴

大唐名城：长安风华冠天下

建绝非玄宗无厘头的一时兴起，如果我们了解一下这栋高楼周边的情况，就会发现这俨然就是震慑诸王的皇权象征。居住在这座高楼旁边的诸位亲王家眷，一抬头便能看到这座巍峨的建筑，他们心中的畏惧感，紧张感恐怕时刻都萦绕在他们心头。

兴庆宫富丽堂皇的程度，比之太极宫、大明宫都是有过之而无不及。兴庆宫遗址东西约1080米，南北长1250米，面积1.35平方千米，比北京故宫还大一倍。兴庆宫的布局可分为南北两部分，北面是宫殿区，主要有兴庆殿、大同殿、南薰殿、新射殿。南面则是风景园林区，最大的景区是龙池周边。西南角有花萼相辉楼和勤政务本楼，龙池南岸上有一亭一殿，亭为沉香亭，殿为长庆殿。

龙池岸边有一座亭子，据说是用珍贵的沉香木建成，所以叫沉香亭。亭外种植了四种颜色的牡丹花，花开时节，玄宗和杨贵妃等经常在此游乐，梨园子弟乐舞助兴，举行赏花宴饮活动。大诗人李白的《清平调》就与玄宗和杨贵妃的宴游相关。有一次，玄宗和杨贵妃带着一众梨园弟子在此游览，宫廷乐工李龟年要奏乐，玄宗说："赏名花，对妃子，焉用旧乐词？"就让李龟年拿"金花笺"叫翰林学士李白填词，李白就写了《清平调》三章。

第二章　建中立极：长安的宫城与皇城

其中第三章说："名花倾国两相欢，长得君王带笑看。解释春风无限恨，沉香亭北倚阑杆。"讲的就是玄宗的游乐赏花，遂成千古名句。

大同殿在兴庆殿南，是供奉老子神像的地方。玄宗经常在大同殿中会见道士、修行功德。该殿的前面有钟楼和鼓楼。南薰殿在兴庆宫的中间地带，往南就是龙池。玄宗朝会后休憩、接见官员、观看乐舞等，大多在此处。玄宗也是一位乐舞行家，王维说"陌上尧樽倾北斗，楼前舜乐动南薰"，可见南薰殿也有一定的音乐教化功能。

兴庆宫的殿阁布局随意，并没有严格的规划，宫殿和园林错杂分布。只有在唐玄宗时期，兴庆宫才作为政治活动的中心发挥作用，唐朝后期的皇帝还是多在大明宫，兴庆宫逐渐没落。

二、百僚廨署列其间

皇城在宫城之南，是一处"百僚廨署列于其间"的政治空间，唐朝的中央军政机构和宗庙都在皇城中，可见，皇城是全国行政的中心。整个皇城的区域被贯通南北的承天门街分为两半，

大唐名城：长安风华冠天下

所以，承天门街就是皇城的中轴线。街西有将作监、宗正寺、鸿胪寺、司农寺、大理寺、御史台等机构，街东有太常寺、太府寺、少府监、尚书省六部等机构，除了位于郭城务本坊中的国子监，大部分中央行政机构都在皇城。从整体布局来看，皇城内所有政务机构都呈模块化分布。诗人白居易在某天的清晨时分登上观音台，放眼眺望整个长安城，看到皇城的布局是"十二街如种菜畦"，规划整齐划一，尤其是官员们上朝的时候，"遥认微微如朝火，一条星宿五门西"，星星点点的灯火就像星宿一样。

皇城的四面有城墙和城门，东边和西边除了与宫城分界的延喜、安福两门外，还有景风门和顺义门，它们中间横着的街道被称为第四横街。南边开三门，朱雀门为中门，该门将朱雀大街隔为两段，出了朱雀门向南，就进入了长安的里坊。朱雀门东西两侧是安上门和含光门，从城南往北，进入安上门之后便是安上门街，进入含光门便是含光门街，这两条街道比承天门街的规格低，但承天门街、安上门街、含光门街三条街道构成了皇城内南北向的三条主干道。

皇城内南北纵向有五条街道，东西横向有七条街道。安上门和含光门内，除了处在皇城东南角的太庙和西南角的大社，其他

第二章 建中立极：长安的宫城与皇城

区域都是官署区。据说这个把官署区和居民区分离开来的设计是隋文帝的构思，他认为居民在官署区居住不方便管理，影响朝廷办公，于是就规定，皇城之内只能分布官署机构，不许居民居住，唐朝也就沿袭下来了。

皇城的正门是南面的朱雀门，是一座兼具政务功能和政治象征的城门。隋文帝以勤俭著称，开皇九年（589）平陈之后，他亲自到朱雀门迎接凯旋的大军，论功行赏，据《隋书》记载，"自门外夹道列布帛之积，达于南郭"，这次慰劳颁奖活动的规格非常高，选在朱雀门外，也展示了朱雀门的不平常。唐朝晚期，黄巢退出长安之后，朱雀门遭受到损坏，僖宗筹措资金修缮，当时有一个绰号叫"王酒胡"的富商，原本是镇州人，此时恰好在长安，就"纳钱三十万贯，助修朱雀门"，赢得广泛的赞誉。

据史料记载，皇城东西有五里一百一十五步，南北三里一百四十步，根据现代考古实测，东西有2820米，南北1843米，总体上是一个长方形。皇城内的街道宽有百步，但宫城与皇城之间的这条第一横街，宽有三百步。

三省中的门下省和中书省都在宫城，只在承天门外的街口布置了中书外省和门下外省。承天门街的两侧挖有御沟，上面用青

大唐名城：长安风华冠天下

石板覆盖，这是长安城的排水系统。街道两边的人行道侧，沿街种植了槐树，所以这条街又被称为槐街。韦庄《秦妇吟》描绘黄巢占领长安时的景象是"内库烧为锦绣衣，天街踏尽公卿骨"，战乱期间，国家的钱帛物资和宫殿建筑尽数遭到劫掠焚烧，朱雀大街血流成河，哀鸿遍野。这样的长安城与昔日繁华无比、美轮美奂的辉煌形成鲜明的对比。

长安二年（702）正月，武则天回到长安，设立了武举，选拔武艺超群的人才。这项事情是兵部负责的，所以每年都会有大量身怀武艺的人进入长安，到皇城中的兵部应举，唐代名将郭子仪就是通过武举脱颖而出的军事人才。德宗时期，有一个叫田登的官员，时任谏议大夫，就提出了反对的建议。他认为兵部举行武举的时候，武举人"持弓挟矢，数千百人入皇城"，对国家来说非常危险，德宗听后深以为然，就下令停止武举。

皇城西边的两门中，以靠北的安福门最为重要。可能是靠近宫城的缘故，皇帝在安福门举行过许多活动。高宗李治应玄奘之邀为大慈恩寺亲笔撰写了一通碑文，并亲临安福门观看了交接仪式。李隆基发动政变诛杀韦后时，其党羽全在安福门外处决，睿宗李旦亲临安福门抚慰百姓，宣布大赦。后来，睿宗经常在安福

第二章 建中立极：长安的宫城与皇城

门宴乐游玩。景云三年（712）七月，睿宗在安福门观乐，"以烛继昼，经日乃止"，次月就突然下诏，把皇位传给了李隆基，自己当太上皇去了。第二年（713）正月上元佳节，太上皇李旦又到安福门观灯，还让许多大臣也一起来欣赏，纵乐了一晚上。

唐后期的安福门仍有许多政务功能，除了迎来送往等仪式性活动，其他重大的场面，比如受俘、大赦等，也会在安福门举行。穆宗长庆三年（823）十月，杜元颖要去蜀中赴任，皇帝就到安福门上为他饯行。武宗会昌四年（844）八月，朝廷讨伐泽潞镇获胜，王宰把刘稹的首级和俘虏送到京城，皇帝在安福门举行受俘仪式，文武百官都在城门楼前参加了这次活动。懿宗"迎佛骨"活动也是在安福门举行，佛骨从开远门到安福门，皇帝就在安福门迎候，据说场面极其宏大，"士女云合，威仪盛饰，古无其比"，然而，懿宗很快就去世了，佛骨也没有保佑这位皇帝长寿。

东边的两门中，以北面的延喜门为主。此门北临宫城，位置便利，所以皇帝经常在延喜门观灯宴饮，举行接见活动。先天元年（712）十月，玄宗刚即位不足三个月，就去拜谒了太庙，然后来到延喜门，大赦天下。第二年（713）二月，又在延喜门楼观灯纵乐三天三夜。贞元四年（788），回纥的使者和公主来长安，德宗也是在此接见，举行了宴会。大中三年（849）七月，宣宗在延喜门接见了河陇老幼。龙纪元年（889）二月，秦宗权战败，汴州行军司马李璠押送秦宗权和他妻子赵氏来京，昭宗在延喜门举行受俘仪式，文武百官称贺，最后秦宗权在独柳刑场被斩头。后来，朱全忠从长安返回河南时，昭宗就在延喜门楼设宴，皇帝"临轩泣别"。

皇城原本也是以左右对称来规划的，但不得不考虑到各个行政机构的实际职能和政务内容，所以有的衙署面积大，有的衙署空间小，甚至还有个别的机构并不在皇城之内。最典型的是国子监，这是全国最高教育机构，位于皇城东南边安上门外的务本坊。

另外，左右金吾卫的衙署也不在皇城中，左金吾卫在皇城东景风门外的永兴坊，右金吾卫在皇城西顺义门外的布政坊。这当然和他们的职能密不可分，因为他们要担负巡街的职能，所以被安置在皇城外，以便随时调动，维持京城的治安。唐朝政府严禁长安居民私藏武器，唐律规定"强甲之属，不蓄私家，令式有闻，宜当遵守"，如果长安有人私自收藏弓箭、枪械等，京兆府

第二章 建中立极：长安的宫城与皇城

就要没收并治罪。

长安城到处都设有巡警岗亭，称为武侯铺。《新唐书》记载说："城门坊角，有武侯铺，卫士、骁骑分守。"可见武侯铺的设置非常密集，而且人员也比较多，大的城门有百人，大的武侯铺有三十人，小城门有二十人，更小的武侯铺配备五人，在武侯铺驻守的都是左右金吾卫的士兵。这些巡警的兵士都是轮流值守，而且"兵仗不得远身"，要持械警备，时刻关注周边的动静。若发现不法人员，要及时处理，有些事态较大，小铺的几个人无法解决时，要传呼其他地方的驻守兵士。执行宵禁制度，可以有效地管理整个长安城，同时，对一些执行特殊任务，或有其他需要夜间举行的活动，则可以持相应的证明文书通行，不受宵禁的限制。

《唐律疏议》的"犯夜"条中就有这样的规定："但公家之事须行，及私家吉、凶、疾病之类，皆需得本县或本坊文牒然始合行。"本县主要指的就是长安、万年两县，若有夜间出行的需求，县令可以出具相关的文书。但偌大的长安，有些坊距离县属太远，恐怕不能及时去县衙请到文书，所以所在坊的坊正也可以提供性质相同的证明文书，然后才可以在夜间举行婚礼仪式或丧葬、疾病事宜。当然，如果有人拿着县令或者坊正开具的凭证去做一些不法勾当，不仅当事人要受到惩处，开具文牒的人也要承担连带责任。

武侯铺是明面上的，还有一种"暗巡"，主要有两个职责，一是监督巡街的金吾卫军士，二是配合巡视。

宫城固然重要，但从空间布局来看，其实位置在整个京城空间中是偏北的，而处在京城最中心的是皇城。这样的位置规划，很可能是出于对中央机构的安全考虑。同时，宫城在北，皇城在南，蕴含了古人坐北朝南，垂拱而治的政治思维。皇城南墙有三座门，正中间是朱雀门，出这道门就正对朱雀大街，正北对着宫城的承天门，构成全长安的中轴线。关于皇城内的机构布局，除却这两个机构外，真正影响唐朝国家行政运作的机构大多分布在皇城，所谓"百僚廨署列于其间"。

三省六部与御史台 三省六部是唐朝的中央政务机构，三省是尚书、中书、门下省，六部是吏、户、礼、兵、刑、工，每部又各分四司，所以叫六部二十四司。这些机构的位置在哪里呢？

尚书省是唐代的行政机构，又叫会府，有"天下政本"的称号。唐太宗说尚书省是"天下纲维"，如果办事有什么过失，必

第二章　建中立极：长安的宫城与皇城

然会让整个天下都受到危害。因为尚书省是一个政务执行机构，相当于今天的国务院，主要负责政令的颁行，所以称为政务机关。官署位置在皇城承天门街和安上门街之间的中部，第三横街与第四横街分列南北，六部二十四司就在此处。因为在内城的南面，所以又叫南省、南宫。尚书省内，正中部是都堂，本是尚书令的办公场所，都省东边依次是吏、户、礼部，都省西边依次是兵、刑、工部。尚书省的长官叫尚书令，但唐朝很少任命，次官叫左右仆射，不任命长官，所以左右仆射就是宰相，但唐后期宰相的行列把仆射给挤出来了。

中书省与门下省是唐代的"机要之司"，这两个机构是全国最高决策机关，一应军国政事，都由中书省草拟诏敕，然后经门下省审核，再交给尚书省颁发执行，所以马端临说"中书出令，门下审驳，而尚书受成颁之有司"。中书省与门下省的衙署在宫城和皇城都有分布。宫城里的叫内省，皇城里的叫外省。外省的位置在皇城最北面，紧挨着承天门，自宫城出承天门，西侧是中书外省、东侧是门下外省。之所以如此安排，是因为这是整个皇城最靠近皇帝的地方，他们可以随时向皇帝报告事务。

中书省在隋代的时候叫内史省、内书省，李渊即位之后的武

大唐名城：长安风华冠天下

德三年（620）才改为中书省。高宗时期曾叫西台，武则天时期又叫凤阁，但中宗即位后，于神龙元年（705）改回中书省的名称，玄宗时期还曾叫紫薇省。中书省的长官叫中书令，唐代时还随着机构名称的改易，叫过西台右相、内史、紫薇令等。中书令原本是正三品，有两员，后来代宗改为正二品，其职责是"总判省事"，全盘负责中书省的工作。次官叫侍郎，一般也设两员，随着中书省长官名称的变化，侍郎也曾叫过西台侍郎、凤阁侍郎、紫薇侍郎等，原是正四品上的品级，代宗改成正三品。侍郎的职责是辅佐中书令完成省内的各项工作。唐中期以后，中书令不轻易任命，经常空缺，所以侍郎就成了中书省的实际主事人。

中书省最核心的工作是草拟诏令。唐代有所谓的"王言之制有七"的规定，分别是册书、制书、慰劳制书、发日敕、敕旨、论事敕书、敕牒七种，都是由中书省负责起草。这项起草工作多是由富有文采的中书舍人完成，中书舍人定额是六人，年资较高的舍人被称为"阁老"，其名称也根据长官的变化，有过西台舍人、凤阁舍人、紫薇舍人等名称。

中书舍人属于清要之职，也是为官之人最热衷的职位，杜佑称之为"文士之极任，朝廷之胜选"。玄宗时期，设置的学士院，

第二章 建中立极：长安的宫城与皇城

翰林学士积极参与草诏工作，在职能上和中书舍人互补，形成了翰林学士掌"内制"，中书舍人拟"外制"的格局，因此，翰林学士又有了"内相"的称呼。

门下省是政令审核的机构，武则天的时候改叫鸾台，后来中宗改回门下省的旧称。门下省的长官叫侍中，隋代时候叫纳言，唐朝初年的武德令规定侍中是正三品的官，到了代宗大历二年（767）十一月，升为正二品。门下省次官叫侍郎，一般设置两员，本来是正四品上的官，但代宗改革官品，侍中的品级升高之后，侍郎也就变为正三品的官了。

侍中的职务是"佐天子而统大政"，也就是事无不总，凡涉及军国大政，都可以参与。侍郎则主要辅佐侍中完成这些事务。门下省最主要的职能是审核行政命令，门下省还设置了散骑常侍、谏议大夫、拾遗、补阙等，负有规谏的职责。

除了审核诏令，门下省还有一项重要职能是封驳，凡是中书省草拟的诏令，门下省审核不过，都可以驳回，让中书省重新撰写。臣僚的奏章也要经过门下省的审核，然后再进呈给皇帝，如果审核不过，也是可以驳回的。穆宗长庆年间，薛存庆五次迁官，任职给事中，遂与韦弘景封驳诏书，当时人还称颂他为"直官"。开成三年（838），文宗下敕，说给事中封驳制敕，不管有没有履行这一职能，每一季终都要给皇帝报告情况。唐德宗贞元年间，给事中许孟容多次封还德宗的诏敕，德宗不仅不生气，还在一次延英殿议政时说，"使百执事皆如卿，朕何忧也"，对许孟容给予极大的宽容和肯定。

政事堂是唐代宰相班子的议政之地，原来在门下省，主要汇聚各位宰相，商量讨论国家大事。永淳二年（683），中书令裴炎把这个议政的场所改到了中书省。后来，玄宗开元十一年（723），中书令张说又把中书省的政事堂改为中书门下，还设置了"中书门下之印"。宰相并不总是在政事堂，他们往往是早朝之后就回到自己所在的官署办公，有需要讨论的政事才会集合到一起。史料记载说他们"午前议政于朝堂，午后理务于本司"，意思是要在不同的机构办公，因为宰相都是"兼职"，他们还有自己所属机构的一些具体工作。但唐玄宗以后，中书门下建立，宰相就开始在政事堂办公，这样他们就显得更加繁忙。政事堂可以发文书，李肇的《唐国史补》记载说："宰相判四方之事有堂案，处分百司有堂帖。"堂案是留在宰相机构的内部存档文书，堂帖是发给各个机构或个人的文书，体现了宰相机构的文书行政。

第二章 建中立极：长安的宫城与皇城

御史台是唐代最高监察机构，被视为皇帝的"耳目之司"。因为是直接对皇帝负责的机构，所以御史的任命要由皇帝亲自决定。御史大夫和御史中丞是正副长官，他们的主要职能是"掌邦国刑宪典章之政令"，也就是各种司法和刑狱的制度规定。长安的御史台分为南台和北台，我们通常说的御史台是南台，也就是在皇城里面的，这是御史台的正衙。南台的位置在承天门街西，宗正寺和司天监的中间。御史台机构分为三院，叫台院、殿院和察院。东都洛阳也有一套御史台系统，一般叫留台或东台。

民间曲艺中有《三堂会审》的情节，唐代就已经出现"三法司"联合审理案件的制度。遇到大案要案，就从刑部、大理寺、御史台三个机构抽调精干官员组成三司，然后审理案件，所以又称为三司会审。德宗时发生了一起转运绢被抢劫的案件，就由御史台侍御史李元素、刑部员外郎崔从质、大理寺司直卢士瞻组成了联合办案工作组对案件进行审理。宪宗元和八年(813)，司空于頔的儿子杀了一个家奴，被另一家奴王再荣告发，当天就抓了于頔之子和孔目官沈璧以及家童十多人，刚开始关在内侍省的监狱，后来就让御史台接手审讯，并下诏抽调了御史中丞薛存诚、刑部侍郎王播、大理卿武少仪三人组成案件审理小组，所以他们三人又被称为三司使。果然，最后在于敏的家里发现了被害人的尸体。官高位显者犯法，单靠一个机构负责难免遇到一些阻力，干脆让几个机构通力合作，这样无疑提高了司法效率。

皇族属于特权阶层，拥有一般人无法享受到的各种待遇，所以就会有人铤而走险，冒充皇亲国戚。唐文宗开成四年(839)，突然有两个人自称是皇太后的弟弟，一位叫萧本，另一位叫萧弘。昭义节度使刘从谏一时拿不定主意，于是报告给了朝廷，皇帝就让御史中丞高元裕、刑部侍郎孙简、大理卿崔郸组成三司，审理这起案件，最终结果是两人假冒皇亲国戚。

唐代的御史台也设置了羁押犯人的监狱，称为台狱。唐初的御史台没有监狱，犯人都关押的大理寺，但御史台要经常提审，就要从大理寺押送到御史台，这中间不仅要经过含光门街，还要经过三条横街，不仅办事不方便，而且还有可能泄漏狱情。于是到了唐太宗时期，就在御史大夫李乾祐的奏请下，在御史台也设置了监狱。玄宗时期，崔隐甫为御史大夫，奏请皇帝废罢台狱，以强化御史台内的管理，但到了唐后期，御史台狱又被恢复，很多大案要案都由御史台来审理。到了宋代还沿袭，宋代"群臣犯法，体大者多下御史台狱"，甚至很多诏狱也是御史台负责的。

第二章　建中立极：长安的宫城与皇城

九寺五监　九寺五监和诸卫诸军是京城分工负责各类具体事务的机构，学界认为三省六部是出令机构、政务机关，而九寺五监是行令机构、事务机关。九寺是太常寺、光禄寺、卫尉寺、宗正寺、太仆寺、大理寺、鸿胪寺、司农寺、太府寺。五监是少府监、将作监、国子监、军器监、都水监。

唐代的"九寺"可以追溯到汉代的九卿，九寺长官叫卿，设置一人，副长官叫少卿，属官有丞、主簿、录事。在机构建制方面，除了大理寺之外，其他的寺还设有"署"一级单位，有署令与署丞，在等级上分为上、中、下三等。九寺五监是分工负责某项具体事务的机构，主要遵从六部行文而办公，所以被学界称为"事务机关"。史料记载寺监的特征是"分务而专治"，也就是按照事项内容和性质，分门别类由不同寺监机构来执行。以下选取部分寺监机构，略作介绍。

从皇城南门朱雀门进入，首先映入眼帘的是一条宽阔的街道直通承天门，叫承天门街，街西是鸿胪寺的廨署、街东是太常寺的廨署。

"太常"在汉代叫奉常，后来为了追求社稷常存的寓意，就改名叫"太常"了。主要职掌是负责国家的礼乐、郊庙、社稷等，下设八个署，分别是郊社署、太庙署、诸陵署、太乐署、鼓吹署、太医署、太卜署、廪牺署，各有职责。比如太乐署，要负责祭祀、宴享的音乐，还要承担教授乐人和音声人，每年都要进行考核。太医署是受太常寺管辖的一个医疗机构，主要负责疾病治疗，管理全国医务和医学生的教育，分为医疗、针灸、按摩、咒禁四科。给皇室贵族和官僚治病是太医署的首要职责，一般百姓是没有资格直接受到太医的治疗，长安百姓也是如此。除非出现特别重大的疫情，朝廷才会派遣一些太医署的人员出动，比如贞观十六年（642）夏，谷州、泾州等五州发生了大规模疫病，李世民"遣赐医药"，到贞观二十二年（648）的九月，邠州又发生重大疫情，皇帝又"诏医疗之"。这些医疗资源都是在皇帝特别指示下才去地方，若非如此，地方的病患以及各种疫情疾病，只能靠当地的医疗资源来解决。

根据宋代令文而复原的唐朝《医疾令》中把医学生分为四种，分别是医生、针生、按摩生、咒禁生，不是随便什么人都可以学医，这些学生的来源是"先取家传其业，次取庶人攻习其术者为之"，也就是说医学是需要有家学传承的，一般贫民子弟习医，比那些有家学渊源的医学生要付出更多的努力。

第二章 建中立极：长安的宫城与皇城

鸿胪寺与太常寺隔承天门街相对，进朱雀门后，西边就是鸿胪寺的官署，统属典客署和司仪署。再往西就是鸿胪客馆，前来朝贡的使臣和外国领导人来京城都安排住在此处。客馆与大社之间隔着含光门街。大历六年（771）正月，回纥的使者被安排在鸿胪寺，但他们非常跋扈，竟然劫掠坊市，强抢长安的妇女，基层行政机构无法约束。他们甚至还带领三百人进攻金光门、朱雀门，于是皇城紧急戒严，关闭了所有的城门。代宗派宦官刘清潭安抚劝慰之后，他们才罢手。第二年七月，他们又跑出来抢掠，在含光门街道上遇到了长安县令邵说，竟然把这位朝廷命官骑的马都给抢走了，幸亏邵说跑得快，不然免不了一顿毒打。

沿着承天门街往北，就能够看到皇城内的第二排官署，从东向西，属于九寺五监的有少府监、太府寺、太仆寺、宗正寺、太史监。

少府监在安上门街之东，南面隔着横街和皇室祖庙相对。少府监的长官是监，设一员，副长官是少监，还有丞，有时一人，有时候两人。统属中尚署、左尚署、右尚署、织染署、掌冶署，主要负责皇帝的礼服用度和百工技巧之事，管理国家手工业，组织生产活动。比如织染署，纺织和染色之类的事务要由他们完成,设有专门的作坊。掌冶署负责金玉器物的制作,铸造兵器、钱物的事务也会由他们总领。铸造兵器的资格经过多次反复,开元时期设置军器监,专门负责兵器铸造问题,后来废军器监,由少府监铸造,但开元十六年(728)又让军器监负责了。铸钱的职能在开元以后也减弱了,陆续设置诸道铸钱使,少府监逐渐失去了这项业务。因为少府监多有手工业生产的任务,所以一些女性罪犯也会划归少府监,欧阳修在《新唐书》中记载说"居作者著钳若校,京师隶将作,女子隶少府缝作"。意思是那些被司法官判为服役的罪犯,要佩戴刑具,在长安服役,一般会隶属于将作监,而女性则隶属于少府监,负责手工制作。对药价也有控制资格,史料记载说如果有人献药,鸿胪寺核对之后,"少府监定价之高下"。

太府寺与少府监隔着安上门街,太府寺西边紧挨着太仆寺。太府是国家钱帛出纳之地,负责国家的"宝货",金银一类的叫宝,钱帛一类的叫货。《唐六典》记载说"四方之贡赋,百官之俸秩"都由太府寺来"节制",可见太府寺实际上就是国家的财政大总管。直统长安和洛阳的四市署,也就是平准署、左藏署、右藏署、常平署。市署是市场管理机构,要负责财货交易、权衡

第二章 建中立极：长安的宫城与皇城

物价，维持秩序等。左右藏主要是收纳出入，有储积财货的库。凡是要入库的天下财赋，御史台要来人监督，长官太府卿要在场，按照要求收纳，并标注清楚来源信息和时间等。常平署和平准署是主要对粮食储备和市场物价进行调节的机构。

太仆寺紧挨着承天门街，东面是太府，南面是太常，西面隔着承天门街和宗正寺相望。这个机构负责国家的车马事务，包括四个署，分别是乘黄署、典厩署、典牧署、车府署。司农寺在承天门街西、与尚书省隔街相对。唐代太常寺与大理寺，与其他寺监相比，地位更为重要，它们主管国家的礼与法之事，这是古代社会中最重大的两件事。

历朝的都城都遵循"左宗庙，右社稷"的说法，因为"左祖右社"是历代相承的宗庙和社稷分布的原则。宗庙祭祀是唐朝非常重要的礼仪活动，有四时祭、禘祫祭、朔望荐食等各种名目，马端临归纳了两类，一是正祭，也就是常规的祭祀活动，二是告祭，主要指"国有大事"要告庙，让祖宗知道朝廷遇到什么困难，或者发生了哪些大事，取得了什么功绩。这些祭祀原则上都需要皇帝亲自前往，但大多数时候都是让官员代替前往，叫"有司摄事"。贞观十七年（643）太子李承乾谋反事败，当年的四月,太宗"亲谒太庙,谢承乾之过",这就是"国有大事",不肖子孙竟然意图谋反,虽然最终被镇压,但也要向祖宗认错。新皇帝即位、册封、战争取得胜利,各地进献祥瑞等,都需要去太庙告知祖先。

日本学者金子修一先生认为唐代后期皇帝亲祀带有很强的世俗性,从大宁坊的太清宫到皇城的太庙,再经过朱雀大街到南郊的圆丘,形成了"太清宫—太庙—南郊"的祭祀模式,这一连串的祭祀具有表演的成分,提高了长安市民对皇帝祭祀的兴趣。当然,这并不排除皇帝彰显"孝治天下"的初衷,但必然蕴涵了更多的现实考量。尤其是唐后期皇权日渐式微,甚至皇帝还不时地被赶出长安,如果他们再不通过一些具体的活动来刷一下存在感,恐怕就会与一众官僚和长安百姓之间的疏离感更深了。

唐代的太庙在皇城东南角,社稷庙在皇城西南角,太庙东边是太庙署,大社西边是郊社署。唐代太庙所处的位置在隋代是太府寺的一个玉石作坊,唐代设为太庙安置唐朝历代皇帝的神主。到玄宗开元五年(717),因为使用的时间过久,房屋建筑遭受虫蛀雨淋,多有损坏,于是就临时把神主都迁到太极殿,对太庙进行了一次大规模的修缮,一直到十月份才完工,这样唐代后期太

第二章 建中立极：长安的宫城与皇城

庙的位置都没有发生变化。皇城的西南隅有太社，这是个重要的祭祀场所，唐朝很多的祈雨活动都在太社举行，太社和朱雀门、朱雀大街等构成礼仪祭祀活动等联动配置。

太庙的管理机构叫太庙署，原本是隶属于太常寺的，后来经常变动，有时候隶属于太常寺，有时候隶属于宗正寺，甚至太庙署的名称也经常变换。开元时期曾叫作"奉宗庙"。皇帝在光启三年（887）返回京城之后，只能在被严重破坏，满目疮痍的宫殿中继续维持统治。皇家太庙也被乱军破坏了，就采取了太常寺的建议，"以少府监大厅权充太庙"，相当于借用了在太庙以北，和太庙隔街相望的少府监的一个大厅临时充当太庙。但大厅的空间有限，很难容纳唐朝十一代皇帝的神主，于是就扩建了少府监的大厅。

将作监的衙署在皇城的西北角，这是一个主管全国工程营建和工匠的行政机构，长官叫将作大匠，次长官叫将作少监，《唐六典》说："总四署、三监、百工之官署。"其中的"四署"是左校署、右校署、中校署、甄官署。甄官署主要负责玉石的供应、雕琢和陶器制作等事宜，甚至一些丧葬的明器也由这个机构负责。长安城的修缮是由将作监负责完成，皇帝的陵寝也由将作监来统筹。唐高祖的献陵、唐太宗和文德皇后的昭陵都是将作大匠阎立德主持营建的。太庙损毁，也是将作监修建，唐文宗时期，太庙需要修缮，文宗就让将作监负责，结果没有按期完成，将作大匠王堪因此收到责罚，被皇帝减俸。九成宫则是由将作大匠姜行本负责修建的。随着唐后期使职差遣制度的发展，将作监的许多事务转由使职来完成，比如营建陵墓则交付给山陵使来完成。

宪宗平定淮西之乱后，命令六军使扩建麟德殿东廊，以便宴请凯旋的将士，但经费不够，就打算向大臣将士们众筹，结果遭到裴度的反对，他说："陛下营造，有将作监等司局，岂可使功臣破产营缮？"

唐代的武器生产部门是军器监，官署的位置在景风门内，西边是光禄寺，北临詹事府。领甲坊、弩坊两署。肃宗乾元元年（758）的时候，改军器监为军器使，"以内官为之"，设置了皇帝更亲信的宦官使职来负责，自此之后，武器的制造和管理之权就不再属于南衙，而是移到北司宦官手中，军器使成为内诸司使之一。《旧唐书》记载吐突承璀曾做过军器使，但根据出土墓志来看，大中年间，宦官李敬实做过军器使。

御史台与九寺五监都在皇城内靠南的地域分布，这样布局是

第二章　建中立极：长安的宫城与皇城

基于这些机构的职能。衙署除了日常行政办公的地方外，还有会食的公厨，属于公家的食堂。政府机构的食堂供给饭食是一个方面，更重要的功能是"因食而集，评议公事"，这是隐形提高工作效率，强化官员之间及时有效沟通信息的一种策略，从而达到改善吏治的目的。

长安的布局正是如此。最北部居中的位置是宫城，太极宫和大明宫都在整个区域的北方，皇帝和他的妃嫔们就居住在这里面，皇帝办公和居住就在宫城。皇城在宫城的正南面，主要布局了朝廷的各类中央机构，可以说，这片区域才是整个国家最繁忙的地区，朝廷行政机构的运转支撑着国家。

第三章

郭以守民：长安坊市与社会生活

"筑城以卫君，造郭以守民"，分区不同，职能亦各有侧重。"城"和"郭"代表了功能不同的两个空间。"城"主要是指皇帝办公和居住的区域，还包括一些中央政府机构，前面提到的宫城和皇城就是这样的地方，政治性和军事性更加突出。"郭"在功能上和内城有较大的不同，这里的生活气息更加浓厚，因为平民百姓和士族官僚、商贾行旅等形形色色的人就居住和生活在郭城里。梁思成总结长安城有三个非常显著的特点，一是宫殿、官署、居民分离，没有杂乱感；二是棋盘形的城内布局，使市容整

第三章 郭以守民：长安坊市与社会生活

齐划一；三是坊的模式，一坊为一小城。

长安的郭城以内城为中心，向东、南、西三面展开，南北稍长，在结构布局上呈"凹"字形分布。外郭城的城周有36.7千米，面积达到84平方千米。《长安志》说"郭中南北十四街，东西十一街"，若将四面靠近城墙的街道排除在外，则南北向的街道有12条，东西向的街道有9条。在唐人的叙述中，经常出现"九衢十二街"的说法，如"下视十二街，绿树间红尘"，指的就是这些街道。街道纵横交织，把外郭城分割为114个坊。南起明德门，北至皇城南门朱雀门的街道是郭城的中央大街，称为朱雀大街，也是郭城的中轴线，大街两侧的坊市对称分布。朱雀大街把外郭城分为东西两个区域，在行政区划上，街东属万年县，街西属长安县。象征着唐代商业贸易活动中心的东市和西市也在郭城里面。

长安外郭城的功能分区在修建的时候就已经有了规划，主要包括三个部分，一是由纵横的街道划分而成的坊里，主要作为长安居民的住宅区，网格化管理，各坊有坊墙和坊门，固定的时间开闭。二是以东西两市为中心的商业区，经济贸易活动集中在商业区，是全国的经济中心。三是一些公共性活动空间，如划分坊

大唐名城：长安风华冠天下

里的街道，甚至在坊内还有一些纵横交错的曲巷以供坊内居民的通行。这是最明显的功能区块，当然外郭城也有一些地方是具有公共性的，比如务本坊里有国家最高学府国子监，还有孔庙，这是公共区域。一些寺院道观，很多原来都是私人的住宅，但随着家道衰落或官场沉浮，很多高官显贵的宅第也被当作寺院，这就形成了一些公共空间。

各类商业活动、手工业、农业、市场、寺院道观等，分散在郭城各处，使长安成为烟火气息浓厚的大都市。所以，与内城的巍峨雄伟、辉煌壮丽相比，郭城是较为嘈杂的地方，汇集着长安居民和四方旅客，更加贴近长安居民的生活。郭城的面积也比宫城和皇城大许多，可以说是长安最接地气的区域。

唐代京兆府、河南府、太原府的县，在城内的叫京县，城外的叫畿县。"京畿之地"说的就是这个意思。长安城的京县原本有两个，分别是长安县和万年县。朱雀大街为界而划分为长安、万年两县，在行政层级上形成了京兆府分辖两县的格局，但长安城的发展太快了，仅仅依靠两县完全无法有效地管理，所以到了唐高宗时，又把长安和万年两县再次拆分，拆出了乾封县和明堂县。这样一来，就有四个京县，形成了四县治一城、划区而治的格局。乾封县的官署在怀贞坊，据《唐两京城坊考》记载，县廨在怀贞坊的东北隅，后来废除乾封县之后，户部尚书毕构住在里面。窦某的妻子李氏是唐朝的宗室女，根据墓志记载，李氏去世之后，垂拱元年（685）七月五日，葬在"乾封县之高阳原"。乾封元年（666）设置了乾封县，是从长安县划出来的，到了长安二年（702）就废掉了，依旧恢复京兆府辖两京县的行政等级。所以，乾封、明堂两县仅存在了36年的时间。

郭城北面中部凹陷，与皇城相连，所以只有皇城门而没有郭城门。郭城南面有三门，自东向西依次为启夏门、明德门、安化门。居中的明德门与朱雀门相对，往北就是朱雀门街。根据考古发掘可知，唐明德门遗址在今西安南郊杨家村以南的位置。明德门和朱雀门、承天门同在长安城的中轴线上，故而其重要性不言而喻。隋代的建筑大师宇文恺将之规划为郭城南面是最主要的门，到了唐代，李治让时任工部尚书的阎立本主持修缮。

明德门有宽阔的五个门道，中间的门道基本不开，只有皇帝南郊祭天的时候才会打开使用，因为考古挖掘显示中间门道石门栏上的雕刻花纹磨损并不严重，而东西两端的门道则有车辆出入的车辙痕迹。再往里的两条门道则是专给行人留的人行通道，马车不能使用。根据《唐六典》记载，唐代的宫殿门和城门都是"左入，右出"，这和现在的交通规则一致，也就是说要靠右侧通行。明德门的考古学者根据车辙痕迹证明了这条记载的真实性。

郭城东侧有三门，从北向南依次是通化门、春明门、延兴门。西侧也有三门，自北向南依次是开远门、金光门、延平门。东西三门，彼此相对，中间有横街沟通。郭城北面的情况比较复杂，除了北部居中被宫城和皇城占据的一部分外，北面东部是大明宫，北面西部是禁苑。

一、丝绸之路的东方起点：长安两市

长安城的规划中充分考虑了经济因素，两市作为城市布局的重要组成部分，无论是位置的选择还是职能的发挥，都体现了长安城市规划的科学性与经济性。隋开皇二年（582）修建大兴城的时候，就规划并布局了城内的市场。当时把东边的市场叫都会市，西边的市场叫利人市，东市和西市是唐代的叫法。两市各占两坊的空间，很可能隋代就已经设置了市场内的政府管理机构——市署。大唐盛世的出现与市场的发展有非常密切的关系。城内的市场先后有多处，但最著名、规模最大的是东西两个市场。史料中对东西两市的盛况有较为细致的记述，随着都城考古的开展，我们对这两个市场的认识也逐渐深化。

东西两市都在皇城以南的郭城中，皇城西南是西市，皇城东南是东市。两市的北门和纵横长安东西的交通要道春明门大街相连。两市的交通非常便利，距离皇城很近，中间只隔着两坊的距离。出西市北门，向西就可以出金光门，向东经过延寿坊就可以抵达皇城。出东市北门，东行可以出春明门，然后东下中原，西行经过平康坊便是皇城。东西两市分别靠近皇城南门安上门和含光门。更重要的是，两市还处在整个长安郭城的中部地带，诸坊距离两市的距离都非常合理，交通便利。

东西两市各占两坊的空间，市的四周设有围墙，四面都有市门。学界对西市的考古发现，西市围墙的墙基宽度有4米多，高度虽然没法知道了，但应该大致相同。这些围墙不能随意翻越，唐律规定，如果有人翻越坊市的围墙而一旦抓住，就要打七十板子。

实际上，长安城中的市场不只是东西两市，此外还有宫市、中市、南市等。高宗用安善和大业两坊之地设市，由中市署管理，主要用于大牲口牛马之类的交易，因为在东西市南面，所以又叫"南市"。位置过于偏僻，很快就废除了。《两京城坊考》说东市中部设有东市局，其实就是市署，再往东是平准局、铁行、资圣寺，西市也有西市局、平准局。这是国家积极介入市场管理的制度体现，这些机构负责维持秩序，管理市场。市令的职责是"掌百族交易之事"，直接由太府寺统辖，对市署和平准署进行管理。

朝廷在西市设有专门的管理机构，名为市署。据《唐六典》记载，长安西市署设有令一人，从六品上，令下设市丞两人，都是正八品上。实际上，在令丞之下，还设有其他的职员，包括一位录事，三位府，七位史，三位典事，一位掌固。市令是西市的长官，主要负责"百族交易之事"，可知市令全面负责西市的日常工作，掌管百姓的贸易经营活动。从文献记载来看，有个叫梅登的人曾担任过西市署的令。某年二月十五日，长安西市有个商人在街道上烧纸、晒布，光天化日之下，此种行径简直有损市容市貌，于是市署令梅登就带了一队人把他给拘捕到西市署令，给他定了个犯禁的罪名，本想打三十下板子了事，不想这个商人身体孱弱，经不住打，竟被打死了。家里人听到后，就把西市以滥刑罪给告了。

2015年在西安的长安区郭杜镇出土了一方墓志，墓主人是冯师英。根据墓志记载，他生前也曾做过西市署令。墓志明确提到"磐错之任，铦芒允属，授京西市令"。意思是说西市令这个职位，需要处理的事情烦难复杂，面临的人群各种各样，就需要冯师英这样性格刚正，办事有魄力的人才能担任，所以才会让他去担任这个职位。撰志的人还借用了两汉时期伯鱼和义纵两个典故，伯鱼指的是东汉初期的第五伦，曾做到司空的位置，为人正直，治理有方，所以人们就用"伯鱼"指代刚正不阿的大臣。义纵在汉武帝时担任过长安令，他不畏权贵，把长安管理得井井有条。这些人都是"屈身成务"的典范，所以冯师英做了西市署令，也是效仿他们而成就了一番事业。显庆四年（659）三月九日，冯师英在家里去世，墓志说他的家在群贤坊。这个坊是朱雀门街西第五街从北向南的第五坊，东面就是西市的位置。

西市内部的结构被称为"四街八门"，纵横交错，呈"井"字形分布，将整个西市分割为九个长方形的区域，每个区域内部还有内部通行的小巷。街道上有巡逻的军士，每个市门都有

大唐名城：长安风华冠天下

人把守，主要负责市门的开闭。沿着市墙也建有街道，街道两侧还有排水沟。根据宋敏求在《长安志》中记载说"街市内货财二百二十行，四面立邸，四方珍奇皆所积集"。西市有"二百二十行"的说法，不一定十分准确，很可能随着时间的推移，行业也会有很大的变动。当时的人说"人有义声，卖药宋清"，说的就是西市的一个药行。日本的妹尾达彦等学者对西市诸多行有过细致的考察，包括大衣行、绢行、药行、秤行等。

《两京新记》记载"市署前有大衣行"，市署是市的管理机构，全面掌握西市的日常经营运作，恐怕还有监督巡查的功能，类似于今天的工商局。能够在政府机构前面开设店铺，这恐怕不是一般人能办到的。市署前应该还有其他的商行，但大衣行为什么能够在市署前？让人颇费思量。宋人高承在《事物纪原》中记载了唐代的大衣是一种礼服，他说"唐则裙襦大袖为礼衣，开元中，妇女见姑舅，戴步摇，插翠钿。今大衣之制，盖起于此"。可见大衣是一种重要的场合才穿的衣服，类似于今天说的"礼服"，需求量非常大，而且主要服务客户是妇女，难怪能够开在市署之前。

西市应该还有木材行，主要销售房屋的建筑材料。修房建

第三章 郭以守民：长安坊市与社会生活

屋，打造家具，很多场合都会用到木材，他们只需要把终南山上的树木运到西市，稍作加工就可以卖出。甚至有时候都不用太过加工，比如要用作房屋的椽梁，去枝削皮即可，工艺并不复杂。据说武则天的父亲武士彟早年间就是做木材生意的，还为李渊起兵提供了重要的经济支持。所以木材行可以说是拥有暴利的行业，无怪乎长安城的一把手京兆尹都要掺一脚。玄宗天宝二年（743），京兆尹韩朝宗从金关门开渠，把渭水引入到长安西市的西街，然后在西市的西街附近挖了一个很深的水潭，然后从京城外往西市运输木材，都存储在这个水潭里。这些木材当然不会一直搁置在此处，最终肯定都是通过西市的木材行卖到了长安各处。甚至恐怕宫里要修建个什么楼台亭榭之类的建筑，都要从他这儿购买木材。

木材的售价高昂，但运输难度大，所以木材的买卖肯定不是一般商人就能做的生意。温庭筠记载了一个发生在崇贤坊里买木材的事情，崇贤坊在西市的东南面，曹遂兴的宅第就在这个坊里，但他家的院子里长了一棵很茂盛的大树，每年都枝繁叶茂的，曹遂兴觉得这棵树太大了，叶子这么多，会影响自家的庭院。就想卖出去，然后就找来了一位西市的木材商人，这

105

大唐名城：长安风华冠天下

位商人出价五千文钱，然后就把树砍了，在木材行里出售，最后"计利百余倍"。虽然可能有所夸张，但由此也可看到木材买卖是何等暴利的行业。

宋敏求说"商贾所凑，多归西市"，长安西市汇集了许多不同种类的商业行肆，市内必定是店铺林立，繁华程度比东市更甚。而且西市还汇聚了众多来华贸易的商旅，他们携带着深受唐人青睐的域外珍奇，像玛瑙、皮货之类的物品。唐朝的奴婢是私人财产，可以用于交易。有一些域外来华的商人，甚至还带一些美丽的西域女子，以高昂的价格在市场上出售。虽然售卖价格不菲，但也会有一些酒楼、贵戚出高价买下，用来装点门面，招揽生意，吸引客人。

西市的考古发掘工作提供了走进西市、认识西市更真切的实物遗存。西市南大街发掘出大量的骨料和一些骨器的半成品，骨器制作工具等，可知此处有一个骨器作坊。地处西市之中，大批量生产不可能是零散销售，所以骨器的生产与销售应该也有"行"。一些较贵重的物品也在南大街中部有所发现，珍珠、玛瑙、金银装饰品等，所以也有可能一些珠宝商就分布在这块区域。西市北街中部，还发现了许多铁钉、铁棍、铁器残块和石刻的半成品等，推测应该有一些铁器、石刻的制作和销售店铺。

四方财货云集西市，中外商旅络绎不绝，舟车往来如织，物品贸易十分发达，所以西市又有"金市"之名。西市胜景在大唐西市博物馆再现了昔日的繁华景象。这座博物馆在西市东北十字街上，占地15亩，考古发现和历史研究表明，大唐西市是当时最著名的国际化市场，也是陆上丝绸之路的商业遗址。

东市的形制和西市相同，整体平面呈长方形，市内也是街道纵横，市墙四侧开有市门。但据考古探查，东市大街道要比西市更宽，将近30米，足足比西市大街道宽了一倍。东市发现了许多水井、玉器、陶器、骨器残料、开元通宝钱等，甚至还发现了一块写有"家酒店"字样的瓷壶底残片，很可能是东市某个知名酒楼使用过的瓷壶，底部有字迹，说明当时的各家酒楼大多会在使用的器物上面注明归属，已有强烈的品牌意识了。

据《长安志》记载，"东市内货财二百二十行"，这里面就有肉行、米麦行、铁器行、酒肆等重要的行业。结合敦煌莫高窟藏经洞发现的实物来看，繁华的东市在唐后期还兴起了印刷行业，他们不仅刊印各类佛经，而且还印刷历书、医书等。以

大唐名城：长安风华冠天下

长安为中心，这些印刷商出版的商品被销售到全国各地。敦煌藏经洞就出土了长安东市印刷的产品，其中最著名的是一件历书。这原本应该是朝廷管控的内容，因为唐朝法律明确规定，涉及占卜、历日等内容的流通需要国家控制，一般市场上并不能随意流通。

这件历书被学者命名为《上都东市大刀家印具注历日》，是一件具注历日的印本残页，尺寸为17×7厘米。末尾部有大字刊印"上都东市大刀家大印"九个大字，可见这是在长安东市一家叫"大刀家"的店铺印制的。从残片的内容来看，应是一件历日的一部分。学界已经考定这是一件9世纪末的历日残页。因为官方刊印的历日没有及时发行到全国各地，所以各地方也开始冒着极大的风险雕印历日，然后在市场上出售。这件历日则是在长安东市刊印的，可见即便是在天子脚下，商人们也在高额利益的驱使下铤而走险，刊印历日这种国家管控的商品。

法国还收藏有敦煌石室出土的一件针灸图谱的残片，是咸通二年（861）的写本《新集备急灸经》，现藏法国巴黎国家图书馆。这件残片的首行下部分写着"京中李家于东市印"字样，由此可以判断，唐代长安东市有一李家的刊印铺，可能开店的老板

第三章 郭以守民：长安坊市与社会生活

姓李，店面在长安东市。他们刊印之后，在市场流通的过程中被人转抄，也就流传到了敦煌。

东市的印刷商人不仅印刷一些书籍、经卷、历日、医术等，但凡有市场需求、销量比较好的文字性或者图画类材料他们都会印刷。各类教育性质的书籍尤其具有广阔的市场，类似于儿童启蒙读物或者女子教育类的"女训"，也被书商纳入刊印的行列。《崔氏夫人训女文》是一篇女子出嫁时母亲的告诫训示，崔氏夫人很可能只是一个虚构的称呼。该件抄本的篇末有"上都李家印，崔氏夫人一本"的说法，可见，这和前面提到的针灸医书一样，也是在长安东市刊印之后，流入市场，被人抄录流传。值得注意的是刊刻这两件读物的店铺都是李家店，不知道是不是同一家印刷店铺。

东西市除了可以进行物品的选购和交易外，还可以进行奴婢的买卖。奴婢在唐代是被当作商品来交易的，价格当然也比较昂贵。唐律规定说"贱人奴婢，律必畜产"，表明贱人奴婢的地位是最低下的。奴婢和房产一样，都属于价格非常高昂的"商品"，所以在贸易的过程中必须要有正式的文书，在这方面，政府是为奴婢的买卖背书。买卖奴婢、牛马、房屋的时候，都要立市券，

大唐名城：长安风华冠天下

唐代的令文规定"凡买卖奴婢牛马，用本司本部公验以立市券"。也就是说买卖双方要取得政府的公验，然后拿着公验到市署，由市署负责发给市券，这样交易才算有效。

唐朝末年，昭宗改元为天复，在改元的赦书中还提到唐代以前一直行用的格文，说"买卖奴婢，皆须两京市署出公券"，可见长安和洛阳的市署都有这个职务。"过贱"的程序就是为了保证奴婢的身份，以避免"压良为贱"，同时也是确定购买双方是否自愿。经过当地长官审核，确定购买合法，这叫做"过贱"。

长安东、西两市作为城内最繁华的地带，人流量大，各种活动频繁，稍有风吹草动，立刻便能散播开来。沿街喊冤叫骂，制造舆论、引起政府重视的情况在长安东市这个人流攒动的繁华地带也时有出现。大历八年（773），长安东市就发生了一件突发事件，有一位叫郇谟的男子，他用麻绳扎着头发，带着装衣服的竹篮子，还扛着一张破草席，在长安东市一边走一边哭喊。有人问他什么原因，他说："我有三十个字想进献给皇帝陛下，一个字代表一件事，如果哪一件没说中，我愿意用这个竹篮子装着我的尸体，用这张破草席裹着扔掉。"京兆府官员获讯之后，立刻将此事上奏给代宗。代宗听说此事后，亲切地接见了郇谟，询问他哪三十个字，结果都是针对宰相元载的。代宗也不怪罪，还赐给他衣服，让他住在内客省，这是四方馆管辖的主要供各地上书和使臣居住的地方。

市场人来人往，信息传播快，朝廷也会在两市处决一些大案要案涉案的罪魁祸首，以达到震慑警示的效果。这就是法律中经常说的"弃市"。唐宪宗时期，在沂州叛乱的匪首王弁伏法，被拉到东市砍头。穆宗长庆二年（822），浙西大将军王国清策划叛乱，案发之后诛杀了二百多人，罪大恶极的道源、道枢、道沦三人在西市被杀头。这些都是在公开场合处决重要案犯，以达到杀鸡儆猴的效果。所谓斩首示众就是这个道理，杀头不是最终目的，示众才是主要的。东市人员复杂，多次有命案发生。大历十年（775）九月，光天化日之下，有回纥人在东市持刀杀人，被东市的管理人员和居民给抓起来扭送到万年县，县令就把杀人者关在监狱里。回纥的首领赤心住在鸿胪寺，带人直接冲到万年县的监狱，不仅把人给劫走了，还砍伤了看守的狱卒。

西市的刑场具体在哪里，学界尚有不同的说法，有学者认为

大唐名城：长安风华冠天下

在东北角十字街上一个叫"独柳树"的地方，也有学者指出"独柳树"是另外一个刑场，西市还有其他的刑场。唐太宗时，就在西市刑场斩杀了张亮和程公颖。东市的刑场主要有三个地方，资圣寺旁边、西北角、胜业坊狗脊岭。崇仁坊东南隅和东市西北角隔着一条十字街，东市的刑场叫狗脊岭，位置在春明门的大街上，旁边有资圣寺，崇仁坊东南隅和西市西北角隔着一条十字街相望，占着一块百来米的高地，视野开阔，人流众多，最能实现警示的作用。

唐代坊市制度之下，东、西市是非常核心的商业区，市以外的地方并不允许开设商店和作坊。所以，市场管理也是国家的一项重要行政工作，唐代的《关市令》中就规定，"每肆立标，题行名"，意思是在市场中开店做生意，需要展示一个招牌，比如绢市、米市、布市等。为了保证市场秩序和公平买卖活动，政府还在东、西市内设有常平仓和平准署。

长安城百余万人的生计可以说是关乎政府稳定的问题，遇到水旱灾害，粮食价格难免会有起伏，这就需要政府及时拿出国家储备的粮食来调控市场物价。这项工作单靠政府来完成，有较高的难度，市场就成了重要的舞台。唐德宗建中元年（780）的时

第三章 郭以守民：长安坊市与社会生活

候，皇帝下了一道旨意，就是针对国家及时介入市场进行宏观调控的要求。敕文要求如果以后遇到米价飞涨，长安居民买粮困难的时候，要及时拿出国家储备的十万石米，十万石麦，每天按照一定的数量分配给东西两市的米麦行，让他们代为出售，以平衡市场，调控粮价。

布帛也是这样，东西两市分布着布帛行。遇到布帛市场出现大的波动，布帛价格涨落巨大，严重影响市场运行和人们生活的时候，朝廷也会及时介入。元和八年（813）四月，布帛市场饱和，价格掉得非常快，朝廷马上做出反应，拿出了五十万贯的钱，让常平仓收购市场上的布帛，每段、每匹要在原来价格的基础上加价十分之一，以此来稳定了市场秩序。这些布帛行则主要经营布帛匹段的售卖。当然也会有绢行，大名鼎鼎的温庭筠曾说他有一天在"西市绢行举钱"，说明长安西市设有专门从事丝绸的店铺。因为当时的丝绸极为珍贵，属于可以保值的奢侈品，所以可以用来"举钱"，即拥有借贷功能。可见，绢行不仅销售绢，也回收绢，就像是典当铺一样。

市场是进行商业贸易活动的场所，并不是随时开放，想什么时候经营就什么时候经营，唐朝的市场有非常严格的开关时间。

大唐名城：长安风华冠天下

想要去长安的市场赶集，只能在午后到太阳落山以前时分，因为早上和晚上都是不开门的。每天正午击鼓300声，这是开市的标志，熙熙攘攘的人群进入市场开始贸易。待到天黑前，又会击钲300声，这意味着要闭市了，逛街的人们就必须要在这个时间之前离开，不然的话就要被关在市场里面。闭市后，市场管理人员要关闭市门。另对物价、度量衡、市场秩序、市容、货币流通、商品质量、商税征收等都有详尽规定，以保障交易公平顺利地进行，严禁欺行霸市。

长安是寸土寸金之地，京城动工必须要得到朝廷的批准，即便是官员也不例外。唐律规定，若有人侵占街巷道路，要打七十杖，如果是官员侵占别人的田地、园宅，轻则杖刑，重则徒三年。唐代宗时期，京城内违建的情况非常突出，肆意"侵街打墙、接檐造舍"，都属于违规建筑，全部都要拆毁。元和四年（809），长安县令郑易"擅于永平坊开渠"，被贬为外地任刺史。韦让是唐宪宗第十个女儿汾阳公主的丈夫，宣宗即位之后，韦让成了皇帝的姐夫。他在任宫苑使的时候利用职务之便擅自在京城营建，侵占了怀真坊的街道，在坊内西南处修建了九间屋舍。大中三年（849）六月，驸马韦让违规营建的事情被揭

第三章 郭以守民：长安坊市与社会生活

发，皇帝认为韦让修建的这些房屋"颇越旧章"，全部都给拆毁了。

市场管理非常严格，有些商贩生意兴隆，就想着扩大店面，出现了侵占街道经营的情况，朝廷规定，如果在市场内有正铺，就不能在铺前"更造偏铺"，以免影响市场的日常交易。肆意在市场里喧哗，扰乱市场秩序的，要打八十大板。

大历十四年（779）六月，皇帝下敕说坊市邸店和楼屋，全都不能起楼阁，靠近坊市的所有违规建筑，勒令百日内拆除完毕。结果下面执行的人就以此为凭据，扩大拆毁范围，把一些原有的并不违规的建筑也给拆掉了。过了一百天后，京兆尹严郢上奏说坊市邸店中的旧楼，请不要损毁了，才减少了许多损失。

永平坊在长安朱雀大街以西，归长安县所管，县令不能擅自做主动工开渠。但有人擅自动工开渠，因为此事，还牵扯到朝廷其他的官员。直系长官京兆尹杨凭因为没有将此事报告给皇帝，被罚一个月的俸禄，长安城左巡使、殿中侍御史李建因为没有及时发现，被罚两个月的俸禄。李正辞在《郑易墓志铭》中说"祸出细微，贬汀州刺史"，此又转为忠州刺史。元和十年（815）六月,长安发生了一件刺杀宰相武元衡的案件,凶手非常熟悉长安的环境,执行完刺杀任务之后,马上就销声匿迹了,朝廷一时间竟然找不到行凶者,于是"积钱二万贯于东西两市",满城悬赏,试图用这种办法捉拿凶手归案。

繁华的长安,里第林立。坊里街道,井然有序。模块化的管理结构确实便于京城治安,但长久而看,却严重束缚了京城经济的发展,随着商业经营活动打破两市界限,里坊所建构的模块化管理格局也就成了制约长安发展的枷锁。因为它与实际逐渐脱钩,背离了长安职能的重新布局,尤其是长期隔绝的管理模式,使各坊的沟通受阻,最主要的是不利于长安居民的日常生活。最终,经济越发展,市场越繁荣,坊市就更加不能满足城市需要了。

二、乐居长安与"逐粮天子"

自古以来,京师都是首善之地,势必如众星拱北辰那般耀眼。唐代长安城的魅力吸引了华夏大地以及世界各国的目光,因此,长安城里人口众多,是当时世界上人口最多的城市。人员构

第三章 郭以守民：长安坊市与社会生活

成非常庞杂，除了皇室贵胄、百官勋贵、军队、平民等常住人口外，还有许多外来少数民族也在长安定居，甚至每年来京城的学子、商人、使团、僧侣等，他们乐居长安，共同撑起了长安城的日常，丰富了长安的生活面貌。

五代人王定保在《唐摭言》中记载了一则关于白居易的逸事，说是白乐天到京城长安参加科举考试，当时他还是一个没有任何名声、籍籍无名的考生。按照唐朝科场的流行做法，他们要拿着自己平时得意的作品去拜会一些名宿大儒或社会名流，请他们向主考官美言推荐，被称为"行卷"。于是，白居易就和其他的文人举子一样，提前拿着自己的诗文去拜会京城的文坛名宿顾况。顾况看到他的名字叫"白居易"，便打趣说"长安百物贵，居大不易"，意思是长安物价昂贵，要想定居生活可不会轻松啊！然而，当他读到白居易的诗中有"野火烧不尽，春风吹又生"这句时，大为震撼，随即又道"有句如此，居天下有甚难"，意思是能写出这样的诗句，在任何地方都可以立足。

虽说顾况是在和白居易打趣，却也道出了实情。随着人口数量的增多，京畿之地的承受能力有限，物价高涨就成了必然。长安是当时唐朝最繁华的地方，全国各地的人们都趋之若鹜，

大唐名城：长安风华冠天下

以生活在长安为荣。然而，要想在长安过上定居生活，却也颇为不易，大多数人长期是以"京漂"的身份寓居在长安。长安生活的成本非常高，唐人孙樵有《寓居对》诗，说"一入长安，十年屡穷"。因此，长安城里有不少人都可以说是"京漂"，他们需要为了生活奔波劳碌，却经常没有一处属于自己的住宅。比如说来京贸易的普通商人，外地百姓，甚至来京参加科考的学子，他们来到长安之后，或者是投靠亲友，或者临时寄宿寺院，暂住旅舍。

参加科考的学子来到京城，即便家境较好，但属于流动人口，他们也会选择居住在旅店，这样有时候安全就难以保障。据史料记载，有学子在长安寄居在旅舍，因为稍有钱财，乃至招来横祸，"客于旅舍，遇横死者非一"，惹来了别人的眼红。也有一些人会选择租住民房，有个叫崔慎思的学子，在贞元年间到京城应举，"京中无第宅，常赁人隙院居止"，因为是外地人，所以就租住在了一间长安空闲的院子。赵郡李敏参加科考的时候，"八就礼部试不利，旅居宣平里"，即多次参加考试不中，干脆在长安租了民房，长期居住以应考，避免在家乡和长安之间来回奔波。旅居生活在许多学子的记忆中多少带点凄凉，姚合在及第之

第三章 郭以守民：长安坊市与社会生活

前，就居住在朱雀街东亲仁坊的旅店中，他在《亲仁里居》诗中说"三年赁舍亲仁里，寂寞何曾似在城"。进京求取功名，结交时贤名流，这是所有来长安应试的举子们的共同心愿。虽然只是一次赶考，但大多数人长期滞留在京城，租住在靠近官员的住宅附近。

坊内设施齐全，旅店、酒家散落各处。如时邕坊有旅馆，垂拱元年（685）时，河间县丞到京城出差，甚至在旅店去世。唐人还喜欢在庭院中种植树木，以为装饰点缀，韩愈诗中就说"庭内无所有，高树八九株"。外地的官员来到长安，也会选择居住在旅店，有个叫程颜的官员，任满赴京，干脆租住在新昌里，等候下一任职位。即便官至宰相，也有租房而居的，比如柳浑在唐德宗时担任宰相，也是"假宅而居"，尚且没有一所属于自己的房产。官僚士大夫在长安的生活方式是和他们的政治理念相关联的，他们大多数人不仅在城内的坊里有宅第，还经常在城外的山林之中购置别墅，作为平时闲居的住所，这是符合"不得于朝则山林而已矣"的处世之道的。

从北边的朱雀门到南边的明德门之间有一条南北向的宽阔街道，即朱雀大街，这是长安城的中轴线，所以又被称为"天街"。这条"天街"把外郭城划分为东西两个部分，虽然都是京兆府的管理范围，但两个部分的地方行政层级是万年县和长安县，两县各管理五十四个坊。"天街踏尽公卿骨"说的就是这条街。

平等开放的民族政策和富有包容性的文化属性，让唐人的精神世界空前充实，域外的人纷至沓来，珍奇土产和奇风异俗也进入中原，刚健精悍的域外文化渗透到唐文化圈中，使得以中原文化为核心的唐文化的内涵和外延都得到了极力扩张。陈寅恪说："李唐一族之所以崛兴，盖取塞外野蛮精悍之血，注入中原文化颓废之躯，旧染既除，新机重启，扩大恢张，遂能别创空前之世局。"学者研究表明，长安城里的外国人和西域多族主要围绕东、西市聚居分布，其中以西市西北门附近聚落分布最为密集。

里坊制度形成的结构化管理模式，在城市规划和社会治理上确实发挥了很关键的作用，但随着国家政治的日渐稳定和经济发展，模块式的布局弊端也逐渐显现。最主要的是里坊制度背离了城市发展的功能，隔绝了人员的交流，阻碍了工商业的发展。所以，在盛唐时，里坊逐渐被破坏。唐高宗时，作为传统商业经济活动中心的东、西两市已经基本饱和，两市之外出现了许多店

第三章 郭以守民：长安坊市与社会生活

铺，这些店铺向两市附近的坊和街道两旁蔓延，最为突出的是东市西北的崇仁坊、西市东北的延寿坊，其热闹繁华程度已经超过了东西两市。于是，坊内出现了沿街开店、坊内贸易、夜间经营的店铺，"夜市"也出现了。这就与唐朝规划城市布局、管理里坊的制度相背离。到开成五年（840），皇帝还特别下诏，要求"京夜市宜令禁断"，但事实上已经无济于事，所以武宗会昌时期对官员的夜间娱乐活动也不干涉了。十六王宅所在的永福坊附近还曾设置过宫市，这应该是一个有针对性的市场，主要服务居住在这附近的皇子亲王。这是一种特权的表现，宫市里面经营的物品除了一些日常用品之外，恐怕主要是一些奢侈品，毕竟消费的群体和东、西市不同。

长安人的日常饮食种类繁多，饼是比较常见的，而且花样繁多，比如胡饼、蒸饼、煎饼、汤饼、烧饼等。

日本的圆仁法师在长安时，就遇到过寺院在节日里布施胡饼和粥的情况，说"时行胡饼，俗家亦然"，这种胡饼不分士庶僧俗，是大家都很青睐的一种食品。长安流行一种胡麻饼，以辅兴坊里的最为知名。这让白居易念念不忘，他在做忠州刺史的时候，给邻州的万州刺史杨某送过一种胡麻饼，说"胡麻饼样学京都,面脆油香新出炉。寄于饥馋杨大使,尝看得似辅兴无"。

胡饼是唐代长安的贵族和平民都非常喜爱的一种食物,安史之乱爆发的时候,唐玄宗为躲避乱军,逃离长安后没有东西可吃,饿得实在不行了,杨国忠"自市胡饼以献",天子竟然沦落到挨饿的地步。杨国忠能够随时买到,可见胡饼在民间是较为普遍的食物。

吃也要有吃相,尤其是官员,若是吃相不雅,则会遭到御史的弹劾。张衡在退朝之后,出了宫门没多久,就看到路旁有刚出锅的蒸饼,热气腾腾、饼香诱人,于是购买了一块蒸饼。这本来没什么稀奇的,可事儿就坏在他吃饼的形象不雅,因为他是骑在马背上吃的,还津津有味。好巧不巧的是这一幕被御史看到了,就弹劾他吃相不雅、有损官仪。因为一个吃饼的事,闹到皇帝跟前,确实有些小题大做,但这说明此时小商贩已可在街道旁边摆摊,开展一些日常的经营活动,他们散落在长安各处,为这座大都市提供了各种便利。

唐人把面条叫汤饼,皇帝和文武百官也吃,《唐六典》记载光禄寺为官员准备的饮食说"冬月则加造汤饼",其实就是要准备面条。士子登科或朝臣升迁的时候会举行一种宴会，称为"烧尾宴"，有时候皇帝也会参加。检校吏部郎中兼御史中丞封演记载说"朋僚慰贺，必盛置酒馔音乐以殿欢"，可见这是一种表达庆贺的聚会。士人登第之后举行这样的宴会，寓意鱼跃龙门，烧去鱼尾。

景龙三年（709）的时候，韦巨源官拜尚书令，按照惯例向中宗进献烧尾宴，食帐列了58种菜品，饭、粥、点心、酱、菜肴等，精美绝伦，特别是还有一道叫"素蒸音声部"的菜品，是用面团塑成70个歌舞女伎，食品制作技术精良，以供食者观赏，可谓奢华无比。宋人陶谷还记载了韦巨源的这份《烧尾宴食单》，除了面食、点心之外，还有各类烧烤，真可谓琳琅满目，五花八门。这成了官场的一种陋习，苏环拜相之后，没有依惯例举行烧尾宴，还遭到同僚的耻笑。他辩解说："今粒食踊贵，百姓不足，卫兵至三日不食，臣诚不称职，不敢烧尾。"相互攀比之风不可长，他以身作则，拒绝奢靡浪费。

唐人吃的水果大致有葡萄、石榴、荔枝、瓜、李、桃、杏等。长安种植葡萄，人们也喜欢喝葡萄酒，诗人李欣在送别友人的时候，说"长安春物旧相宜，小苑蒲萄花满枝"，可知京城也有葡萄栽培，刘禹锡在诗中记载了将葡萄酿酒待客的事，"酿之成美酒，令人饮不足"。葡萄和葡萄酒经常和边塞生活相联系，最著名的是王翰的《凉州词》："葡萄美酒夜光杯，欲饮琵琶马上催。醉卧沙场君莫笑，古来征战几人回。"夜光杯是一种玉色的杯子，与葡萄酒的颜色交相辉映，豪气男儿征战沙场，恰似饮酒如饮血！杨贵妃喜欢吃荔枝，曾为了吃到新鲜的荔枝，朝廷"置骑传送，走数千里味未变"，时人诗曰"一骑红尘妃子笑，无人知是荔枝来"，还成了一段佳话。

长安城的设计规划整齐有序，日常管理也十分严密，在时间和空间上都有相应的制度规定。门禁制度是限制城内通行，保证长安城各个功能区运作井然有序的保障。外郭城的四面城墙共有十二道门，郭城里面的坊也设有坊门，大概有400多个坊门。东西两市的四面有市门，两市有十六个市门。这些门都有专人看守，负责各门的开启和关闭。皇帝居住在宫城里，守卫级别和通行检查都是最高等级的。以杜绝各类安全隐患，确保皇帝的安全。官员要进宫，也要检查门籍，负责验证门籍的机构是监门卫。官员各自隶属的司局制作好门籍，写清楚官职和姓名等信息，然后交给门司，监门卫核查之后才可以放行。

第三章 郭以守民：长安坊市与社会生活

唐代还规定，门籍要一个月更换一次。门籍注明要从哪个门入宫，就必须按照规定通行，如果随意更换，从其他的门进宫，要按照法律规定治罪。唐后期的时候，监门卫检查门籍的职能由御史台分担，可能是监门卫的职级不够，而平时出行的多是高官显贵，所以经常有随意放行的情况，所以让御史台介入，以随时纠察治罪。

各门禁尤为森严，进出必须由门司检查核对过通行证件才可以放行。有些官员因为工作性质的原因，要反复或经常性地出入，每次核查门籍都过于繁琐，所以就给他们一些特别的通行资格，叫"通籍"。

唐代还专门出台了管理宫禁通行的《门司式》，官员出入都要按验门籍，那没有所属机构的官员进宫该怎么办？唐《杂令》规定了三师、三公的情况，因为他们是没有所属机构的官员，唐令规定，他们的门籍、人马供给都由都省负责，而太子三师三少，则由东宫詹事府出具。有一次玄宗和杨贵妃吵架，杨贵妃就跑回娘家去了，玄宗让高力士去接回来，可高力士出宫是晚上，遇到了郭城里正在宵禁，便只好夜间打开坊门，接杨贵妃回宫。

大唐名城：长安风华冠天下

唐朝的宵禁不是全年都实行，每年正月的元宵节会取消宵禁，长安居民有三天的时间可以不分昼夜在长安城里娱乐、游玩。宵禁在唐后期逐渐松弛，坊里百姓也适应了夜生活，所以在朱泚叛乱、占据长安时，因为作战的需要，京城晚上开始戒严，同时三个人以上也不许举行宴饮，这反倒使长安百姓非常惶恐。

宦官刘贞亮还处理过一个犯禁的人，此人名叫郭旻，夜间喝得酩酊大醉，还在街道上撒酒疯，完全把宵禁这事忘得干干净净，于是被"杖杀"了。长安宵禁并不是一直持续，唐后期，京城的宵禁制度逐渐松弛了。夜市也逐渐发展起来，所以被认为进入到市民社会。景龙四年（710）的上元夜，长安照例没有宵禁，让城内官民游乐赏灯。中宗也被长安壮丽的灯景吸引，按捺不住激动的心情，于是和皇后"微行观灯"，经过一番乔装打扮，混入长安的人流中体验了大唐的上元夜，顺便还到中书令萧至忠家里去逗留了一阵。这天夜里，皇帝还"放宫女数千人看灯"，很多宫人还趁着这个机会逃跑了。到了第二天夜里，中宗又偷偷出宫看灯去了。

正月十四日、十五日、十六日，连续三天，坊市的门不关

第三章　郭以守民：长安坊市与社会生活

闭，金吾卫不巡街，长安市民可以彻夜游乐，在长安的大街小巷观看花灯。置身于如此灯火通明的长安城，自然不乏许多吟诵的诗词歌赋，所谓"文人皆赋诗以纪其事"。皇帝经常在上元夜设宴与大臣同乐，有一次，唐中宗让唐初四杰之一的杨炯赋诗一首，遂有"百戏骋鱼龙，千门壮宫殿"之句。郭利贞也有《上元》诗，曰"九陌连灯影，千门度月华"，将唐代上元夜的灯景和壮丽景象记录了下来。皇城根下的崇仁坊凭借得天独厚的区位优势，发展和开放程度走在了诸坊的前沿，拥有"一街辐辏，遂倾两市，昼夜喧呼，灯火不绝，京中诸坊莫与之比"的盛况。崇仁坊往南是平康坊，这里是长安城最大的娱乐区，再加上东边紧靠东市，热闹非凡。

1991年，陕西西安灞桥区新筑乡于家砖厂发现了金乡县主墓，出土了大量陪葬品，就有许多体现唐代百戏的俑。其中有一件是独臂倒立的童俑，高4.9厘米，头上有短巾，从着色来看，身穿橘色的紧身衣裤，右臂直伸，以手掌撑地，倒立而起，没有左臂，双腿交叉前伸，整个身体呈弓形，头微抬。

武宗会昌三年（843）十二月，京兆尹给皇帝的奏章中就提到长安乐舞表演的情况，"近日坊市聚会，或动音乐"。专门给皇

大唐名城：长安风华冠天下

室提供舞乐表演的女艺人被称为宫伎，她们大多都有一技之长，或精通某项器乐，或能歌善舞，经常在各种节日和宴会上表演。教坊和梨园是她们演出的场所。

长安的教坊有两处，据《教坊记》记载，右教坊在光宅坊，左教坊在延政坊。这两坊的位置都在宫城外很突出的位置。光宅坊紧挨着东宫，延政坊和光宅坊中间就隔了一个翊善坊。延政坊原来叫长乐坊，大明宫建成之后，就改成了这个名字，右边紧挨着十六王宅，可见其位置非常突出。这两个教坊还有着分工，"右多善歌，左多工舞"。教坊中的女子，由于从事的是性质大体相似的工作，所以有意气相投者，还"约为香火兄弟"。他们也讲究团结，形成了一个松散的组织。

教坊是隶属于太常寺的，人员数量非常多，有好几万人，他们有一个属于自己的称呼，叫"音声人"。内教坊原本隶属于太常寺，但玄宗时期，分出一部分"俳优杂技"设置了左右教坊，分别在延政坊和光宅坊，不再隶属于太常寺，而是一个独立的乐舞机构，派遣宦官做了教坊使。这两个教坊在发展过程中，逐渐形成了自己的特色，"右多善歌，左多工舞"，各有专业优势。玄宗是音乐高手，他还选了三百多人在宫里教授乐曲，这些人称为

第三章　郭以守民：长安坊市与社会生活

"梨园弟子"。

教坊里的这些"音声人"原本是专门给皇家服务的，他们和在坊市讨生活的音伎等不同，一般不接受外雇，然而，根据《教坊记》记载，有些人偷偷地开始接一些额外的业务。到了晚唐时期，京城之中的一些酒伎也多隶属于教坊，大臣举行宴饮活动，发出文书就可以请到她们来助兴。

长安周边的百姓，还经常参加京城的一些劳动，比如城池宫殿的营建和修缮，宅第、寺观、道路的维护等，都要他们来完成。唐高宗李治在修筑长安外郭城时，"和雇京兆百姓四万一千人"，四万多人的工程队干了三十多天才完成，工程内容不仅是修建城墙，还有在各门上修建楼观。后来唐玄宗营建兴庆宫，施工队也都是长安百姓组成，史料记载"和雇京城丁户一万三千人，筑兴庆宫墙，起楼观"，这还只是修筑宫墙和楼观的人员，若是算上那些技术工匠，恐怕要更多。

社会动荡不安之时，一些人为了保护自己的财产，会把一些贵重的、能够保值的金子埋藏在地下。据唐人的笔记《朝野佥载》记载，有一个叫邹骆驼的长安人，"常以小车推蒸饼卖之"，属于流动的小商贩。后来，他挖地的时候掘出了一个瓷缸，打开

大唐名城：长安风华冠天下

一看，里面竟藏着数斗金子，发了一笔横财，一下子变得富裕起来了。长安城里像邹骆驼这样的流动商贩很多。

民以食为天，吃饭是天下头等大事，饥荒经常会引起大乱。大唐国都长安城雄踞关中，人口百万，虽是四方辐辏之地，中外文化交融的中心，但每年的粮荒则牢牢地揪着长安人的心弦。甚至连皇帝也是颇为头疼，于是不得不经常率领一众大臣和部分百姓"就食"于洛阳，其实就是到其他地方讨饭吃。中宗还自嘲说是"逐粮天子"。"就食"就是谋生，讨生活。

韩愈在《祭十二郎文》中就写道："既又与汝就食江南，零丁孤苦，未尝一日相离也。"可见，大文豪韩愈和侄子也曾在江南一带谋生。若说一般平民百姓"就食"也还罢了，但唐代因为关中人口剧增，而且还经常发生饥荒，粮食完全不够用，无法满足京城的需要，所以皇帝和大臣也是被迫"就食"。当然，有时候则直接了无忌讳地说"就食"，有时候则还遮遮掩掩，以巡幸、封祀等活动为借口，行"就食"之实。

关中乏粮的问题，自隋朝就已经是反复困扰朝廷的重大难题。尤其是当关中遭遇灾荒，前往粮食丰腴的地方"就食"似乎成了国家解决问题的最后一条途径。隋文帝在位时，就多次前往

第三章　郭以守民：长安坊市与社会生活

洛阳"就食"，以此来躲避灾荒，纾解关中粮食短缺的问题。开皇四年（584）九月，关中发生饥荒，他带领大臣跑到洛阳待了半年，次年四月才返回长安。开皇十四年（594）八月，关中旱灾蔓延，人无粮米果腹，他又率领长安官民前往洛阳就食，次年三月才返回京城。第二年，他干脆趁着东封泰山的机会，直接在洛阳就食。据史料记载，当时"关中户口就食洛阳者，道路相属"，辗转于长安与洛阳之间的百官和人民，说明了粮食问题对国家造成的严重困扰。

唐太宗还对隋文帝"就食"洛阳的举动颇有微词。贞观二年（628）正月，他与黄门侍郎王珪讨论隋朝灭亡的原因，认为开皇十四年灾荒期间，"人多饥乏，是时仓库盈溢，竟不许赈给，乃令百姓逐粮"，隋文帝的行为是不爱惜百姓而珍惜国家粮库，故意不赈济灾民。然而，他统治的时代虽然博得了中国历史上"贞观之治"的美名，但面临旱灾时，仍旧采用"就食"的办法来解决这一难题。贞观初，关内连年发生自然灾害，于是"畿内户口并就关外，携老扶幼，来往数年"，也是一遇到饥荒就鼓励长安附近的百姓到其他地方"就食"。唐太宗其实也有"就食"洛阳的记录，一是贞观十一年（637）二月到次年二月，以祭祀汉

大唐名城：长安风华冠天下

文帝为借口，直接在洛阳等地"就食"一年。二是贞观十五年（641）正月到十一月，提前以封禅泰山为由，离开长安去"就食"。三是讨伐高句丽期间，他率领皇室诸亲王子弟，文武官员以及将士和一众侍从护卫人员，直接在洛阳"就食"了一年半时间。后来的继承者，也走上了与隋文帝相同的道路，高宗和玄宗前往洛阳逐粮的次数比任何时候都多。由此可见，唐太宗的评论可谓非常偏颇。

永淳元年（682）春天，关中大旱，断粮的危机马上就要来临，高宗便留下太子李显留守京城，他提前率领百官跑到洛阳"就食"去了。但因为出行太过仓促，以至于随从人员还有饿死在路上的。第二年，高宗便在洛阳病逝。唐中宗景龙三年（709），长安周遭又发生饥荒，米价飞涨，甚至一斗米达到一百钱，于是又急忙转运山东、江淮的粮食以解决京城的粮食危机，以至运粮的牛，十有八九累死在路上了。大臣请皇帝再去洛阳，中宗非常生气，他对大臣说"岂有逐粮天子邪！"意思是哪里有要饭的皇帝啊！最终他没有用驾幸陪都的方式躲避饥荒。

玄宗在开元五年（717）要巡幸洛阳，遭到宋璟、苏珽等人的反对，但宰相姚崇极力支持，并且明确指出这次东巡就是因

第三章　郭以守民：长安坊市与社会生活

为京城发生灾荒，粮食补给不足引起的，他说"王者以四海为家，陛下以关中不稔幸东都"，虽然给这次巡幸披上了美丽的外衣，但仍然难以遮掩粮食困境给皇帝造成的麻烦。开元二十一年（733），大臣裴耀卿提出了漕运系统的改善措施，应于关键节口置仓，节级转运、水运和陆运分段配合的办法，获得玄宗的赞赏。这样就把江淮一带的粮食逐渐运入京畿，充实长安粮储，极大地缓解了京城的粮荒问题。据说这种办法实行下来，三年运粮七百万石，而且还节省了单纯依靠陆运而雇用劳力的四十万贯钱。真可谓一举多得。此后，东南运粮系统不断完善，修建了许多仓储，打通了多条运输航道，但长安乏粮的问题仍旧未能从根本上获得解决。

贞元二年（786）春季，长安地区又开始闹粮荒，禁军的粮食也供给不足。甚至有禁军官兵脱掉军服，在大街上闹事，高声呼喊："让我们当兵却不给粮食，这是把我们当罪人啊！"朝廷面临着禁军变乱的风险，京城人心惶惶，气氛紧张异常，皇帝也束手无策。正在这时，韩滉输送了三万斛米到达陕州，以解关中粮荒之危。真可谓雪中送炭，李泌上奏之后，皇帝非常高兴，就到东宫和太子说道："米已至陕，吾父子得生矣！"显然，缺粮的风险给皇帝吓得不轻，毕竟有过泾元兵变，他们生怕此事再度重演。韩滉从江浙转运而来的粮食，立刻缓解了这次危机，德宗非常高兴，于是命人在坊市中买酒摆宴庆祝，又派遣宦官将此事告知禁军，以安抚军士的情绪。这一年的年底，德宗就任命韩滉兼任度支使、诸道盐铁转运使。在藩镇节帅的基础上，又委任了多个工作组的组长职务。

连年饥荒，关中百姓苦不堪言，大家的肤色也逐渐变得黑黢黢了。当夏季粮食成熟之后，吃了几个月饱饭之后，大家的肤色逐渐转变过来。

那么，为什么长安会经常性缺粮？关中地区的粮食危机又如何解决呢？

首先，唐都长安的粮荒与社会经济的发展密切相关。作为京城的长安，人口数量庞大，但是"地狭人多"的自然条件无法充分满足都城的需要。所以陈寅恪说："盖关中之地农产物虽号丰饶，其实不能充分供给帝王宫卫百官俸食之需，而其地水陆交通不甚便利，运转米谷亦颇困难。故自隋唐以降，关中之地若值天灾，农产品不足以供给长安帝王宫卫及百官俸食之需时，则帝王往往移幸洛阳，俟关中农产丰收，然后复还长安。"

第三章 郭以守民：长安坊市与社会生活

可见，虽然有自然灾害的因素，但供不应求是最主要的原因。如果不能解决这个核心难题，那长安的乏粮问题就始终无法得到有效的解决。当然，依靠东南财税固然是唐王朝解决京城危机的一个重要选择，但面临的首要难题是转运问题。玄宗以后，唐朝历代皇帝无不把转运视为国家的重中之重。而且在安史之乱后，东南航道经常面临被切断的危险。

唐德宗贞元元年（785）七月，陕虢都知兵马使达奚抱晖鸩杀节度使张劝而"代总军务"，并结纳叛臣李怀光的骁将达奚小俊为外援，向朝廷施压以"邀求旌节"。朝廷若失去对陕州的控制，达奚抱晖将与李怀光叛军形成连横之势，构建起对中央威胁更大的军事格局。而陕州是洛阳及江南财赋入关的咽喉，若财赋运输航道被叛军控制，势必危及唐代的财政体系，动摇立国根基，干系尤巨。德宗对此有清醒的认识："若蒲、陕连横，则猝不可制。且抱晖据陕，则水陆之运皆绝矣。"忧心程度可见一斑。"猝不可制"与"水陆之运皆绝"的预见，一指政治军事的威胁，一指经济的挑战，德宗的担忧正是基于陕州的得失。

其次，巨大的国家开支也造成整个王朝的财政困难。这关涉的不仅是京城，更是整个国家的难题。尤其是安史之乱以后，各地节度使拥兵自重，地方物资更是被分割蚕食，导致中央的权威日渐衰落。所以到五代以后，历代王朝干脆将国都也东迁，不再定都长安，从根本上解决长安的区位因素对国家发展的制约。

三、里坊中的地方"驻京办"

秦汉以来的上计制度在唐朝演变为两种制度形态，即唐前期的朝集制度和唐中后期的进奏院制度。朝集与进奏是唐朝地方与中央保持密切联系的重要渠道，他们的办事机构设置在京师，具体而言就是在东市附近的几个坊里面，是长安里坊中非常特殊的机构，他们在性质上属于地方政府，在职能上代表地方向中央汇报相关政务，类似于今天我们常说的"驻京办事处"。

唐朝建立之后，各地方的都督、刺史或长史、司马在每年的冬季要入朝，他们来京的工作主要有两项，一是参与各类朝廷的礼仪活动，二是参加考课。当这些各地的都督、刺史等来京述职时，他们就是代表地方的，所以叫朝集使。这些朝集使分批来长安，不能无故拖延而不来京，如果违期不到，唐律说晚一天答三十，最重的惩罚是徒一年半。他们在京城除了参与

第三章 郭以守民：长安坊市与社会生活

常程事务之外，还会参与对国家政策的讨论和皇帝的宴请活动，此外，在京城活动期间，他们也会结交达官显贵，为自己争取更多的政治资源。朝集使来京城是富有政治象征性的，但随着时局的发展，所以到了安史之乱以后，朝集使制度也逐渐被进奏院取代，到了唐德宗时又出现了朝集使，这可能和唐朝注重他们的礼仪职能有关，因为朝集使来朝，象征着唐朝政府依旧统御四方，万邦来朝的意涵。但是建中元年（780）的朝集使只有173人，唐朝三百多州，连一半都不到，这实际上表明唐朝中央政府控制的地区大大缩小了，唐德宗想通过恢复朝集使制度来增强中央的威信，但事实与初衷背道而驰，这更清楚地体现了中央权威失坠的现实。

唐朝初年，各地方州府长官每年年初要来京城汇报工作，进贡特产，叫朝集使或考使，他们在京城没有固定房屋，只能临时租住民房，和百姓杂居在一起。唐太宗让人在京城里修建专门供他们居住的地方，各州府都在长安设置办事处，称为邸。这就是唐后期进奏院的前身。怀真坊有旋、怀等八州的邸院，万州、夔州等六州的邸院在永贞坊。这些邸院的负责人是由地方州府长官选派。沈传师出京赴任的时候，就选用卢纶为邸吏，但卢纶为人比较慵懒，所以就有人建议把他给换掉，沈传师就告诉那些提建议的僚佐，他离开京城的时候就告诫过卢纶"可阙事，不可多事"，意思是让他少沾惹是非。现在卢纶这样做，完全就是按照我说的在做啊。

结合《长安志》《唐两京城坊考》等文献的记载来看，唐后期藩镇设置在长安的进奏院多达60家，分布范围也有规律可循，大多是在靠近宫城和皇城的坊里面。崇仁坊是进奏院数量最多的坊，先后大致设有20多个，其次是平康坊，同、华、徐、渭等14州节度的进奏院都在这个坊里。这两个坊人员复杂，信息渠道多元。崇义坊、务本坊、宣和坊、永兴坊里也有分布。

总体来看，进奏院多集中在朱雀门大街以东，围绕在东市周边的地域，具体而言，就是靠近皇城的东门景风门一带的坊内。为何会聚集在此处？实际上是有深刻的原因的。长安城人口的分布规律是"东贵西庶"，也就是达官显贵的宅邸大都分布在东部，也就是朱雀大街以东的坊内，进奏院官要在长安搜集情报，就要随时和这些人结交，然后才能打开获取各种信息的渠道。

崇仁坊和平康坊处在皇城与东市之间的最佳区域，兼顾政治性和经济性。《长安志》说崇仁坊和尚书省的选院最近，又与东

第三章 郭以守民：长安坊市与社会生活

市相接，全国各地的选人都喜欢在此坊居住，是"一街辐凑，遂倾两市，昼夜喧呼，灯火不绝"，京城中所有的坊都不如崇仁坊，自然能够成为各地进奏院选址的最佳区域。永兴坊距离丹凤门和景风门很近，却只有凤翔、湖南等四个进奏院，之所以如此，是因为此坊中分布了许多寺院和公主的宅院，而且许多官员的住宅在里面，是一个官宦人家汇集的地方，这种传统一旦形成，进奏院想要挤入恐怕并不容易。

东市在唐后期的交易商品逐渐高档化、奢侈化，因为整个京城的居住面貌发生了改变，大多数官员都喜欢在东市附近居住，这固然和唐朝特殊的"三大内"格局有关，因为官员必须要在距离皇帝较近的地方，这样才方便他们上朝以及随时面见皇帝。在这样的背景下，进奏院也就在东市周边分布，西市反而不是最佳的选址了。东市周边有许多达官显贵出入的高档娱乐场所，这就为进奏官接近他们，获取信息提供了一个绝佳机会。当然，还有一个因素可能和经济有关，靠近东市，便于他们使用货币汇兑业务。

地方官来京城，就会在进奏院住宿，这里是他们在京城的落脚之处。唐后期地方藩镇林立，他们派出的进奏官也会代表地方和中央进行斡旋,可以说是中央朝廷和地方藩镇之间的缓冲带。唐文宗太和七年(833),朝廷给卢龙节度使杨志诚加检校吏部尚书,卢龙的进奏官徐迪公然表达反对意见,说军队之中不知道朝廷的迁转制度,只晓得尚书改仆射是迁官,"不知工部改吏部为美",意思是现在只是从原来的检校工部尚书改为检校吏部尚书,军队中恐怕不认,希望朝廷改为仆射。这是进奏官代表地方藩镇在中央为他们的直接领导争取利益。

当然,朝廷也不总是妥协,有些藩镇发生叛乱,或者对朝廷不尊敬,中央想要拿他们开刀的时候,也会先在这些进奏官身上下手。太和元年(827),李同捷是横海节度副使,不听从朝廷的命令,举兵反叛,文宗就下诏,把他在长安的进奏官皇测等七人流放到巴蜀去了。而且成德节度使王庭凑暗中和李同捷勾结,帮助其叛乱,就让御史台和京兆尹把成德的进奏院官抓起来,等待朝廷的进一步处理。

中央政府与州之间的联系是通过朝集使实现的,但唐中后期,唐朝直面的不是州郡,而是各藩镇,这样一来,藩镇在京城设置的进奏院就取代了朝集使,成了中央与地方联系的新途径。唐朝前期,各道在京城都设置了邸院,又叫"上都留后

第三章 郭以守民：长安坊市与社会生活

院"，"上都邸务"，官员叫留后使。到了大历十二年（777），唐代宗改为"上都进奏院"，简称进奏院。张国刚认为，地方藩镇在中央设置"上都邸务"很可能是在安史之乱期间，常年设在京城，负责本镇进京官员的联络事宜，他们在朝廷与本镇之间上下通达情报，还负责办理本镇赋税、进奉事宜。实际上，这类机构主要承担两项职能，一是礼仪性的，要代表各地官员向中央表达效忠之情，二是政务性的，要负责沟通中央和地方，发挥沟通桥梁的功用。

当然，进奏院还负责侦查中央的情报信息，并及时反馈给他们所属的地方长官，因为他们是各地藩镇的幕僚，任免权都是掌握在各个藩镇手中的，这也就意味着他们和朝廷的关系逐渐疏离了，直接的效忠对象是各藩镇节度使了。

信息公文传递是进奏院的一项重要职务，进奏院官身在长安，他们代表地方藩镇节度使向中央递交相关文书，同时，中央的行政命令也会通过他们传达到地方，具有上传下达的功能。

敦煌出土了两份"进奏院状"公文，一份被斯坦因劫去，编号为 S.1156，另一份被法国人伯希和劫去，藏在巴黎国立图书馆，编号 P.3547，时间大致是唐僖宗时期。新闻史学者坚持认为这是古代的报纸，实际上是误解了这两份公文的性质。

第一份文书开头有"进奏院状上"的表述，内容是归义军在长安的进奏院官员向他们的节度使张淮深汇报事情处理进度的。张淮深三次派遣专使来长安，宋闰盈、高再盛、张文彻等一行60多人，他们带着礼物，在京城里贿赂宰相和宦官，希望皇帝能给他授予旌节。由于他们在长安产生了分歧，宋、高等认为要坚决和朝廷沟通，"如不得节，死亦不归"，而另外一派张文彻则建议先回沙州，此事要缓图之。这件文书就是进奏院官汇报情况的公文，内容非常细致。

P.3547号文书则说"上都进奏院状上"，内容提到贺正专使阴信均等29人来京，在进奏院暂住，然后详细记载了他们在京城的活动情况，包括给朝廷官员送礼和书信、朝廷对旌节事情的答复、皇帝接见贺正使以及各类赏赐，还有皇帝给归义军将领的赏赐等，这份文书也是归义军在京城的进奏院向归义军节度使汇报工作的公文，和前一件文书性质是一样的，都和我们所说的报纸差别较大。

房启担任容州管内经略使，主理十三州军政事务。他在任九年，要迁领桂州观察使，授予清河郡公的爵位时，发生了一件任

第三章 郭以守民：长安坊市与社会生活

命信息泄露的事情。任命诏书在中央还没有发出，容州在京城长安的驻京办事人员通过贿赂京城的相关机构，请求他们先把任命诏书传到容州。但是，宪宗突然改变主意了，为了表达重视，要亲自派遣亲信宦官持诏书送到容州。如此一来，诏书还没有到达，房启实际上已经清楚自己的任命问题了。后来皇帝派遣的宦官到来，房启却害怕宦官向他索要财物，便说"五天之前我已经得到任命诏书了"。宦官大惊，欺骗房启请求验看，果然是中央发下的诏书，这样一来就没办法获得一笔额外的钱财了，于是马上跑回长安向宪宗报告了此事。皇帝听后震怒，就把房启贬为太仆少卿。他并不甘心，心怀怨恨，又进表攀咬宦官，说他们来宣旨的时候，我贿赂了他们。皇帝一听，这还了得，亲信宦官都被腐蚀了。于是又杀掉了传信的宦官，把房启贬为虔州长史，不久就去世了。由此事可知，容州观察使设在京城的驻京办事人员提前泄漏信息，他纵然是好意，但房启太不谨慎，竟然把这也拿出来说，皇帝当然不能容忍。

四、刺客、盗贼与京城恶少年

　　唐代长安为京畿之地，人杰地灵，有光鲜亮丽的面孔，也有受人憎恶、切齿痛恨的阴暗内容，比如京城恶少年、长安盗贼、刺客、游侠等，鱼龙混杂，严重影响了京城的治安和生活环境。

　　刺客是社会的暗流，他们干的多是阴谋刺杀、取人性命的勾当。荆轲刺秦王的故事流传千古，唐代也有被赋予家国大义的刺客聂隐娘。政治中心长安多有刺客，往往和政治密切相关，是政敌之间斗争的重要手段。唐朝初年，李建成和李世民的斗争中，齐王李元吉想拉拢尉迟敬德，却遭到拒绝，齐王于是就动起了歪心思，"令壮士往刺之"，派了刺客去刺杀尉迟敬德。可尉迟敬德是何许人也，一身武艺傍身，艺高人胆大，毫不畏惧，还"重门洞开，安卧不动"，就这样光明正大地等着刺客来，一般刺客哪里见过这种场面，吓得门都没敢进来。

　　官高位显，恩荣一世，却也最容易招人嫉恨的，一旦陷入政治纷争的漩涡，就无法独善其身，不得善终。长孙无忌和上官仪都是如此，陷入政治纷争而性命难保。更有甚者，还会遭遇到刺

第三章　郭以守民：长安坊市与社会生活

客的刺杀。于志宁是李承乾的老师，因为看不惯李承乾和突厥人交好，就上书劝谏，不料却招来杀身之祸，史料记载说李承乾派了两名刺客去刺杀自己的老师，结果这两人悄悄来到于志宁的宅邸后，发现于志宁居住的地方非常简陋，竟然不忍下手，这才让于志宁躲过一劫。

章怀太子李贤被废，固然是武则天蓄谋已久的行动，却与一起刺杀案密切相关。武则天虽有废黜李贤之心，奈何苦无借口，仪凤四年（679）五月，有位叫明崇俨的官员在京城被刺杀，这正好给了武则天行动的借口，于是就让中书侍郎薛元超、黄门侍郎裴炎、御史大夫高智周组成专案组，负责调查此事，最终在太子的东宫马坊搜出了数百件黑色盔甲，于是坐实了李贤的罪名，就把他贬为庶人，并幽禁了起来。

玄宗朝的权相李林甫，前后"秉钧二十年，朝野侧目"，影响非常大，安禄山也害怕他。李相为人处世喜怒不形于色，被人称为"口有蜜，腹有剑"。李林甫晚年沉溺玩乐，"姬侍盈房"，但他深知自己结怨众多，经常担心会有刺客来刺杀他，于是给自己住的地方加筑带有隔层的屋子，甚至"一夕屡徙，虽家人不之知"，行迹非常隐蔽。

大唐名城：长安风华冠天下

代宗宝应元年（762）十月的一天夜里，李辅国在睡梦中被刺客杀害，甚至"窃首而去"，有传言说这是皇帝筹划的一起暗杀事件。事后代宗命人在京城抓捕刺客，也是一无所获，最终给李辅国用木头刻了一个头来代替。

长安城里最著名的刺杀案件是发生在宪宗时期的宰相遇刺案。唐宪宗是中兴唐朝的君主，他主持的"元和削藩"赢得了广泛的好评。然而，在元和十年（815）六月的早晨，却发生了一起骇人听闻的京城刺杀案件，被刺杀的对象不是别人，正是力主削藩的宰相武元衡和裴度，史称"元和刺相案"。

这年六月初三的凌晨，天还没有亮，宰相武元衡准备上朝，他刚乘马出了靖安坊的东门，就遇到刺客的刺杀。先是有人吹灭了蜡烛，黑暗之中刺客射来暗箭，射中了武元衡的肩膀。然后又从黑暗的树影中闪出几人，联手杀害了武元衡，并"批其颅骨怀去"，场面非常残忍血腥。

几乎与此同时，裴度也在通化坊的东门处遇刺。有三名刺客持剑围攻裴度，第一次砍断了裴度的靴带，第二次砍掉了裴度所穿的外衣，第三次是对着裴度的头发动袭击，直接把裴度击下马背。幸运的是"度带毡帽，故创不至深"。学者考证指出，裴度

第三章 郭以守民：长安坊市与社会生活

佩戴了一种具有少数民族特色的毡帽，这是当时长安非常流行的一种帽饰，很可能是从西域传入的，正是这顶厚重的毡帽救了裴度一命。裴度的随从王义英勇护主，被刺客砍掉了手，而裴度在逃跑的过程中"坠沟中，贼谓度已死，乃舍去"。裴度在刺杀中幸免于难，除了王义忠心护卫之外，还有一个很关键的细节，那就是"坠沟中，度毡帽厚，得不死"，这里，裴度所戴的毡帽保护了他的性命，学者认为长安流行的这类毡帽很可能是扬州所产，质感柔软，做工上乘，是中晚唐长安上流社会非常流行的帽饰。

这起案件是由河北强藩幕后策划，长安进奏院居中指挥，由埋伏在长安的刺客实施刺杀，主要意图是阻碍宪宗君臣对吴元济用兵。因为当时的宰相武元衡和御史中丞裴度都是极力主张对强藩用兵的主战派，可谓是藩镇的眼中钉，遂将刺杀矛头指向了他们二人。这一桩骇人听闻的京城大案，发生在天子脚下，受害者是朝廷位高权重的宰相和御史中丞，所以性质非常严重，影响极其恶劣，是轰动一时的大事，整个京城进入一种人心惶惶的紧张状态中，《旧唐书》记载，长安各门都加强了警卫，宰相出行安排了金吾卫骑兵随行保护，时刻都预防危险发生。其他的官员也

大唐名城：长安风华冠天下

受到了惊吓，战战兢兢，都加强了防护，或者随身携带武器，或者带着诸多看家护院的下人。

在京城遇刺的宰相还有李石，唐文宗开成三年（838）正月的一天，宰相李石和裴度、武元衡一样，早早地起来准备去上朝，骑着马在长安的街道上突然遇到刺客射来的暗箭，李石轻微负伤，随从都吓跑了，李石骑的马受到惊吓，就往李石的家里跑去。刚跑到坊门，又遇到了第二波埋伏的刺客，他们一击不中，只是砍断了马尾，李石逃过一劫。皇帝知道后也是非常震惊，就派出神策军全城戒严，搜捕贼人，但始终找不到。百官都吓坏了，第二天也不敢来上朝，零零散散只有9位官员来上朝。京城迅速弥漫在一股紧张的气氛中，过了好多天大家才平静下来。实际上，这次谋杀活动是宦官和朝官矛盾的再一次爆发。李石为相，刚正不阿，打击宦官，引起了宦官集团的不满，仇士良非常讨厌他，就"遣盗杀之"，不料刺客失手了。此事过后，李石也为自己的安危考虑，就多次称病请辞，而皇帝却是"深知其故而无如之何"，只能让李石去做荆南节度使。

除了刺客，长安及其周边也常有盗贼出没，他们偷盗财物，杀人越货，严重威胁人们的生命财产安全，尤其是对政权的稳定

第三章 郭以守民：长安坊市与社会生活

带来挑战。唐太宗时，马周就给太宗说过盗贼的问题要引起足够重视，因为这是关乎国家存亡的，所谓"黎庶怨叛，聚为盗贼，其国无不即灭"，这并不是危言耸听。前有赤眉、后有黄巾，甚至唐朝的灭亡也与盗贼颇有关联。

唐代关中经常闹饥荒，食不果腹时就会有人沦落为盗贼，通过打家劫舍、杀人越货来谋生。高宗时长安发生灾荒，"人相食，盗贼纵横"。宪宗时期，"京师多盗"，经常有人遭到抢劫，于是让李廓做京兆尹，此人铁腕手段，缉捕盗贼，维护社会治安，深受百姓爱戴。宣宗大中五年（851）八月，京城有许多人"常怀凶恶，肆意行非，专于坊市之间，恐胁取人财物"。这事都传到皇帝的耳朵里了，于是下旨让京兆尹严格执法，尽快捕捉，依法处理。

贞元年间，宰相窦参夜晚在庭中散步，忽看到庭院里的树上有盗贼。他与陆贽之间有隔阂，所以怀疑是陆贽派来的，一番询问之下，盗贼只说是因无钱置办家人葬礼才干此行径。窦参就赐给这位盗贼绢匹，并释放了他。结果，这事儿传到了德宗的耳朵里，德宗很生气，就责骂窦参说"卿交通节将，蓄养侠刺。位崇台鼎，更欲何求"，身为宰相，竟有如此行径，你究竟想要干什么！窦参虽极力辩解，说"乃仇人所为尔"，但德宗哪听得进去这番辩解，过了一个月，就把他贬到地方上去了。

长安盗贼治理是京兆尹和金吾卫的重要职责，为了治理长安盗贼，朝廷也是尝试多种手段，京兆府就曾在宪宗时期请求扩大治安职权，赋予京兆府决杀的资格。强盗和窃盗的对待方式不一样，捕获强盗之后，不管是否有赃物，都可以按照法律"集众决杀"，但是捕获窃盗，赃满三匹就可以决杀。同时，减少行政流程，达到震慑的目的。会昌四年（844）七月，京兆尹提出可以通过赏罚并举的方式治理盗贼，捕获贼人的赃物有五十贯，拿出三十贯作为赏赐，若赃物在一百贯以上，那就拿出一半作为赏赐，以达到"赏罚必行，奸欺止息"的目的。

有些官员因为缉捕不力，还会受到惩罚。元和刺相案发生后，尚书左丞许孟容就奏请要"罪京兆尹，诛金吾铺官"，就是因为京兆尹治安不力，金吾卫没有及时发挥护卫功能。裴武在做京兆尹的时候，因为"捕贼弛慢"，办事不力，就被改任司农卿了。文宗时期，宰相李石遇刺，皇帝让京兆尹崔琪负责缉捕盗贼，结果是"捕盗不获"，连个人影都没找到，皇帝就罚了他的俸禄以为惩罚。

第三章　郭以守民：长安坊市与社会生活

京城恶少是危及长安社会治安和生活秩序的又一群体。早在唐朝建立之初，太子李建成与秦王李世民的矛盾争斗此起彼伏，李建成为了增强军事实力，曾招募了二千余人的"京城恶少"组成了长林兵，把很大一股影响社会稳定的势力纳入了自己的管控之下，还充实了自身的实力。

官宦贵戚子弟多有游手好闲，为非作歹者，他们经常在京城横行霸道。郧国公主是唐睿宗李旦的女儿，她的第一任丈夫叫薛儆，他们有个儿子叫薛诱。这个薛诱整日仗着自己的家庭背景，做一些草菅人命、扰乱社会秩序的事。开元二十七年（739），竟然纠集了同伙李谈、崔洽、石如山等人在长安杀人越货。据说他们要是看中人家的钱财，或者稍有违背他们意愿者，都会"白日椎杀，煮而食之"，不仅图人钱财，取人性命，甚至还残忍地煮着吃，手段极其野蛮。当年夏天，这些危害社会安全的长安恶霸被绳之以法，全部都处死。

这些京城内的恶霸，一旦遇到严打的时候，就会销声匿迹一段时间，可风头一过，他们就又冒出来为害里坊。有些人有深厚的背景，行事就更加肆无忌惮。那些背景比较浅的，则经常寻找一些依靠，挂名在军队则是最好的掩护。他们平日出来欺行霸市，抢人财货，不遵国家法令，一旦遭到官府的追责，他们就跑到军队中，给政府的管理带来极大的不便。刘栖楚任京兆尹时，刚正不阿，赏罚分明。他不畏权贵，所以那些为非作歹的"京城恶少"都害怕他，有的就躲到军队中去了，有的还说自己是平民百姓。结果经过刘栖楚的整顿，坊市内总算清静了一段时间。敬宗皇帝是个小顽童，他喜欢打球，曾从神策军中挑选了一些人，后又选了一些京城恶少年也加入，整日就在皇宫里打球为乐，时间一长，这些人的地位也无形中跟着上升。

"京城恶少"的成分非常复杂，有一些是高官贵戚的子弟，仰仗家里的权势，在京城作威作福；有一些是军队里面的军人或与军队有关系的人；也有一些是没落的世家子弟或城中贫困子弟，生活苦闷而走上歧途。这些在长安各处的"京城恶少"，平日欺压百姓，目无王法，聚众斗殴，寻衅滋事倒还罢了，一旦遭遇重大变故，他们就会趁火打劫，成了祸国的乱臣贼子。文宗朝的甘露之变后，朝官遭到宦官的大肆屠戮，当时京城一片混乱。坊市的恶少年也趁火打劫，行报私仇之举，他们"杀人，剽掠百货，互相攻劫"，这种火上浇油、相互火并的行径让长安混乱加剧。

第三章 郭以守民：长安坊市与社会生活

李训和郑注被杀后，朝廷召六道巡边使田全操入京，他在路上就扬言说："我入城之后，只要是穿儒服的人，不论贵贱都要杀掉！"长安盛传说有贼寇来了，大家都开始逃命，许多官员都来不及收拾准备，也加入逃亡的队伍。幸亏郑覃和李石两位宰相不为所动。有宦官陆续传口谕，说赶紧关闭各个机构的大门。左金吾卫大将军陈君赏带兵在望仙门，说等他们来了再关门不迟，姑且静观其变，不能向他们示弱。这一天，京城的气氛可以说非常紧张了，还有一些"坊市恶少年"穿着红色或黑色的衣服，"持弓刀北望，见皇城门闭，即欲剽掠"，他们虎视眈眈，一看到皇城有危险，马上就想作乱一番。司马光记载说，要不是有李石和陈君赏镇守，"京城几再乱矣"！

长安最大的青楼妓院在平康坊里，唐代孙棨《北里志》记载平康坊内的妓女分布，说从该坊的北门进去，向东经过三条小道，就是"诸妓所居之聚"。五代王仁裕在《开元天宝遗事》中也提到平康坊里的情况，说此处是"妓女所居之地"，而且每年的新进士都会拿着红纸名帖到平康坊游乐，可以说是一个具有代表性的游玩之地，所以当时人都把平康坊称为"风流薮泽"。此外，平康坊里鱼龙混杂，也就成了亡命之徒最好的隐匿地点，据

大唐名城：长安风华冠天下

说"京都侠少萃集于此"，这些侠少之中恐怕有许多是为非作歹、谋财害命之徒。

　　长安是鱼龙混杂之地，大宦官鱼朝恩听取了刘希暹的建议，设置神策军狱，专门招纳坊市内游手好闲、横行无忌的人为其效力。这些人就负责给城内富庶的人家罗织罪名，诬陷构罪，然后刘希暹便把这些富庶人家逮捕入神策军狱，严刑拷讯，没收他们的家产。有些进京赶考的读书人，家资丰厚，也经常会被这些人在旅舍中杀害，收取钱财，严重危害坊市安全，百姓深受其害，被时人称为"入地牢"。

第四章

巍巍长安：京城的政治景观

城市是一种人文景观，人的各种活动会塑造出城市的显著特征。长安是唐朝的京城，作为一座拥有百万人口的国际化大都市，一些标志性建筑设施是这座古都的名片。提到唐代长安，我们必然会和宫殿林立、高官厚禄相联系，却不能忽视那些和宫殿相得益彰的物质文化景观。

巍巍长安，京都之地，无论是宫殿楼阁，抑或是寺观碑铭，自有一派皇家气象。除却皇城森严，宫城肃然之外，街道里坊中到处都矗立着展现帝国权力、大唐风华的实物，可称为政治景

大唐名城：长安风华冠天下

观。长安城是大唐的政治中心，其政治性不仅通过高大威严的皇城、禁卫森严的宫城体现出来，分布在长安各处的政治性碑铭、高官显贵的豪宅、世家大族的别墅等，无不体现着其政治威严，无不是皇权威仪在城市的体现。真切生活在唐代，他们对京城的印象是什么？长安城中往来穿梭的人群，生活在里坊之中的长安百姓又是如何认识这座都城的？

一、碑铭胜景在长安

开远门是离开长安西行或抵达长安的第一道城门，出了开远门也就意味着出了长安城，东来的商贾和使者进了开远门，也就意味着真正地抵达了长安，所以，此门是作为开启或结束旅程的地标。这种情况朝廷当然也知道，玄宗曾下令在开远门外专门竖立一块石碑，上面记载从开远门到边境的里程，这叫"立堠"，上面刻着"西极道九千九百里"。宋人钱易记载这件事，说"开远门外立堠，云西去安西九千九百里，以示戍人不为万里之行"。这座标志性碑石被唐代人称为"万里堠"，元稹的诗句也说"开远门外万里堠"。刻碑立石，这一景观的出现完全是人为因素，

第四章　巍巍长安：京城的政治景观

却成了丝绸之路起点的象征。

长安的政治文化景观还有那些矗立在街巷里坊的碑石，这是国家权力最为直观的体现。在长安生活的人们，并不会经常性地去皇城周围观看皇家威仪，他们对深宫大内的神秘感也充满着好奇，却无法随时体会到国家权力。所以，在很多时候，他们对国家权威的认知往往在具体的生活场景中才会有更为深切的体会。

西安碑林的虞世南《孔子庙堂碑》，原是竖立在长安城务本坊内国子监的一通碑刻。国子监是唐朝的最高学府，也是唐朝以及周边国家的青年学子最向往的学术殿堂。国子监范围非常大，占了务本坊一半的面积。

贞观二年（628），唐太宗在国子监设孔子庙堂，将孔子立为先圣，颜回为先师。当年就举行了盛大的祭祀仪式，来自各地的儒士汇聚在此，场面非常壮观。后来唐太宗还多次亲临，命令国子祭酒、国子司业、国子博士开展讲座，一时间人潮如织，吸引了全国很多的学者。甚至还有吐蕃、高句丽、新罗等国的国王酋长也慕名而来，请求唐朝让他们的子弟也在此处进修。

孔子庙堂在武德九年（626）十二月就已经开始筹划了，贞观二年（628）正式动工修建，贞观四年（630）完工。"孔子庙

大唐名城：长安风华冠天下

堂碑"正是为了孔子庙堂建成而竖立的，有这样的政治背景，就注定了这块碑的不同凡响。碑文和书法都出自名家之手，是在太宗的旨意下由书法名家虞世南撰成并书丹。这块碑一竖立，就在长安城以及整个唐朝引起了不小的轰动。同时，这也释放出一个利好的信号，那就是国家推崇儒学，推进国家的文化建设。

唐太宗多次驾临国子监，贞观二年（628）还只有400间学舍，到了贞观五年（631）以后就达到了1200间，学子达到8000多人。史称"国学之盛，近古未有"。在孔子庙堂前竖立这样一块碑，最受震撼的必然是那些四方学子，他们进进出出都可以看到。这块碑太过出名，书法过于精美，影响又太大，所以经常有人去捶拓，时间一长，碑文就逐渐模糊了，非常有碍观瞻。武则天长安三年（703）四月，在相王李旦的主持下又对模糊的文字进行了补刻。这次补刻不是纯粹的文字补充，而是改了碑额，改后的碑额是"大周孔子庙堂碑"。据说还是李旦亲自操刀的。如此一来，这块象征太宗大兴文教，发展国家教育事业的碑石就成了标榜大周国家教育的景观。

神龙政变之后，李氏子弟重新掌权，却并未损坏这块碑刻。这其中应该有珍惜虞世南书法的因素，但更重要的恐怕是玄宗

第四章　巍巍长安：京城的政治景观

李隆基对父亲李旦的这一行为不方便轻易改动，正所谓"三年无改于父之道，可谓孝矣！"就这样，长安务本坊国子监孔子庙堂前的碑就一直注视着长安城的风云波澜。直到宣宗大中五年（851），已经过去了150年，当时的国子祭酒冯审才提出异议。他认为"孔子庙堂碑"是太宗皇帝为了发展教育而立，后来又经过睿宗皇帝书额，是唐朝统治的标志性建筑。但是武则天篡国夺位，在碑额中妄自添加了"大周"两个字，现在武周灭亡，大唐中兴了，怎么可以还继续让这两个字存在，贻误后世。于是他请求朝廷，把"大周"两个字琢掉，宣宗同意了他的请求。

现在西安碑林收藏的这通"孔子庙堂碑"，是北宋重刻的。北宋初年，王彦超为永兴军节度使，遂重新刻石，碑高近2米，宽1米多，至今流传最广、影响最大，但已经断为三块。即便如此，仍然无法遮掩这通文化建筑所体现的国家威严，透露着唐朝对知识分子的引导之功。

政治景观的塑造是一项系统工程，往往与国家的政治文化导向密切相关，政府建造此类建筑，总是想通过这种更加具体的、可以看得见、摸得着的实物来展现国家权威，释放国家治理的政治信号。祭祀孔子与建造"孔子庙堂碑"就是这一类活动的典型代表，除此之外，还有《开成石经》。

唐代最盛大的文教工程是唐文宗时刊刻在国子监讲论堂的《开成石经》，这批石经全都是经过细致挑选、延请耆老宿儒严格把关校勘后的儒家典籍，最初是由一些人用木刻的方式展示在讲经堂，就好像当下一些高校餐厅墙壁上悬挂的"节约粮食"的宣传物一样。当然，这种方式并不能长久，当国家权力介入的时候，那就会形成一道穿透力和影响力都无与伦比的政治景观。

唐朝中后期，社会矛盾日渐激烈。到文宗朝，藩镇割据的问题依旧很严重，但宦官专权和朋党之争也不甘落后。李昂是被宦官王守澄、梁守谦扶持上位的，所以，文宗朝宦官专权非常严重。他虽然曾联合朝官开展过清除宦官势力的行动，但最终以失败告终，史称"甘露之变"。所以，李昂被史家评价为"有帝王之道，而无帝王之才"的君主。他在位期间，倒是对治理国家颇为上心，但终究是心有余而力不足。文宗虽然并不败家，甚至还想扭转国家皇帝权力失坠的局面，结果却让人大失所望。然而，他大兴文教，推崇儒学。在他的极力支持下，刊定的《开成石经》是他提倡儒学，重视教育的核心体现。

宰相郑覃奏请刊定经籍，他组织了一批有识之士进行了细致

第四章　巍巍长安：京城的政治景观

的校对，然后请求"准汉故事，镂石太学，示万世法"。开成石经是一组石刻，有114块石碑，又叫"唐石经"，大和七年（833）至开成二年（837）刻成。每块石碑高2.16米，宽80厘米—90厘米不等。《开成石经》刊刻完毕后，陈设在务本坊国子监的讲论堂之中。四方学子儒士汇聚于讲堂，他们在此探讨学术，切磋学问。四周环绕着国家主持刊定的经典，举手驻足之间都能感受到文化的熏陶，真可谓文脉四溢。

然而，好景不长，黄巢起义军占据长安后，对城内建筑破坏颇多，不知是否也将这一文化工程损毁。后来朱温挟持天子到洛阳时，拆毁宫室、屋木等材料运往洛阳，这些石刻就这样被暴露在外。韩建改建长安城时，又把这批石经丢弃在城外。朱梁时，刘鄩把这堆丢在荒郊野外的石经又迁入唐时尚书省的西隅，才使得它们得以保存下来。直到宋代元祐年间，刘希道才筹措经费，修建存放石经道厅堂，保存在了碑林。

玄宗时候的权相李林甫曾做过国子司业，后来当了宰相，权势非常大。国子监的学生为了巴结讨好他，就私自在国学都堂为他建碑。后来举行释奠礼，文武百官都到国子监，李林甫看到之后就问怎么回事，说："林甫何功而立碑，谁为此举？"语气非常严厉,学生们都吓坏了,生怕得罪这位"口蜜腹剑"的宰相,于是连夜撤去,清除了碑文。国子监是国家培育人才的地方,竖碑在此当然能发挥很好的传播效果。国子生中的谄媚权贵之人本想以此来博取李林甫的关注,不料并未如愿,这恐怕和李林甫一生谨慎有关,唯恐有敌对之人拿此事来做文章,所以才表现得非常恼火。

杨国忠也有类似的经历,因为他没有按照资格选人,而是采取"押例",就是按照选限,不管个人才能如何。于是"选人等求媚于时,请立碑于尚书省门,以颂圣主得贤臣之意",有非常明确的政治意图。皇帝不仅答应了选人们的请求,还命令京兆尹鲜于仲通撰写碑文,并且亲自操刀修改。这事还引起时人的质疑,说"古来岂有人君人臣自立碑之礼!乱将作矣"。后来肃宗即位,就下令拆毁了这块碑。尚书省是百官日常出入的地方,百官往来自然不可能忽视这样一通由皇帝亲自修改,并涂了金的碑刻。杨国忠在百官之中的印象已经悄然发生了改变,所有人都会认为他是皇帝跟前的红人。

赐碑建碑是一项盛事,往往会有非常盛大的授予仪式,李治赐给玄奘的慈恩寺碑就是在安福门上举行,引得长安百姓前来观

第四章 巍巍长安：京城的政治景观

看，甚至造成了交通的拥堵。武宗会昌元年（841）二月，朝廷给仇士良赐纪功碑，碑文是右仆射李程所撰，授碑仪式盛况空前，当时在长安访学的日本僧人圆仁目睹并记载了这次活动。仇士良带着左神策军迎碑，从大安国寺到望仙门，"迎碑军马及诸严备之事不可计数"，甚至皇帝亲临望仙门楼。圆仁深受震撼，于是详细地记下了这次迎碑的全过程。

兴庆宫内的花萼楼被称为"天下第一名楼"，该楼前原立有《花萼楼记》碑，但该碑在唐末黄巢之乱中被毁坏，我们今天已经看不到原碑的样貌了。类似于这样的碑在长安城各处都能见到。1978年5月，西安的一处建筑工地在施工过程中发现了一块石碑，经过考古工作者清理，发现是"大唐重修内侍省之碑"。该碑颇为高大，通高有3.6米，宽近1米，碑身上窄下宽，中部已经断裂。根据碑文内容，可知该碑是昭宗光化二年（899）六月建立的，撰文者是翰林学士承旨郑璘。规格甚高，还出自名家之手，自然非比寻常。

内侍省是唐代宦官机构。乾宁二年（895），沙陀出身的河东节度使李克用与邠州节度使王行瑜、凤翔节度使李茂贞、镇国节度使韩建交恶，互相攻伐，兵入长安。战火蔓延到京城，宫殿多

163

大唐名城：长安风华冠天下

有损毁，内侍省也被烧毁。这年七月，昭宗逃出长安，次月返回京城。乾宁三年（896），昭宗下诏重修内侍省，由当权宦官宋道弼、景务修等负责修建。直到光化二年（899）完工，便命郑琳撰写了碑文，并勒石展示。西安出土的这通碑详细记录了自昭宗乾宁三年到光化二年内侍省在经过战乱损坏严重，重新修建的情况。主要用于表彰内枢密使宋道弼、景务修和左、右观军容使刘季述、严遵美在修建内侍省过程中的功业。

该碑出土的地点在唐长安城宫墙南侧，当时具体竖立在何处已经无法稽考。很可能在修建完毕的内侍省内，也可能在安福门内大横街的门侧。无论在哪里，这么一块高大的碑刻，显然会引起市民的驻足观看。当然，映入民众眼帘的首先恐怕不是碑上具体写了什么，更多的应是对那几位大人物的景仰，坊间盛传的恐怕也是昭宗营建内侍省的英明。长安居民生活在里坊之内，他们日常生活中能最真切地体验到皇权作用的不是那些宫室衙门，反而是各种矗立在日常必经之处的碑铭。如象征着文化交流的景教碑，矗立在马遂宅前的淮西碑。

仇鹿鸣认为，石碑作为一种重要而常见的政治景观，象征着秩序与权力。一般民众要想观察政治变化，这是一个窗口，同时也是他们获取知识的一个途径。奉天定难功臣李晟的纪功碑在长安郊外的东渭桥边，此碑可大有来头，是皇帝命皇太子书写的，还让皇太子抄一遍碑文赐给李晟收藏。东渭桥在长安东北，是一处东行的交通要道，平日人来人往，将碑立在此处，能通过全国行旅将李晟的功业传播开来。同样，碑刻更易也就成了政治秩序变动的象征。

二、谁家豪宅在里坊？

长安是大唐的都城，在行政管理上分为府、县两级，即京兆府下辖长安、万年县，形成了一府两县的行政管理体系。外郭城以朱雀大街为分界线，街东归属于万年县管辖，街西归属于长安县管辖。长安居住区的分布也有讲究，并不是随便哪里都有资格居住。这些坐落在长安城内的居所住宅，往往是整个城市风貌的体现，更是权势与地位最真切的表现形式。

安仁坊在朱雀大街东第一列，自北而南第三坊，地理位置非常好，居住的多是达官显贵。《长安志》说"甲第并列，京城美之"，主要是因为在此居住的人，或者拥有极好的家世背景，或

大唐名城：长安风华冠天下

者官居高位。根据宋敏求《长安志》记载，荐福寺东浮图院在此坊，另外，刘延景、万春公主、元载、元稹、崔造、杜佑等都在该坊有宅第。浮图院在坊的西北隅，院门向北而开，和位于开化坊浮图寺等寺门隔街相对，浮图院据说是景龙时期，由宫里的宫女太监筹钱建造。安仁坊的西南有汝州刺史王昕的宅第，东南边是刘延景的宅第，王昕是睿宗的儿子薛王李业的舅舅、刘延景是宁王李宪的外祖父，也是睿宗的老丈人，后来被武则天所杀。他们二人都是"亲王外家"，住宅矗立在安仁坊的南部，坊内人来人往，抬头驻足看到的恐怕不是功勋，而是巍然的皇室贵戚。

元载作为炙手可热的人物，被唐代宗赐死后，没收了他在大宁坊、安仁坊的宅院，还被充公作为百官官署。杜佑的孙子杜牧在一份书信中说，"某幼孤贫，安仁旧第置于开元末，有屋三十间而已。元和末，酬偿息钱，为他人有"。可见杜家祖宅很可能就在安仁坊，但后来变卖给别人了。唐俭早年跟随太宗征战，颇有功勋，死后陪葬昭陵。他于显庆元年（656）十月在安仁坊的家中去世。根据《昭陵碑石》记载，他的第四子唐嘉会娶了万元子，而万元子家的宅第也在安仁坊。郑纲在长安有两处住宅，一在昭国坊、一在安仁坊。据说他原本在昭国坊的住宅，半夜忽然

第四章 巍巍长安：京城的政治景观

有瓦砾乱飞，持续了五六个晚上，他就跑到安仁坊西门附近的住宅里躲避，但依然有瓦砾乱飞，然后他又搬回去住。宣平坊东南的诸王府，被邠宁节度使高霞寓买为住宅。

高宗时期的许敬宗，因支持废王立武而盛极一时，他的宅第就在长安城东的永嘉坊内，不仅极为豪华奢侈，而且多有违制之处，却因为他权势和地位非常显赫，无人敢动。史书记载他的房屋"第舍华僭，至造连楼，使诸妓走马其上，纵酒奏乐自娱"。朝廷三令五申不许修建高楼，就怕他们中有人心怀不轨，甚至挑战皇家威严，但这对一些权势人家并没有约束性。许敬宗在家中造的楼房，还相互连成一排，乐舞歌姬可以在上面骑马表演。这在当时纵然有人非常不满，却也束手无策，谁让人家有靠山呢！后来，许敬宗失势，他的这所宅第被改为无量寿寺，玄宗时，又赐给自己的兄弟申王李㧑。真是人事有兴替，世事总无常。

唐令规定，士庶公私第宅，"皆不得造楼阁，临视人家"，但是这对于王公贵戚，并没有多少约束力，他们经常忽视禁制，我行我素，视法规为无物。许敬宗家的连楼矗立在长安那么久，也不见有哪位不识时务的官员敢去弹劾他。中宗和韦后的女儿长宁公主住在崇仁坊，神龙元年（705），侵占了原本负责京城治安的左金吾卫的旧营地。高士廉的住宅，建造起了三层高楼。崇仁坊外街对面就是皇城东墙，如此地理位置，若非长宁公主深得中宗喜爱，恐怕没有人敢如此明目张胆地建造豪宅。

玄宗五兄弟最初住在隆庆坊里，宅第高筑，被称为"五王宅"。先天政变之后，太平公主被赐死，李隆基掌握了朝政大权，原来的太子，哥哥李成器主动让贤，于是李隆基就顺理成章地登上了皇位。隆庆坊就此改为了兴庆坊，而且其他四位兄弟也就不能继续在此处居住了，李隆基就把这里改为兴庆宫。给四位兄弟重新安排了住处，怎么安排的呢？实际上就是让他们居住在周边的地方。李宪住在胜业坊的东南角，申王李扔和岐王李范居住在安兴坊的东南角，薛王李业在胜业坊的西北角。很显然，围绕着兴庆宫居住，并不是随意安排的，诸位亲王的一举一动都被玄宗收在眼底。

兴庆宫西南建起两栋高楼，西面的那栋题为"花萼相辉之楼"，南面的那栋题为"勤政务本之楼"。这两栋楼的新建绝非玄宗无厘头的一时兴起，如果我们了解一下这栋高楼周边的情况，就会发现这俨然是震慑诸王的皇权象征。居住在这座高楼旁边的诸位亲王家眷，一抬头便能看到这座巍峨的建筑，他们心中的畏

第四章 巍巍长安：京城的政治景观

惧感、紧张感恐怕时刻都萦绕在心头。

投身官场的士人，在长安置办家业，拥有属于自己的宅邸，既有利于赚取更大的政治资本，而且可以通过京城进行人际关系的维护，保持家族地位。胡证曾为岭南节度使，趁此机会大肆敛财，搜刮民脂民膏，也在长安营造了豪宅。据史料记载，他在修行坊内修建的甲第非常奢华，"连亘闾巷，车服器用，穷极豪侈"。这种行为当然非常引人注目，也引起了不少民间的非议，但面对如此显贵，大家也束手无策。

一般官员的豪宅尚还能有所顾忌，倒不至于太过显眼，但那些真正的皇亲国戚，自然会无所忌惮，即便是修建了无比豪华的住宅，他们也自恃有所依靠，不知收敛。杨玉环受到玄宗恩宠，一人得道，鸡犬升天，她的三姐被封为虢国夫人，仗着宫中有人，后台足够坚实，于是在长安宣阳里修造庭院，奢华非常。据说完工之后，"栋宇之盛，两都莫比"。若没有杨玉环这层关系，她哪有胆子敢在长安如此肆无忌惮。杨国忠的儿子杨暄为太常卿兼户部侍郎，杨昢为鸿胪卿，分别娶了延和郡主和万春公主，不可谓不显贵，他们兄弟都在亲仁里有房产。

同样奢侈华丽的长安宅第，还有永宁坊的王锷宅第和宣仁坊的马燧宅第。王锷担任节度使时，大肆聚敛财物，然后在长安永宁坊东南角建造了一座奢华无比的宅第，甚至在宣义坊还建有一座亭子。但王锷去世之后，其子王稷都进献给了朝廷。时人把王锷宅第所在的永宁坊东南角视为金盏之地，安邑坊西边视为玉盏之地。但他们的宅第都进献给了朝廷，后来还先后赐给韩弘、史宪诚、李载义等作为宅第。马燧的宅第后被改为奉诚园。

长安是一座规划齐整的都城，功能分区明显，坊里居民错杂其间，那些高楼大院里住的往往非富即贵，但也会有人在小街小巷里购置一处环境优雅的居室，然后对庭院进行改造，使其更加宜人。琼山县主嫁给了归附唐朝的吐谷浑王族慕容氏，他们在长安的宅第在延福坊，也是一所豪宅，环境非常好，据《长安志》记载，"宅内有山池院，溪磴自然，林木葱郁，京城称之"，这种种景色，肯定也是人为建造而成的。

崇仁坊和平康坊里最多的是各地的进奏院，但在唐前期的时候，长孙无忌宅就在崇仁坊，房玄龄宅在务本坊，褚遂良、孔颖达宅在平康坊。延寿坊东南隅有一处凶宅，据说"居者辄死"，这是长安尽人皆知的事情。高宗时，礼部尚书裴行俭就不信这个邪，毅然住在里面，永淳元年（682）被任命为金牙道大总管，

第四章 巍巍长安：京城的政治景观

还没来得及出征就染疾病逝在家中。武则天时期，侄子武懿宗又住在此处，根据苏珽所撰《武懿宗墓志》记载，他在神龙二年（706）六月的时候，染疾病逝在延寿坊的家中。尽管如此，但延寿坊却是一处风景特别优美的地域，《两京新记》说"土地平敞，水木清茂，为京城之最"。

务本坊是朱雀门街东第二街第一坊，与兴道坊相邻。半坊之地为国子监，建有周公庙、孔庙。坊内还有进奏院、房玄龄宅改的先天观及众多官员的宅邸。务本坊内的孔庙与太平坊内的太公庙，分列皇城两侧，自皇城南望，正构成"东文西武"的部署格局。孔庙的祭祀和太公庙的祭祀活动，应当是长安两坊最热闹的时候。旁边的兴道坊也是一块富贵之地，兴道坊是位于皇城正南朱雀街东第一街第一坊，面积不大，但是太平公主的住宅就在里面，而且占了半坊之地。开元八年（720）六月二十一日，关中突降大暴雨，长安城遭遇特大水灾。城内各坊都有不同程度的损失，其中兴道坊受灾最严重，一夜之间整坊塌陷，五百多户人家不知所终。

新昌坊位于乐游原上，地势较高，接近城东的延兴门。唐前期主要是生计较为困难的平民百姓在此居住，中国人民大学历史

大唐名城：长安风华冠天下

系王静老师根据一份出土文书，大致勾画了唐朝前期新昌坊的情形，认为该坊的居民经常要靠"典当""质举"来维持生计。但随着长安城的不断开发，这里也逐渐发展起来了。中晚唐时期，有许多高官和文人墨客都在此处有房产，如苏珽、白居易、牛僧孺等。诗人姚合有一首《新昌里》诗，主要讲的是新昌坊的生活环境，他说"旧客常乐坊，井泉浊而咸。新屋新昌里，井泉清而甘"。因为新昌坊地势高、地下水位深，生态环境保持得比较好，所以井水甘甜，水质好。《长安志》说城东"有薛王别墅，林亭幽邃，甲于都邑"。

白居易从贞元十六年（800）就到长安来参加科举，然后就成了一位实打实的"京漂"，因为他在长安一直没有自己的宅院，过了20年的"京漂"生活。他在《卜居》中说"宦游京都二十春，贫中无处可安贫。长羡蜗牛犹有舍，不如硕鼠解藏身"。白居易自嘲太穷了，连蜗牛都有住的地方，让人非常羡慕，自己过得还不如老鼠呢，竟然没有立身之地，就像一个木偶一样随波逐流。终于，经过二十年的宦海沉浮，他用多年的积蓄在新昌坊购置了一所属于自己的宅第。此处在延兴门内，靠近城墙。出了延兴门就出长安城里了，可见确实是非常偏远的地方了，但这也已

第四章 巍巍长安：京城的政治景观

经是他的极限，他自忖能力有限，有个居所就已经很满足了，所以他说"莫羡昇平元八宅，自思买用几多钱"。其他地方的宅院确实很好，奈何自己荷包不够饱，无法承担高额的购房费用啊。

延寿坊东南隅有高宗时期的礼部尚书裴行俭的住宅，到了武则天掌权时，被武懿宗霸占，这落庭院"土地平敞，水木清茂，为京城之最"，而且地理位置极好，就处在皇城与西市的中间。长安城街道上，沿路种有槐树。自承天门到朱雀大街，两边槐树成排，还被称为"槐街"。正如白居易诗所言"迢迢青槐街，相去八九坊"。德宗时期，长安街道上的树木多有损毁，就有人建议说能不能种榆树替代，被京兆尹吴凑给否决了，他还亲自带人在长安城的官街两边种槐树。玄宗时期，命令两京道路的两边种果树，这样一来，开花结果的季节，整个长安都是花果飘香。刘禹锡说"唯有牡丹真国色，花开时节动京城"，牡丹深受大家的喜爱，尤其是那些富贵人家，结伴出游，观赏牡丹，《唐国史补》记载说"长安贵游尚牡丹三十余年，每春暮车马若狂，以不耽玩为耻"，可见当时的人若没有观赏牡丹，就会觉得脸上无光。

白居易在《杏为梁》诗中说："君不见，马家宅，尚犹存，宅门题作奉诚园。君不见，魏家宅，属他人，诏赎赐还五代孙。"

大唐名城：长安风华冠天下

马家宅指的就是马燧的宅邸，在安邑坊中。马燧是德宗时的名将，曾受封北平郡王。去世之后，其子马畅继承了这座宅邸。宅院中有一棵大杏树，马畅为了巴结大宦官窦文场，就把最大的杏子送给他，结果窦文场给皇帝送了一些。德宗没有见过这么大的杏子，就责怪马畅为何不直接进贡，于是"令使就第封杏树"，表示这棵树是皇帝御用的了。结果马家人吓得不轻，再也不敢在里面住了，把宅子改名为"奉诚园"。

魏家宅指的是魏徵家的旧宅。魏徵是唐太宗朝的名臣，他的宅第在长安永兴坊内。唐太宗提倡节俭，所以魏徵家非常简陋，没有正堂。有一次魏徵生病了，唐太宗就去看望他，见他家只有偏房而无正堂，太宗非常感动，这时他正准备修建一座小殿，营建材料都已经准备妥当，于是改变主意，把修建小殿的材料全部用来给魏徵家修建正堂，仅用五天就修好了。太宗还赏赐他屏风被褥等物品。后来魏家衰落，魏徵的玄孙魏稠生活困难，于是"以故第质钱于人"，出租的这座房产很可能就是唐太宗帮忙修建正堂的那座宅院。

元和十年（815），白居易和元稹出游，白居易作了一首《高相宅》来悼念自己刚刚去世的座主高郢，有一句是"涕泪虽多无

第四章 巍巍长安：京城的政治景观

哭处，永宁门馆属他人"，白居易非常悲伤，但高郢在永宁坊的宅第已经变卖给别人了，睹物思人更平添凄楚。元稹也作了一首诗来劝慰白居易，他说："二百年来城里宅，一家知换几多人？"意思是说长安城里沉浮变换，家宅里第改换非常频繁。

"唐宋八大家"之一的柳宗元在长安皇城根下的善和坊有宅，永贞革新失败后遭到牵连，被贬为永州司马。五年之后，到了元和四年（809），他给昔日的好友、当时的京兆尹许孟容写了一封信，阐述了自己的过错，希望许孟容能帮他在京城活动一下，解除"罪籍"而过上普通的生活。柳宗元在信中提到"家有赐书三千卷，尚在善和里旧宅。今宅已三易主，书存亡不可知"。他才被贬官五年，旧宅就已经被转手了三次，真是奇货可居，这恐怕也就是因为在皇城附近，要是在偏远的安义坊或安乐坊那样的长安城的边缘位置，恐怕多少时间也不见得有人问津吧。

韩愈购置的房产在靖安坊，距离白居易的新昌坊不远，却是这位文豪打拼了30年才实现的。他贞元二年（786）来京应试，元和十三年（818）才购房，当年就作了一首《示儿》，提到了他的购房历程，"始我来京师，止携一束书。辛勤三十年，以有此屋庐"，不无自得之意。韩愈白手起家，经过奋斗而在京城

大唐名城：长安风华冠天下

买了房，确实值得骄傲。沈传师在开化坊购置了一座宅院，花了三百万钱。但他交不起全款，就通过贷款的方式购得这一房产。自此之后，就成了一名地地道道的"房奴"，要经常缴纳贷款。最后一直迁延到他做观察使时才还清。也就是说他此前做翰林学士、中书舍人、知制诰时，房贷都还没有还完呢。直到太和九年（835）去世，还没钱下葬，于是他的儿子只好把这座宅院转卖了用来下葬父亲。

长安权贵巧取豪夺的情况不仅发生在皇室成员中，有些朝廷大臣也会为了京城的房产而做出不法之事。褚遂良是唐朝初年的政治家、著名书法家，深受唐太宗的信任，李世民去世前，让他和长孙无忌、李世勣同受遗诏辅政。高宗登基之后，永徽元年（650）十月，任命他为中书令。就在这个月的二十四日，他遭到监察御史韦仁约的弹劾，因为他"抑买中书译语人史诃担宅"，依靠自身权势，强行低价收购别人的房产。

长安布局严密合理，但人口分布得并不均匀，所以不同区域繁华程度也有很大的差异。皇城根下的那几个坊都属于靠近中心地带的空间，所以热闹非凡。两市周边的区域也是大家青睐有加的生活区域。这两处自然就成了整个长安城最为繁华的地段。当

第四章 巍巍长安：京城的政治景观

然，有一些坊里就没有这样的条件，不仅人烟稀少，坊内的建筑也显得破败不堪，这样的地方以长安城南的一些里坊最典型。长安城南人迹罕至，于是长安居民对这片区域也会有无数的想象，其中最多的是一些仙人故事或妖异鬼魅之事。

有朝廷官员在长兴坊置宗庙，长兴坊是皇城南的第三坊，李德裕认为这些宗庙离皇宫太近了，所以奏请以后大臣置宗庙，最好在安善坊以南的大业坊、昌乐坊、安德坊三坊里面，因为这些地方"俗称围外，人鲜经过"，如果大臣们把家庙修建在人烟稀少的地方，就不会占用国家核心区的空间。

安善坊并不繁华，唐高宗时期，曾用安善坊和大业坊一半的地方设立了中市署，主要负责驼、马、牛、驴的交易，这些牲畜贸易，当然不会安排在繁华的坊市，但也带来一个问题，那就是过于偏僻也有不便，交易量就会下降。由于这些地方在京城之南，太过偏僻，交易起来非常不便，而且人也很少，所以武则天时就取缔了，具体的交易活动还是在东市进行，这里只留下个机构负责交易文书。也就是说人们在东市交易，然后要去中市署来备案、办手续。

同样萧条的还有紧挨着大业坊西侧的开明坊，据《长安志》

记载,这个坊"东西尽郭,率无第宅",可知是人烟稀少的地方,但毕竟在长安,时间长了也会有人迁徙到此,逐渐就形成了虽然有人生活,但也是"烟火不接,耕垦种植,阡陌相连"的景象了。大业坊与开明坊尚且如此,那些更为偏南的坊,如保宁坊、光行坊等,恐怕就更是逐渐被遗忘在角落里的区域了。

三、世家大族有"别业"

唐朝的达官显贵除了在城内的里坊中置办产业之外,他们还热衷于在长安城外置办"别业",而最优先选择的地方是城南和城东地区。据妹尾达彦先生统计,位于长安城南的园林"别业"有 66 所,而位于城东的"别业"有 25 所。园林"别业"风景秀丽,交通便捷。

长安城南是韦、杜两大家族的聚居之地,所以韦曲和杜曲是这两个家族在城南的大本营。史书记载说"杜城有别墅,亭馆林池,为城南之最",指的就是杜家的别墅。杜佑(753—815)是长安土著,后来做官到宰相。他在扬州担任淮安节度使时,发了大财,于是在安仁坊这个名流汇集之地置办了一所房产。史书说

第四章 巍巍长安：京城的政治景观

"时父作镇扬州，家财钜万，甲第在安仁里"。宅第不仅是一个居所，尤其是在唐朝的首都，不同区域的宅邸，还蕴含了等级、地位、权势、财力等内在的意涵。杜佑在城南的别墅，南靠终南，北望长安，这里的别墅环境优雅、布局考究，往往是名流显贵的产业，也是文人雅客追逐称颂的区域。杜佑就经常在自己家别墅的佳林亭中举行宴会，和当朝公卿士人举行娱乐活动，甚至还"广陈伎乐"，有专门的艺术表演团队。当然，像杜佑这样的朝廷显贵，能够享有如此待遇也并不稀奇。

权臣元载在城南置办的产业非常壮丽，"连疆接畛，凡数十所"，不仅数量多，而且仆人达到一百多人，史家指责说"姿为不法，侈僭无度"。元载伏诛之后，继任者杨绾颇有政声，据说他德行昭著，生活非常俭朴。当时的御史中丞崔宽，是剑南西川节度使崔宁的弟弟，家里财产丰厚，有权有势又有钱，也把别墅建在长安皇城南面，据说"池馆台榭，当时第一"，也是一处名利双收的象征之地。得知杨绾拜相之后，他马上就命人偷偷地拆除了，因为树大招风，他也害怕被祸及。不过，也有史料记载说是杨绾向皇帝奏请后，才被拆毁的。

对于贵族而言，在城南有别墅不仅是生活享乐的需求，更是

大唐名城：长安风华冠天下

身份地位的象征。罗邺在《春日偶题城南韦曲》诗中说："韦曲城南锦绣堆，千金不惜买花栽。谁知豪贵多羁束，落尽春红不见来。"这些豪宅不仅空间宽阔，更是装饰奢华，即便主人不去居住，也要买来点缀身份。当他们在仕途中遭遇不顺的时候，就会返回到城南的"别业"中打发时间，纾解惆怅的心情。

有个叫卢钧的官员，家族成员在朝为官者甚众。有一次皇帝紧急召见，以为要让自己做宰相，便兴致勃勃地去见了皇帝，结果只是提拔他为仆射，没有给中书门下平章事头衔，也就不是宰相，他就很不爽，于是经常借口身体不好，不去衙署上班，整日和亲朋故友在城南别墅中游乐，好几天才会去一次。当时的宰相令狐绹非常生气，就奏请皇帝罢去他的仆射，只做了个太子太师。

韩愈发达之后也在城南置办了"别业"，叫韩庄，孟郊有一首诗叫《游城南韩氏庄》，诗句说："初疑潇湘水，锁在朱门中。时见水底月，动摇池上风。清气润竹林，白光连虚空。浪簇霄汉羽，岸芳金碧丛。何言数亩间，环泛路不穷。愿逐神仙侣，飘然汗漫通。"可知韩庄周边池水竹木环绕，仙境一般，让人流连忘返。

第四章　巍巍长安：京城的政治景观

郭子仪对唐朝有再造之功，被封为汾阳王，他还是皇帝的亲家，在城南地区也有别墅。史料记载说郭家的城南别墅"林泉之致，莫之与比。穆宗常游幸之，置酒极欢而罢"，可见风景出众，甚至穆宗还亲自去游览过，并在郭家的别墅里举行了宴会。大宦官仇士良在城南也有"别业"，后来仇士良死后，有人告发说他家藏了很多的兵器，朝廷就削夺了他的官爵，把他在城南的产业也没收了。

长安城东也是一个别墅林立的区域，东郊距离曲江池很近，皇帝经常在此处游览，所以东郊的别墅大多数都是亲王、公主、驸马等皇室贵戚所有。比如唐玄宗时的薛王李业、宁王李宪、唐高宗的女儿太平公主、唐中宗的女儿长宁公主，以及权相李林甫等。李业在城东的别墅，"林治幽邃，当时第一"，是皇帝特意赐给他的。太平公主的"别业"又叫南庄，沈佺期曾陪太平公主游览，并有诗曰："主第山门起灞川，宸游风景入初年。凤皇楼下交天仗，乌鹊桥头敞御筵。往往花间逢彩石，时时竹里见红泉。今朝扈跸平阳馆，不羡乘槎汉汉边。"奢华壮丽，自然不是一般人家的别墅能比的。

韦嗣立深得武则天信任，官至宰相，他在骊山的"别业"也

大唐名城：长安风华冠天下

是盛极一时，王维说"云出于栋，水环其室"，非常壮观，富丽堂皇，中宗和韦后曾亲自到此游览，一同参加的还有宋之问、张说、李峤等，他们还奉命写了《奉和韦嗣立山庄侍宴应制》诗，以记述这次观赏的盛况。后来，中宗爱女安乐公主得宠，就奏请皇帝买下这座别墅，作为自己的游览之地。

长安固然不易居，即便有能力和资本跻身繁华的京城，居于何处也是值得关注的问题。能有一间属于自己的房屋，那自然是颇为惬意的事。至于像杨国忠、郭子仪、马燧那样，在京城的贵族区拥有豪华房产，实为凤毛麟角，不知是几世修来的福分，当真可遇而不可求。更为悲惨的是，京城有流落长安街头的异地人，包括一些盘缠用尽的考生，他们便只能求助于寺院，请他们大发慈悲，容许他们暂时栖身在寺院。京都之地，既是蕴藏无限可能的理想归宿，也是一处披着繁华外衣的凄凉地。

第五章

人文荟萃：魅力文化之都

　　长安风华是融入唐人血脉的精神底色。人文荟萃，富庶繁华的图景深深地烙印在了唐人的生活世界，长安是一座国际化的魅力文化之都。作为"丝绸之路"的起点，长安的文化气息洋溢中外，无论是唐太宗"万国朝未央"的气概，还是王维笔下"衣冠拜冕旒"的盛况，都写不尽长安的魅力，道不完风华绝代的盛唐气象。

　　唐代文教之盛，震古烁今。诗有李白、杜甫，文有韩愈、柳宗元，史有杜佑、韦述，书有虞世南、颜真卿、柳公权，画有阎

大唐名城：长安风华冠天下

立本、韩滉、吴道子，一时名家辈出，艺文鼎盛，文运昌隆。徐连达先生说唐文化是一个复杂多层面的综合体，内容极其丰富多彩，犹如百花竞艳，尽显风姿。唐朝政治经济的发展带动了文化的繁荣，气势磅礴、融汇中西、瑰丽多姿的文化特征将大唐气象推向了新的历史高潮。围绕人才选拔而形成的科举文化，构筑了中国古代文教事业发展的高峰，后世竞相效仿，经久不息。融汇中西文明，儒释道竞艳所呈现出的精神文化面貌，兼容并包的思想环境，缔造了长安深厚的思想文化底蕴。东西两市，商贾云集，百货杂陈，是展示盛唐风貌和物质文明的窗口。

唐代在中国文明史中具有举足轻重的地位，文化发展水平和国际影响力都是空前的，长安是一座真切的国际名城，也是赓续发扬中华文脉的转折之地。唐诗已经成为千年来中华文化最重要的物质和精神文化资源。跨越科举考试这道仕途的"门槛"，实现雁塔题名与曲江宴饮是多少读书人终其一生的理想。孟郊说"春风得意马蹄疾，一日看尽长安花"，何等意气风发。矗立在长安各处的寺观古刹，不仅是宗教场所，还经常承担法事修行活动以外的很多功能，包括社会救济、学术交流、思想教育、文艺演出等，真可谓神圣与凡俗之间。数不尽的域外奇珍令人眼花

第五章 人文荟萃：魅力文化之都

缭乱，随处可见的胡姬酒肆让人流连忘返。李白在送别友人裴图南的一首诗中说"胡姬招素手，延客醉金樽"，搁置离别的忧愁，在酒肆为君饯别。总之，唐代是中国文教发展的波峰，长安是东西文化交汇融合的舞台。

一、宴饮曲江边与题名雁塔上

"终南捷径"这个成语常用来指代获得功名利禄、实现个人理想的便捷途径。其实在唐代还有一个典故。景云二年（711）的一天，唐睿宗李旦在宫里召见了天台山的道士司马承祯，向他请教阴阳术数。司马承祯劝阻了睿宗，并不希望皇帝沾染这些东西，就用"无为"来回答。睿宗又问，既然"无为"是修行的最高境界，那治国的最高境界又是什么？司马承祯答以"顺物自然而心无所私"，意思是要君主摒除私心杂念，无为而治。睿宗非常高兴，想把他留下来，但司马承祯并不贪恋权位利禄，坚持要回天台山，睿宗也就答应了。

不料他刚出宫门，就遇到了尚书左丞卢藏用。双方交谈之中，司马承祯告知卢藏用自己要回天台山的消息。卢藏用以为司

大唐名城：长安风华冠天下

马承祯没有得到皇帝的赏识，是要灰溜溜地回去，于是就给他支了个招，卢藏用指着终南山说："此中大有佳处，何必天台！"他是想提醒司马承祯，终南山距离京城最近，在此隐居就会有更多的机会得到高层的赏识，毕竟他自己曾经就是这么过来的。然而，司马承祯听后不动声色地说："以愚观之，此乃仕宦之捷径耳！"实际上是讽刺卢藏用早年隐居在终南山，最后以文名出众而获得武则天的赏识并被授予左拾遗一事。这次谈话也就不欢而散，司马承祯没有听卢藏用的建议，径直回了天台山。

终南山是长安以南的一处山脉，这座山峦横亘在长安城南，构筑了一道天然的屏障。此山风景秀丽，景色宜人，常有隐士居住在山中。而且山林茂密，物产丰富，长安城内很多生产生活用品都来自此山，比如薪炭、药材、石料、建筑木材等。我们常说的"终南捷径"，在唐人看来，莫过于当时的仕宦优选——科举。

金榜题名是无数考生的理想，他们参加完省试之后，就开始了焦急的等待。初唐时期，发榜地点在吏部考功员外郎的院厅附近，发榜之日，热闹非凡，实乃长安一大盛会，经常引来文武百官和城中百姓围观。贞观初年，唐太宗就曾亲自在承天门上观看发榜的场景，看到如此多的才能之士在榜下来来往往，他高兴地

第五章 人文荟萃：魅力文化之都

对身边的侍臣说："天下英雄，入吾彀中矣！"可见唐太宗通过科举取士而网罗天下人才的喜悦心情。

唐代考试科目众多，有秀才、进士、明经、明法、明算、童子等科，这些按期举行的叫常举，还有皇帝不定期下旨举行的，叫做制举。诸科之中，最受人重视的是进士和明经两科，又以进士最重要。王定保说进士科"盛于贞观，缙绅虽位极人臣，不由进士者终不为美"。唐代科举原本是由吏部考功司主管，玄宗开元二十四年（736）让礼部来负责，后世也就延续了下来，礼部专设南曹和选院。为防止考试作弊，有专门的锁院之制，若不答完考题，就不能出院。后来还增加了中书门下复核和复试的程序。

荣登进士榜，也就意味着拥有了入仕做官的资格，自然无比欣喜，正所谓"春风得意马蹄疾，一日看尽长安花"。及第者置酒庆祝，整个长安城士庶也都前来观看，一睹青年才俊的风貌，真可谓风头一时无两。榜上无名，则是无数学子的噩耗，落第学子总有人无法承受名落孙山的打击，以致做出过激的行为。元和六年（811），省试发榜之后，国子监生郭东里榜上无名，他无法承受现实的打击，于是撕坏了皇榜，后来朝廷决定先公布一个虚榜，正式的进士榜稍晚一些时间再贴出，以防止类似的事情发生。

大唐名城：长安风华冠天下

　　进士、明经两科通过的比例非常低，唐代宰相杜佑曾说，进士科是一千人里面才选取一个，明经科的情况稍微好点，但也是十个人里面取一人，于是便有"三十老明经，五十少进士"的说法。不仅取人有限，后续仕途发展前景也不同。宪宗朝有个宰相叫李绛，他是以进士入仕的，才华出众，他说"进士、明经，岁大抵百人，吏部得官至千人"，所以，进士出身非常珍贵，人数少而前途一片光明，明经科就逊色许多了，人数比进士科多一点，所以在仕途上就要多一些阻碍。所谓物以稀为贵，所以考生们对进士科都非常渴望，以中进士为荣。宋代欧阳修就曾作诗形容过进士科和明经科的差别，说"焚香礼进士，彻幕待经生"，身份地位的差异显而易见。

　　薛元超是唐代著名的政治家、文学家，也是名门之后。他的祖父是隋朝著名诗人薛道衡，官内史侍郎。父亲薛收，长期在秦王李世民身边献谋献策，是李世民最倚重的秦王府十八学士之一，但英年早逝，去世时才33岁。幼年丧父的薛元超非常好学，深得太宗喜爱，让他和皇子李治一起学习。后来李治即位，薛元超也官至宰相。但薛元超跻身官场走的不是科举的道路，而是通过恩荫入仕，这也成了他终生的遗憾，坊间有著名的"元超三

第五章 人文荟萃：魅力文化之都

恨"之说。

《隋唐嘉话》中记载了"元超三恨"这则关于薛元超的逸事，具体内容是薛元超曾对他身边亲近的人说，我才能不足，但非常富贵，一生之中有三件事令我遗憾终生：一是没有参加科举，通过进士擢第做官；二是没有娶到五姓家庭的女子为妻；三是没有参与修撰国史。

薛元超是个典型的"官二代"，他的入仕途径是恩荫，所以才会有此"遗憾"。科举入仕纵然光鲜亮丽，但背后不知要经历多少凄楚，无数考生为通过考试而忧心，甚至消磨一生。薛元超以恩荫做官，较之毫无背景的寒门子弟，真是弯道超车，但他对此耿耿于怀。五姓女是指崔、卢、李、郑、王五大望族的女子，薛元超以不曾和这些家族通婚而引为憾事。

进士及第之后，往往会安排一系列的庆祝活动，既有对座主恩师的感谢，也有拜谒宰相以及同年之间的交际、娱乐和宴饮活动。最著名的是闻喜宴、关宴、曲江宴、杏园宴、雁塔题名等。

士子获知登第的喜讯之后，要马上向自己的座主恩师表示感谢，并且会举行一场感谢座主恩师的宴会，名为"烧尾宴"。科举士人举行的烧尾宴主要寓意是烧去鱼尾，鱼跃龙门。后来被朝廷官员学去，官员获得升迁之后也会举行这样的宴会。"烧尾宴"属于家宴性质，邀请的都是亲朋好友，因为唐人进士及第后也叫登龙门，意味着以后就发达了，举行这样的宴会，也有不忘本的意思。

闻喜宴又叫敕下宴、敕士宴。顾名思义，这是皇帝下敕、发榜或朝堂唱榜之后就举行的宴会活动，"闻喜"就是这个意思，属于国家性质的宴会，举行地点在曲江。很显然，这应该是一次非常仓促的集会，一般而言，只有及第的士子才可能参加，那些落第者，自然也就没有心思参与这样的活动了。这次宴会是众位新进士的第一次正式交际，趁这个机会，他们当然要彼此认识，结交官场新贵。宴会的开销是大家共同集资。与闻喜宴相对的是关宴，又叫离宴、离会，也在曲江进行，参加完这次宴集活动，就意味着他们要各奔东西了，可谓有始有终。关宴作为新进士的最后一次在京聚会活动，参加者的内心也必然是五味杂陈，因为他们虽为同榜进士及第，但个人前途千差万别，有的人被分配到富庶之地，有的人被安排到偏远州县，甚至于还有人可能并没有被分配。

曲江宴是皇帝赐宴，故而场面格外浩大，皇帝亲自参与，文

第五章 人文荟萃：魅力文化之都

武百官从行，《唐摭言》记载了曲江大会的盛况，说"曲江之宴，行市罗列，长安几于半空"，火热程度可见一斑。唐人说"及第新春选胜游，杏园初宴曲江头"，每年春季的曲江，文人学者汇聚于此，共襄文艺盛举。曲江是唐代的皇家公园，皇帝经常和大臣们在曲江游览宴饮。

每年进士在曲江举行宴会的时候，长安城里那些公卿之家也会来围观，"挑选东床"，都想为自己家抢一个东床快婿。这项活动到后来演变成"榜下捉婿"，不等宴会就提前抓去做女婿了，也可见唐朝的进士是多么宝贵。曲江宴上大家会互相赠诗文，唱和应答，作诗庆贺，彼此之间交换联系方式，留下地址，以便未来互相帮衬，共同出人头地。曲江泛舟也是一项重要活动，但也有意外发生，有些人刚登第，泛舟的时候落水丧了命。贞元五年（789）的时候，有个叫罗玠的进士，参加曲江泛舟活动，不慎落水身亡，非常不幸。曲江宴的时候，皇帝会让教坊司的人来演奏助兴，皇帝和一众进士共同观看演艺活动，真可谓光耀门楣！

杏园宴是在杏园举行的一场宴会，与此相似的还有牡丹宴。这场宴会可能是新进士自行筹备，同年之间举行的联谊或娱乐性宴会，也会邀请座主参加，具有谢师宴的特征。唐中叶以后，新进士和座主之间的关系更加密切,座主的地位日益显重,学子感恩的同时还结成相互帮扶的利益团体,座主与门生逐渐形成朋党,一榜同年或几榜同门所形成的进士群体,相互援助,为未来的升迁打好基础。时人说"满朝朱紫半门生,新榜劳人又得名",就是指这种科举缔结的仕宦关系。

宴会之上欢声笑语,饮酒赋诗互相祝贺,他们答谢座主,憧憬未来,真可谓意气风发之时。却也有人无法参与其中,甚至空留遗憾。贾岛就是其中的一个看客,他落第之后,也去参加杏园宴,却只为自己的生计发愁,说"下第只空囊,如何住帝乡",眼前的景象只能徒增烦恼。张蠙落第后,参加杏园宴时说"十载长安迹未安,杏花还是看人看",这是何等落寞的心情!

李德裕主政的时候,为了防止同年之间相互结成朋党,还奏请停止曲江宴、杏园宴、雁塔题名等活动,等到牛党上台,则又恢复了这些活动,大中元年(847)的敕文说"自今进士发榜后,杏园任依旧宴集",相关机构不能横加阻止。皮日休及第后参加杏园宴,写了一首诗给同年,说"雨洗清明万象新,满城车马簇红筵",喜悦之情溢于言表。座主参加杏园宴,有些门人弟子也会写诗答谢教导选拔的恩情。

第五章 人文荟萃：魅力文化之都

在曲江的不远处就是慈恩寺，寺内有高耸的慈恩寺塔。进士及第后有一个特别的活动就是来到慈恩寺，举行雁塔题名，可谓文人墨客风流韵事之极致。宋人非常羡慕，说"唐人登科，燕集曲江，题名雁塔，一代之荣"。这项活动在唐前期还没有，大概到了神龙年间才兴起来。王定保记载说："杏园宴后，皆于慈恩寺塔下题名。"可知题名不是某种个人行为，而是进士群体组织的活动，他们推选同年之中书法较好的为代表，然后把所有人的名字都题在上面。后来若有人晋位将相，就要把他们的名字涂红，这是何等的荣耀。

贞元九年（793）上榜的进士有23人，柳宗元与刘禹锡同年及第，他们一行人就题名于慈恩寺塔，内容由柳宗元起草，谈元茂秉笔。按照以往的题名方式，每个人的名字前都要加上姓望，比如太原王某、渤海高某、河东柳某等。他们这一批同年进士中有个叫辛南容的人，大家犯难了，为什么呢？因为大家不知道他的家族背景，谈元茂搁笔说，请辛先生说一下自己的族望，可不巧的是他本人又刚好不在现场。大家在踌躇之际，柳宗元突然开口说："辛君是南海人。"诸人很诧异，谈元茂就问："你怎么会知道的？"柳宗元不慌不忙地说："南海之大，无所不容，故其名为'南容',以此知之。"意思是南海地大物博,他的名字叫"南容",所以是南海人。不久,辛来到现场,大家就向他求证,说自己是渤海人,众人大笑不已。白居易在贞元十六年(800)二月的科举考试中,一举进士及第,时年二十八岁。他内心无比喜悦,在雁塔题名时写下"慈恩塔下题名处,十七人中最少年"。被誉为"诗圣"的杜甫就没有这么幸运了,他曾"举进士不第,困长安",经历过一段"京漂"生活。

唐人的诗文中经常提到雁塔题名,对这项盛事的赞叹喜悦之情经常难以抑制。

郑谷写给刚登第的朋友骆用锡的诗有"题名登塔喜"之句。塔上留名,是当时文人的崇高荣誉,朱庆馀晚年写给同年朋友的诗说"杏园北寺题名日,数到如今四十年",多年之后仍是难以忘怀昔日盛举。

雁塔题名不是政府组织的官方活动,但到了唐武宗时,宰相李德裕曾建议皇帝下令取消了曲江宴饮和雁塔题名,并让人将新科进士的题名全数除去。可知会昌以前的题名全都没有了。大中元年恢复以后,唐后期50多年的题名在唐末五代的战乱中也消失殆尽,宋人记载说"进士题名仅存数处"。傅璇琮专门研究唐朝的科举制度，认为慈恩寺本来是游人繁杂的地方，恐怕偶有进士来到寺院游览，留下姓名，逐渐形成风尚，到后来就演变成了"登第者游宴题名的场所"。

二、寺塔林立与古都梵音

长安佛教深刻地影响了人们的社会生活，随着佛教中国化程度的加深，其世俗性的一面也更加凸显。寺院不仅是一个宗教空间，梵音阵阵，使得长安的大街小巷都能感受到这座古都的佛教文化氛围，更重要的是寺院已经与人们的生活密切相融，高僧大德在朝堂上也能拥有一席之地，在国家的政治生活中也表现出不俗的力量。信众广泛，活动多元，俨然一股不可忽视的社会力量。唐代佛教对社会生活产生了巨大的影响，寺院凭借独特的地域空间优势，通过一些文化形式来展现宗教与世俗的互动。寺院拥有开阔的地理空间，以寺院广场为依托，充分发挥人流量大、信息传播迅捷的优势，并开设戏场，进行各种文化娱乐活动。

长安（大兴）是隋唐时代宗教文化融汇交流的中心，政治经济的发展带动了文化的繁荣，长安成为整个东亚与世界文化发展

大唐名城：长安风华冠天下

的最前沿。华夏本土的儒家和道家是长安文化的底色，佛教文化的融入使得长安文化面貌更多彩纷呈。宿儒耆老、高僧大德汇聚京师，儒释道三家经常在长安举行各种宗教活动，甚至在朝廷的主持下开展论辩，呈现了一次又一次学术文化的盛宴。

宗教信仰活动深刻地改变着都城的面貌。唐朝皇室和贵族的宗教信仰也通过资助营建寺观表现出来。寺院道观在长安分布非常密集，除了皇城和宫城中有寺观等宗教空间外，坊里之中的寺观也是星罗棋布。《两京新记》记载说隋炀帝大业初年（605），京城有120座寺院，称为道场，有10座道观，称为玄坛。数字不一定准确，但由此可见大兴城修建的寺庙非常之多，俨然是人们生活中非常突出的一个空间。寺院的规模有些比较大，如大兴善寺、总持寺、庄严寺等，甚至有些寺院占了一个坊，多是国家支持或皇帝所建，不仅具有宗教的意涵，更蕴含了政治因素。也有一些规模小的寺院，或者是一些贵族出资营建，或者直接把不住的旧宅地施舍出来，做了寺院。

大兴善寺是一座皇家寺院，寺名是隋文帝赐额，隋朝时大兴城里最著名的寺院之一，僧人众多，面积和规模非常大，占靖善坊一坊之地。据《续高僧传》记载，仅大殿就"铺基十亩"，可

第五章 人文荟萃：魅力文化之都

以与之比肩的只有隔朱雀大街相对，处于崇业坊的玄都观。因为隋朝营建大兴城的时候，认为这两个地方不能居住常人，所以设置寺院道观来镇守。唐朝时这座寺院遭遇过一次火灾，损毁较为严重，朝廷又扩大规模修缮了一次，"居十二亩之地"，使得其布局更加宏伟，很可能是长安城规格等级最高的寺院，段成式《酉阳杂俎》说大兴善寺"寺殿崇广，为京城之最"！据郑国强的研究，经过隋唐禅代之后，唐长安城从隋代延续下来的佛寺有75所，其中的53所在朱雀大街西，22所在朱雀大街东，是一个西多东少的布局。

玄都观则是另一处景观，此观的面积可能比不上大兴善寺，却与大兴善寺隔朱雀街相望。诗人刘禹锡曾游玩玄都观，并作诗曰"玄都观里桃千树，尽是刘郎去后栽"，提到玄都观中桃树有上千棵之多，桃花盛开之时，必然是京中一处盛景，引得长安城中熙熙攘攘的看花人潮。据说观内中庭面积很大，有"百亩中庭"的说法。显然，皇室动议修建的寺院道观，规格都会很高，当然影响力也就大了。

晋昌坊中的慈恩寺建于贞观十一年（637），是当时的皇太子李治为了给母亲文德皇后追福而修建的。慈恩寺最高光的时候是

大唐名城：长安风华冠天下

玄奘在寺内翻译佛经。永徽三年（652），玄奘请求在慈恩寺内建造佛塔，以储存他从西域取来的佛经和舍利等，得到高宗许可，这就是慈恩塔。慈恩寺是长安乃至全国的著名寺院，也是一个非常重要的旅游景点。僧俗信众参拜祈福只是日常的宗教活动，到每年的四五月份，寺里牡丹盛开，慈恩寺成了长安人赏牡丹的地方。寺院空旷的广场上还有戏场，百戏杂耍，好不热闹。玄奘在慈恩寺译经的时候，左仆射于志宁、侍中许敬宗、中书令来济、黄门侍郎薛元超等大臣都参与过润色工作，实际参与翻译的还有许多官员。高宗李治对玄奘的译经活动非常支持，在玄奘的请求下，他亲自为慈恩寺撰写了碑文。

"舍宅为寺"是隋唐寺院的一个主要来源，所以，并不是所有的寺院都是短时间里集中修造的，长安的大部分寺院最早都是一些王爷公主的府邸或者达官贵人的宅第。位于长乐坊里的大安国寺，原是睿宗做相王时的王府，占了半坊之地。在景云元年（710）改为寺院，以李旦曾被封的"安国"命名，称为大安国寺。

长乐坊后来改为延政坊，北面和大明宫相邻，所以大安国寺是最靠近大明宫的一座寺院，这样一来，皇帝也会经常驾临这座寺院。坊东紧邻永福坊，此处安置的是诸位皇子的"十六王宅"，

第五章 人文荟萃：魅力文化之都

皇子平时的生活和学习之地就和大安国寺只一街之隔。可见，大安国寺非常接近长安政治权力的中心，这也成就了安国寺之名。

这座寺院的特殊之处在于原来的王府中有一座红楼，是睿宗在藩时建造的一座舞榭，主要用来观看乐舞表演。王府改为寺院后，这座红楼也没有拆除，一直保留下来，甚至还成了一个景点来吸引长安的游客。白居易、元稹、刘禹锡等人都是红楼的常客。这完全不符合佛门的清规戒律，却也是没办法的事，因为王府原来的建筑布局已经定型，寺院没有雄厚的财力，一般没有办法再做调整。开元时期的大安国寺汇聚了很多的佛教高僧大德，是长安城里最为重要的皇家寺院。宋人钱易在《南部新书》中说长安"名德聚之安国"。

开元二十九年（741）二月的时候，大安国寺僧人释道建还曾经受命去沙州敦煌县大云寺主持当地僧人的受菩萨戒仪式，并给当地传播京城最新的佛教动向，宣讲了玄宗刚编纂完毕的《御注金刚经》《法华经》和《梵网经》。长安有许多外国来华的僧人，他们也在安国寺中开坛讲经，有位西域的僧人利涉，玄宗时期他就在大安国寺开坛讲华严经，场面非常盛大，"四众赴堂，迟则无容膝之位矣"，颇有万人空巷、一票难求的火爆程度。所

大唐名城：长安风华冠天下

谓"尼讲盛于保唐，名德聚之安国"，而保唐寺位于平康坊南门之东，本来叫菩提寺，武宗会昌灭佛的时候改为保唐寺。因为平康坊中多有烟花柳巷，诸妓多居此处，所以每到讲经的时候，观众非常多，《北里志》记载说"士子极多，盖有期于诸妓也"。

在开化坊南部的大荐福寺是高宗去世后修建的，寺名"荐福寺"还是武则天亲自写的。义净从印度归来之后，就在大荐福寺主持译经，寺内也有译经院。玄奘在慈恩寺译经的时候还提出了"五不翻"这一佛典翻译的理论。长安的寺院里还藏有诸多图书典籍，既有域外传入的佛经原本，还有经过翻译的文本。明代的胡应麟说"释氏之书，始于汉，盛于梁，极于隋、唐，而皆少杀于宋之南渡"。所以，寺院藏书的规模和种类都是非常庞大的。汤用彤先生说，唐代西明寺是唐代最有名的寺院藏书之所。

西明寺在延康坊里，是在濮王旧王宅的基础上造的一座寺院，原本计划建造一观一寺的，但经过实地考察之后，发现"地窄不容两所"，于是就全部用来做寺院了。面积非常大，屋子也很多，据说有十个院子，四千多间屋子。在长安城里也是首屈一指的大寺，其庄严宏伟，就是梁朝的同泰寺、魏的永宁寺都比不上。"舍宅为寺"有一个空间改变的内涵，原来的王宅或者私人

第五章　人文荟萃：魅力文化之都

的宅邸都是一个非常私密化的场所，一般人自然不能随意进出游览，但改为寺院之后，性质就变了，环境优美的寺院可以开门接纳四方游客。

崇仁坊西南隅有座景龙观，原是长宁公主的宅邸，因为出身高贵，又深受皇帝宠爱，所以自己的家也就建得很华丽，"朱楼绮阁，一时胜绝"，唐中宗经常来此游览，但一般官员若没有特殊的际遇恐怕是无缘目睹。后来修建为景龙观后，"词人名士，竞入游赏"，成了一个人人都可以去的景点。开元时期，苏颋就来此游玩，还写了一首诗，头两句就是"昔日尝闻公主第，今时变作列仙家"。

除佛典外，各类寺院经籍文书、儒家和道家典籍、诗歌、书法、文集等，都是寺院收藏的内容。道宣写《大唐内典录》、道世写《法苑珠林》等佛经目录典籍都是在西明寺完成，所凭借的自然是那数量庞大的收藏。道世在西明寺的时候，"以五部余闲，三藏遍览"，看了很多佛教的典籍才完成了《法苑珠林》。白居易就曾经把自己的文集送到寺院收藏。每年来京城的科举士子在游览寺院时会留下众多的诗词歌赋。

士人举子、文人墨客会在寺院停留，朝廷官员甚至皇室贵戚

大唐名城：长安风华冠天下

也会在寺院游玩娱乐，从而产生了不少寺院作品。寺院墙壁上除了吟咏之辞外，还有不少宗教美术绘画作品。张彦远在《历代名画记》中说慈恩寺、大兴善寺、荐福寺等寺院都有壁画，不乏出自阎立本、张孝师等名家之手的作品。吴道子在长安寺院也有作品存留，据载，"寺观之中，图绘墙壁，凡三百余间"，数量非常之多了。

来华留学的域外僧俗人群，对寺院也是情有独钟，日本僧人空海、圆珍等在长安的时候，都先后在西明寺、大慈恩寺等寺院参加过佛典翻译、僧俗讲经等活动。他们归国的时候还携带了不少佛教典籍，极大地促进了中外文化的交流。

隋唐之际的高僧法琳就说"寺塔遍于九州，僧尼溢于三辅"，虽有夸大其词，却也道出了寺观确实非常之多。

佛教入华面临的第一重困难是中国化的问题，作为一种外来宗教，和中国传统的儒家、道家之间必然存在冲突与融合的问题。佛教思想中国化的一个重要途径是译经，隋文帝与佛教的渊源很深，所以对译经事业的支持力度非常大。在开皇二年（582）的时候，就命高僧在大兴善寺翻译佛经，为此还专门召回了流寓在外的高僧那连提黎耶舍，这是一位来自天竺的僧人，很受当时

第五章 人文荟萃：魅力文化之都

人们的推崇。他和昙延等三十多人翻译佛经。昙延也不是泛泛之辈，史料说他"世家豪族，官历齐周"，可见，昙延是拥有深厚根基的高僧，还曾一度在朝为官，深受统治者器重，实际上是北周佛教的领袖人物。那连提黎耶舍主持的这次译经活动一直持续到隋开皇五年（585），共翻译了158部80余卷的佛教经典，还专门请著名佛教翻译家彦琮写了序言。隋炀帝搜罗全国的佛教人才，让他们汇聚在长安和洛阳，在洛阳还设置了翻经馆。唐朝延续了隋朝的译经事业，并把佛典翻译和传播推向高潮。

睿宗的两个女儿崇奉道教，要修建道观，睿宗就动用国家财力来支持修建，左拾遗辛替否就提建议，说入夏之后，关中一直在下雨，结果"谷荒于垅，麦烂于场"，损失非常大。好不容易到了秋天，结果又高温干旱，"霜损虫暴，草菜枯黄"，人民生活很难了，却没有看到朝廷给予赈济。现在皇帝要给两个女儿修建两座道观，"烧瓦运木，载土填沙"，举行这么浩大的工程，坊间流传说花了百万钱。

长安寺院还承担了不可忽视的外交功能。宪宗元和十五年（820）七月，吐蕃使者来京，宪宗令人装饰了几座长安的寺院，包括慈恩寺、大安国寺、千福寺、章敬寺等，然后"从吐蕃使者

大唐名城：长安风华冠天下

观之"，皇帝亲自陪同吐蕃使者游览了这些皇家寺院，就是要体现大唐的繁荣气象，彰显中土佛教发展的空前盛况。

寺院讲经和辩难是思想传播的重要途径，所以寺院也是一个非常重要的教学和知识交流的中心。法国学者谢和耐就曾说："当时的寺庙拥有包括古籍与经文的丰富藏书，成为教学中心与知识中心。"位于安仁坊中的荐福寺，建于睿宗文明元年（684），是高宗李治驾崩百日之后，皇族贵戚为了给这位皇帝追福所建。天授元年（690）正式授名"荐福寺"，武则天亲自题额。宋代钱易在《南部新书》中记载："长安戏场多集于慈恩，小者在青龙，其次荐福、永寿，尼讲盛于保唐，名德聚之安国。"

寺院广场缔造了一处"视听景观"，寺院遗迹凝聚了文化演进和时代变迁的烙印。寺院大都设有专供娱乐的场所"戏场"，寺院戏场在唐代以前就有了，隋代费长房在《历代三宝记》中记载"戏场则歌舞音乐"，可知，戏场往往是音乐舞蹈之类的文化娱乐表演之处，而这正好与寺院古刹中的阵阵梵音形成鲜明对比。

慈恩戏场名气最盛，这固然有皇家寺院的政治资本，但青龙寺、荐福寺、永寿寺等，也是戏场表演的重要场合。戏场经常表演各种百戏节目，僧人俗讲可谓近水楼台，占尽先机。其中，慈

第五章 人文荟萃：魅力文化之都

恩寺的戏场最为著名。唐代流传着一则非常著名的故事，称唐宣宗万寿公主的小叔子郑颢病危，唐宣宗派人前往探视，探视的人回来后，皇帝问："公主何在？"宦官回答说："在慈恩寺观戏场。"这让宣宗非常恼火，说难怪士大夫家都不愿意和我们皇族结亲，这是有原因的！就马上召回公主，亲自斥责一通，说："岂有小郎病，不往省视，乃观戏乎！"这个故事既反映公主刁蛮任性的一面，也反映出唐朝寺院开设的戏场表演非常深入人心。

除了万寿公主在慈恩戏场看戏外，唐代的皇帝也会在寺院参加各种僧俗活动。宝历二年（826）六月，敬宗皇帝就驾临兴福寺，参加了一场俗讲活动。

中唐著名诗人王维，也是一位虔诚的佛教徒。他的字摩诘就是源于佛教典故。日常生活中也是吃斋诵佛，经常和佛教僧侣往来，谈论佛法。据说他在长安每天要给僧人布施，居住的房间非常简陋，除了茶铛、药臼、经案、绳床外，没有其他陈设。王维信奉佛教，也身体力行，劝诫朋友诵禅修心。妻子去世后，30年未曾续弦。临终之际，给亲朋写信时，也是"敦厉朋友奉佛修心之旨"。

延兴门内新昌坊的东南隅有一座古朴的寺院，这座寺院在隋

大唐名城：长安风华冠天下

开皇二年（582）就已经修建了，那时候的名字叫灵感寺。宇文恺营建大兴城的时候，把建设施工过程中挖掘出的古墓遗骸都安葬到这儿，然后在此修建了寺院，应该也是有一些为死者超度安魂的目的。唐高宗时期，城阳公主患病，太医也束手无策。据说有位叫法朗的僧人能通过念经祈福，祛除灾病，"京师之人，以患恼祈祷者，多蒙其效"，影响比较大。于是就请这位高僧给公主诵经祈福，结果公主果然就痊愈了。因为这位高僧念的经叫《观音经》，公主痊愈后就奏请高宗把这座寺院改名为观音寺，让法朗在此修行，后来法朗也在此寺圆寂。景云二年（711）的时候，这座寺院改名为青龙寺。

观音寺还有一位叫大亮的高僧，他在京城的名声也不小，主要传播律宗佛法，道岸、惠澄都是他的弟子。开元五年（717）时，鉴真也在长安跟着他学习。各地盛名在外的高僧大德，都会来青龙寺弘扬佛法，也有一些高僧自小就在青龙寺，比如道世，他十二岁就在青龙寺剃度出家，然后一直在寺里钻研律学，名声非常大。高宗时期，还被朝廷征调到玄奘的译经道场参与译经工作。

青龙寺的面积很大，据考古工作者推测，可能占整个新昌坊

第五章 人文荟萃：魅力文化之都

的四分之一。作为一座密宗道场，扮演了文化交流的舞台，也是盛唐长安的一个地标。会昌法难期间，青龙寺也遭到毁坏，不过旋即又被确立为护国寺，才得到了初步的修缮。宣宗大中九年（855），又把名字改回为原来的青龙寺。

佛寺也被当作政治舞台，皇帝经常在佛寺里举行各种活动。慈恩寺建成的时候，唐太宗就在慈恩寺里安排部署了一场盛况空前的展示活动。他把原来在弘福寺译经的玄奘请来站台，让他以后在慈恩寺继续译经。然后，又组织了盛大的乐舞表演，命令太常寺的国家演艺人员和长安、万年县的地方乐舞团队合作，让他们在安福门街两边演奏，准备迎接玄奘入驻新寺，长安僧众、文武百官都紧随其后，据载"衢路观者数亿万人"，可谓人山人海。如此兴师动众的活动，耗费当然不菲，但有了国家的支持，再盛大的活动也完全没有困难。太常寺演出的九部乐和破阵舞可不是什么普通的乐舞，而是太宗皇帝文成武功的体现。在慈恩寺落成、玄奘入驻这样的场合演奏此乐，就是要借着慈恩寺来宣扬皇家威仪。站满街道的僧俗人众，目睹了国家乐舞的盛况，自然是他们终生最为难忘的事情。

道氤自幼聪慧，出身官宦人家，他进士科时一举擢第，后来

大唐名城：长安风华冠天下

出家为僧，专攻律学。因为学有专长，名声很大，所以皇帝也注意到他了。开元十八年（730）受命作为佛教代表与道教代表尹谦在花萼楼争论佛道二教的优劣。晚年的时候在青龙寺，一直到去世。青龙寺是唐朝重要的皇家寺院，其盛名虽然比不上慈恩寺，却也是一座矗立在长安里坊之中，深刻影响了长安人民生活的佛家福地。

长安城内的寺院、院落屋舍颇多，有的寺院占了一坊或半坊之地，有的寺院则是私人庄园改建，不仅空间大，而且地位特殊。德宗奉天之难爆发后，李晟收复长安，军队入京的时候，就有一部分临时驻扎在寺院中。兴元元年（784）五月二十八日，李晟大军入京，先屯驻在含元殿前，但空间有限，难以容纳太多的军队，于是第二天便分兵驻扎。孟涉在白华门驻扎，尚可孤在望仙门驻扎，而骆元光就在章敬寺，李晟自己则在安国寺。

李晟宅第有大安园，园内竹木茂密，坊间传闻说"晟伏兵大安亭，谋因仓促为变"，李晟只能将园内的竹木全部砍伐，以证自己并无异心。李晟功绩显著，朝廷自然免不了要时刻对其进行监视，《唐国史补》记载李晟与马燧家，如果天亮还没有音乐之声传出，皇帝就会马上得到报告，并派遣亲近宦官前来查看，询

第五章 人文荟萃：魅力文化之都

问"大臣今日何不举乐？"荣耀一生，晚年仍然无法脱离官场的疑忌，正所谓"太平本是将军致，不许将军见太平"，何等凄凉。

章敬寺在通化门外，原本是代宗朝大宦官鱼朝恩的私人庄园。后来代宗的母亲章敬太后去世，鱼朝恩为了讨代宗欢心，于是就献出这座庄园，修整为寺院。因是为章敬太后追祈冥福而建，其地位也就非常特殊。有为太后追福这层关系，于是在这个旗号下就在原有的基础上进行扩建，但是长安城内的木材不够用，便损毁曲江和华清宫的建筑，甚至连京城百官的官署和朝廷大臣因犯罪而被没收的官宅也征收，耗费巨资，投入了大量人力物力，终于建成一座"连城对郭，林沼台谢，形胜第一"的章敬寺。

此后皇帝就经常去章敬寺游览、行香。贞元十七年（801）七月十五日，德宗还带领太子和群臣去章敬寺，并亲自作诗留念，说"松院静苔色，竹房深磬声"，可见环境幽静雅致。长庆元年（821）七月，唐朝与回鹘和亲，太和公主从通化门出京，穆宗亲自送行，文武百官在章敬寺前立班，如此浩大的场面，整个长安都为之轰动，京城"士女倾城观"。22年后，武宗会昌三年（843）二月，太和公主返回长安，宰相和文武百官就在章敬寺前面迎接。可见，寺院并不是独立于世俗生活，而是与社会政

大唐名城：长安风华冠天下

治活动密切相融的。

长安作为当时的佛教文化中心，周边许多地方都能受到长安的辐射。俄藏敦煌文书中有一件开元二十九年（741）二月，长安大安国寺僧人释道建在沙州举行受戒时的受戒牒。文书断为两片，但内容基本清晰，通过分析可以知道，这位长安的高僧经过长途跋涉到达沙州，他是带着任务出京的，或许在此前就受到过沙州方面僧界的邀请。他在沙州主要进行了一些佛教思想的宣传和宗教仪式的主持。首先是将长安最新的佛教动态传达给沙州，加强地区交流；然后在沙州主持了一场授予当地僧人菩萨戒的受戒仪式。还在沙州僧界的组织下开坛讲经，讲的内容就是唐玄宗不久前才编纂的《御注金刚经》《法华经》和《梵网经》。

朱雀大街东侧的开化坊，多有高官显贵营建宅邸。武德年间，高祖就给萧瑀赐了一座宅邸，就在开化坊。萧瑀的儿子萧锐是驸马，娶了唐太宗的大女儿襄城公主。后来公主去世，这座宅邸又成了英王李显的王宅。弘道元年（683）十二月，李治驾崩，李显即位，但很快就被武则天废为庐陵王，其王宅也就被征用改为寺庙。神龙元年（705）中宗复位后。命人扩建，又在荐福寺西南的安仁坊内划拨了空间，建造了一座十五层高的佛塔，名荐福寺塔，又因形制上比大雁塔小，故名小雁塔。

神龙二年（706），义净自洛阳入京，朝廷在荐福寺临时组建译经工作组，名为翻经院，专门进行佛经翻译工作。义净的翻经院成员，汇集中西沙门大德和朝廷官员，他们工作了长达七年，组内成员也多有更换，但翻经工作并未中断。义净的译经涉及华严、密宗、律宗等多个流派，种类繁多，但总体上更偏重律部佛典。713年，这位79岁高龄的佛教大德走完了他的一生，去追寻彼岸世界了。义净去世后，朝廷在他译经的地方画图纪念。

百余年后，日本来唐求法的僧人圆仁在长安访问交流，观看长安佛教活动，当然也瞻仰了这位佛门先贤。圆仁在行纪中记载了他在长安耳闻目睹的情况，说会昌元年（841）的三月，长安佛教活动非常盛大，荐福寺开佛牙供养，参拜者甚众。与此同时，蓝田县还设无碍茶饭，"十方僧俗尽来吃"。佛牙舍利在佛教有特殊的意义，参与供养的寺院也很多，圆仁说这次活动的"会主"是左街僧录体虚法师，参加的寺院会提供各种吃食，"佛牙在楼中庭，城中大德尽在楼上随喜赞叹"，长安信众施舍颇多，有的人会施舍百石粳米、二十石粟米，也有人会施舍法会的各项用度，最多的是施舍钱财。

大唐名城：长安风华冠天下

皇家功德寺的光芒使得这座古刹在法难中未遭祸殃。会昌五年（845），武宗毁佛活动在京城和各地轰轰烈烈地展开，长安的寺庙古刹多有损毁，但有四座寺院躲过此劫，"左街留慈恩、荐福，右街留西明、庄严"，这四座寺院都是皇家寺院，具有深厚的政治背景，有些是从隋代就已经成为全国闻名的寺院了。

隋文帝的独孤皇后于仁寿二年（602）去世，为了给这位皇后追福，于是就在大兴城西南隅的永阳坊里建造了一座规模宏大的寺院，占了永阳坊半坊的面积，取名禅定寺。唐朝建立以后，就改名叫大庄严寺。寺内林木茂盛，风景宜人，据说："密竹翠松，垂阴擢秀，行而迷道。"而且还种植了许多梨树，是京师贵戚和黎庶游览避暑的好去处。寺内珍藏着从外国取回来的佛牙，每年定期举行佛牙供养盛会，京师人终争相参拜随喜。

大庄严寺在广大僧侣信徒的心中地位尊崇，朝廷也会在寺院举行各种法事斋会。寺院的住持、上座等管理人员的任命也是由朝廷选择的佛门大德。寺内的高塔是城中的名胜，大历十年（775）庄严寺木塔遭到雷击而起火，多亏数百名寺僧扑救，才不至损失惨重。大中七年（853）宣宗来到庄严寺，参拜佛牙之后，登上庄严寺塔，接见了高年耆老，盛赞此寺院"天下梵宫，高明寡匹",还改寺名为寿圣寺。懿宗佞佛,在咸通三年(862)下令两街四寺各设置戒坛,这"四寺"就是慈恩、荐福、西明、庄严,都是长安寺院的代表。

北宋政和六年(1116)的刻石《大荐福寺重修塔记》追溯了寺、塔的历史渊源,谓小雁塔所在的院落叫浮图院,而且小雁塔是景龙年间"宫人率钱造立",如此来看,小雁塔的出现更多是宫内服侍人员崇奉佛教的结果。据说原来的塔有十五级,高三百尺。唐时的一尺大约就是今天的30厘米,那么小雁塔应该有90米高。

佛经译场承担了中外佛教文化交流的桥梁,是佛教中国化的关键性环节。唐代官私译场散布各地,其中长安译场更是声名远扬。官方译场中,朝廷不仅派遣官员负责译经活动,召集中外佛教大德高僧主持译经,还为他们提供各种开销经费的支持。中宗神龙二年(706),菩提流志在长安崇福寺翻译《大宝积经》,睿宗朝,他又在长安北苑的白莲池、甘露亭进行译经,汇集佛教和儒士参与其事,俨然一道文化风景。

全国各地的佛教精英汇集两京,他们在长安不同的寺院访禅问道,义净传播佛法,据说"学侣传行,遍于京洛",问学的人

大唐名城：长安风华冠天下

非常多。贞观二十二年（648），高宗在进昌坊为文德皇后所建造的大慈恩寺，更是极尽奢华，尤其是"竹木森邃"，被称为"京城之最"。《大慈恩寺三藏法师传》记载，大慈恩寺"重楼复殿，云阁洞房，凡十余院，总一千八百九十七间"。大慈恩寺修建完毕后，高宗曾亲临寺院，御赐佛像并作《谒大慈恩寺诗》，像这样有皇家参与，国家支持的寺院，更容易成为学术发展的中心，发挥出引领潮流的作用。

隋越国公杨素的宅邸在延康坊的西南部，唐朝改为西明寺，非常华丽，有十进院子，四千多间屋子。长安东门的章敬寺，则有四十八进院落，四千一百多间房屋。寺院环境清幽，游人、信众往还，或结伴出游，或参禅拜佛，络绎不绝。长安寺观的墙壁也是一道独特的风景。作为一个具有展示功能的公共场域，经常有各色人员在墙壁上绘画、题诗，形成所谓的"题壁体"文学形式。这种题壁行为既有抒发个人心胸、呈现情感世界的内容，但也经常会产生额外的效果。正是借助这个公共空间，利用传播迅速的特点，文人墨客经常在寺观墙壁题诗，产生了"行卷"的作用。

有些题壁的诗文会被大臣或者皇帝看见，其名声就会更加远

第五章 人文荟萃：魅力文化之都

播，比如裴凌，有一年长安牡丹开得正艳，他作为游客去慈恩寺赏花，兴之所至，遂作诗一首题于壁上，后来皇帝也来寺院观赏，看到这首颂扬牡丹的诗，"吟赏良久，六宫皆知"，传播力度自然不能和一般的方式相提并论。柳公权是唐朝著名的书法家，与颜真卿的字并称为"颜柳"。他在长安寺院游览的时候，观赏到寺院墙壁上的山水画，难以抑制自己的感情，于是提笔在墙壁上题了一首诗，后来他在地方任职，有一次上书奏事，唐穆宗看到柳公权的字后就想起他曾题在墙壁上的诗，说"我于佛寺见卿笔札，思见卿久矣"，于是就把他提拔到中央，让他做了中央官，还担任侍书学士，这是一个让文人墨客引以为傲的职位，主要工作是陪皇上练字。

慈恩寺里的日常也是丰富多彩。大历十二年（777），李端与司空文明、吉中孚等好友结伴出游，在慈恩寺各赋一首诗，联诗助兴。过了几年，当年同游的王员外逝世，李端故地重游，同样的时间同样的地点，"遗文在目，良友逝矣"，往昔的点滴涌上心头，不胜悲戚万分，遂作《慈恩寺怀旧》诗以追悼亡友。

寺院中有时会设置救助病、残、乞、老、孤等弱势群体的慈善机构——悲田养病坊。唐太宗时期可能已经出现，寺院出于慈

大唐名城：长安风华冠天下

悲为怀的理念，收养京城的乞丐和病患等，即刻予以诊疗。武则天长安年间（701—704）又专门设了一个叫悲田使的使职进行监督，但具体事务仍由寺院主持。"悲田"这个表述可能来自佛教，所以病坊一开始就和寺院关系非常密切，整个唐代，病坊大多都是僧人来管理的，即便是武宗灭佛期间，寺院损毁颇多，但具有社会救济性质的病坊仍旧存在，这恐怕与中国传统儒家思想中扶危济困的理念密切相关。

开元五年（717），宋璟上奏说"国家矜孤恤穷，敬老养病，至于安庇，各有司存"，意思是国家要随时留意乞丐和老人病患。但玄宗一直到开元二十二年（734）才下令禁止京城乞讨流浪，所有的乞丐都由病坊收管。

悲田养病坊的资金来源有三个渠道，一是国家拨款，属于专项资金；二是寺院的部分田产收入，体现寺院救死扶伤、慈悲为怀的精神；三是各地信众的捐助。最初的时候，可能全靠寺院自行筹集资金，自行负责，属于一个社会自发性质的慈善救济机构。后来随着国家权力的介入，朝廷开始为筹措资金想办法。玄宗时"著收利之使"就是以官钱作为本钱，然后通过放贷收取利息的方法来筹措运作资金。安史之乱的时候，长安城有大量流

第五章　人文荟萃：魅力文化之都

民，政府就将他们安置在悲田养病坊中。可见这个机构还有社会慈善救济功能。让京城所有的乞丐都去悲田养病坊，"官以本钱收利给之"，意思是国家出给本钱，然后由养病坊放贷收取利息，收入用于收养这些京城的乞丐。

佛教僧侣是拥有特权的群体，他们可以免除国家劳役，经营寺院经济，不仅占据了许多的田产土地，还让国家许多的劳动力流失。唐武宗即位之后，对佛教进行了大幅度的削减，以增加国家的税收和开拓劳动力来源。北魏太武帝拓跋焘、北周武帝宇文邕、唐武宗李炎，再加上后周世宗柴荣，合称"三武一宗灭佛"。检括寺院僧尼的数量，并下敕省并全国的佛寺，要求长安城只留下四所寺院，三十位僧人，剩下的僧尼全部还俗、寺院全都拆毁，全国约有四万多座寺院被拆毁，二十多万僧尼被勒令还俗。没收了寺院的产业，补充了国家劳动力人口。会昌五年（845）八月时，没收的寺院良田千万顷，奴婢十五万，极大地补充了国家的人口和土地需求。毁坏的铜像让盐铁使铸钱，铁像则让各州自行收缴铸造为农具。然而，对于寺院具有的社会救济功能仍旧延续了下来，悲田养病坊并未废除，后来唐懿宗在原来的基础上加大了对悲田养病坊的经济支持，管理程度也日益加深，甚至设置了专门的监督机构和执行机构。

中国社科院历史所研究员张弓先生说,中古时期能够代表中国建筑文化最高水平的,一是宫殿,二是寺院。宫殿是辉耀皇都的金轮,寺院则是遍洒河汉、点亮山川的无数星辰。寺院道观融入长安城,是大唐长安不可分割的一部分,真可谓同生共死,见证着唐代政治与社会文化的兴衰沉浮。

三、"蕃客"与胡姬酒肆

唐代饮酒之风盛行,长安商业活动非常繁荣,酒店也遍布京城。盛唐是一个诗与酒交融的时代,诸多诗人饮酒之后,乘兴创作了无数千古名句,李白一首《将进酒》传诵至今,"五花马、千金裘,呼儿将出换美酒,与尔同销万古愁"。感情真挚地展现了李白豪放不羁的性格。余光中在《寻李白》中说"酒入豪肠,七分酿成了月光,余下的三分啸成剑气,绣口一吐就半个盛唐"。

文人士大夫以赏花、饮酒、赋诗、会友为乐事,平常百姓在空闲的时候也经常光顾酒肆消遣娱乐。唐玄宗统治的时候,"海内无事,京师人家多聚饮"。刘禹锡诗"长安百花时,风景宜轻

第五章 人文荟萃：魅力文化之都

薄。无人不沽酒，何处不闻乐"，说的就是长安酒肆发展的盛况。

酒肆分布在长安各处，来往长安的行旅，也会在沿路的酒肆里饮酒。据《开元天宝遗事》记载，长安城东城门两边都是酒店，"官道左右，村店之民，当大路市酒，量钱数多少饮之"，这些沿路的酒肆是唐代社会习俗的反映。长安酒肆行业的促销手段也是五花八门，较多的是悬挂酒旗、酒幌、酒筛，甚至以美貌女子当垆，以酒伎佐饮助兴。李白说："胡姬貌如花，当垆笑春风。"西域来到长安的女性在唐代文人的笔下被称为"酒胡""酒家胡"或"胡姬"。

唐朝征服突厥后，迁居到长安的突厥人近万家。安史之乱以后，在长安居住生活的蕃客数量非常多，司马光记载说"胡客留长安者，或四十余年，皆有妻子，买田产，举质取利，安居不归"。许多外国人来到长安经商，他们把当地所产的珊瑚、玛瑙、犀角等奢侈品运往大唐，又把大唐的丝绸、茶叶、药材、瓷器等运出，架起了中外贸易交流的桥梁。他们跋山涉水，经常组成商队结伴而来，西域的商队要穿越沙漠、戈壁，经过河西走廊，还要防备沿途的抢劫，历经艰辛。穿梭在敦煌和长安之间，驼铃声响起，那是一批批远方而来的客人。当时人也不一定能完全区分

大唐名城：长安风华冠天下

他们究竟从哪里来，只知道这些高鼻深目的人会带给他们新奇的东西，所以就统一称他们为"蕃客"。这些来自异域的特殊人群，也喜欢聚居在一起，于是又把他们居住的里坊叫"蕃坊"。"蕃客"的大多数时间都是在行旅之中度过，往来于世界各地从事贸易活动，也有一些"蕃客"会和当地的女子成婚。这样一来，他们也就获得唐朝法律的认可而成了唐人，他们也乐于在长安生活，不愿再返回自己的故地了。

酒肆最集中的区域是东西两市，东市有一家叫"杜氏旗亭"的酒家，价格公道，长安居民经常来他家饮酒。唐德宗时期，有一位落魄文人，在长安没有盘缠了，就在酒肆中靠卖唱换酒喝，经常喝到半夜，大醉而归。白居易、元稹和杜牧等，都是酒肆的常客，留下了诸多脍炙人口的诗句。

醇香的美酒，拥有异域风情的胡姬，精湛的歌舞演艺，吸引了无数文人墨客驻足流连。李白诗句"笑入胡姬酒肆中"就是对这一场景的真切写照。胡姬不仅招揽客人、进行艺术表演，她们也会加入饮酒的行列。杜甫《饮中八仙歌》写贺知章饮酒后的情况，说"知章骑马似乘船，眼花落井水底眠"，而李白更是"斗酒诗百篇"，以酒助兴，经常喝醉在酒肆，甚至"天子呼来不上

第五章 人文荟萃：魅力文化之都

船"。画家王洽性情旷达，每次作画前都会开怀畅饮，谓"兴酣之后，先已泼墨"。正是这种诗兴、才情和酒搭配，才造就了唐朝文化艺术的登峰造极。王叔文、王伾当权的时候，拜访者门庭若市，有的人为了见一面，头天晚上就在他们的住宅外面等候，晚上就花高价住在邻近的酒肆里，住宿一晚上要花费千金。

唐人也喝名牌酒，马周是唐太宗朝的名臣，早年西游长安时途经新丰，在旅店里住宿，但店主人只顾着招待那些看着富裕的商贩，来不及接待他，于是马周要了一斗八升的新丰酒，独自小酌，引得店主人的侧目。他好喝酒，尤其钟爱新丰酒。王维说"新丰美酒斗十千"，可见酒价不菲。李白好酒，他也对新丰酒赞不绝口，说"美酒沽新丰"。酒好，酒具也很讲究，正所谓"葡萄美酒夜光杯"，夜光杯是西域饮用葡萄酒的常用酒具，长安人也很喜爱。用玉碗盛酒，酒色就像琥珀一样，杜甫说："春酒杯浓琥珀薄，冰浆碗碧玛瑙寒。"

唐人在宴会饮酒时，也会使用各种游戏来活跃气氛，行酒令就是常用的方式。诗词酬唱就是行酒令的一种方式，唐代文人最喜欢在饮酒时作诗助兴，诗、酒文化在唐代达到了高潮。《唐语林》说唐代酒令有骰子、卷白波、律令、鞍马、香球等，还有旗

大唐名城：长安风华冠天下

幡令、闪令、抛打令等各种形式。酒令游戏常借助骰盘、筹箸、酒胡子、香球等器具来使酒令活动更具趣味性。"酒胡子"是胡姬酒肆中常见的酒令器具。

乐舞助兴在长安酒肆中也很普遍，音乐舞蹈能够提升人们饮酒时的精神和情感状态，能够营造欢愉的饮酒气氛。西域人爽朗豪放、擅长歌舞，相比于中原婉约含蓄的音乐、舞蹈风格，更受大家的欢迎。酒家常以独具西域特色的乐舞艺术来增色，使饮酒者进入到一种情绪高昂、热烈的状态，自然酒兴大增，饮酒更多，这种促销手段在今天也能见到。

京城贵戚在酒肆饮酒，胡姬陪侍，舞乐助兴，可谓风雅至极，这也意味着酒肆的档次必然不低，是一处奢华销金之地，所以光顾这种酒肆的人，大多是一些豪门贵戚。王绩《过酒家》诗说："有客须教饮，无钱可别沽。来时常道贳，惭愧酒家胡。"表明在这些酒肆可以赊账饮酒，但难免脸上无光，经常感到自我羞愧。

长安作为唐朝的首都，也是一座国际化的大都市，中外人物汇聚，人口达到百万。韩愈曾经说，现在京城的人口恐怕不止百万，这应该还没有把那些经常流动的人口计算在内。每年入京应试的考生、任满返京的官员、各地驻京人员、域外朝觐的使团和留学生、行商游僧等，正所谓"浮寄流寓，不可胜计"。同时，唐文明远播域外，当时在长安生活的外国人非常多。据史料记载，光是做官的外国人就多达三千人。当然，还有许多是经商的、学习的、游历的，他们都在长安见到了不一样的风景，为盛唐气象所折服。

不仅如此，域外文化对唐人生活产生了重要影响，一时间社会上争相效仿，据《旧唐书·舆服志》记载，"太常乐尚胡曲，贵人供馈尽供胡食，士女竞皆衣胡服"，可见这种"胡风"流衍，社会接受程度非常之高。如此庞大的人口规模，日常的衣食住行也就成了这座国际大都市正常运作的重要保障。

四、京师文艺与都城"异事"

文化氛围是一座城市的底色，也是古都孕育的城市气质。唐朝建立的时候就接手了隋朝大兴城的国家藏书，唐朝皇帝对典籍文物也格外重视。李世民攻打王世充，李渊就托宇文士及告诉秦王，攻取洛阳后要注意收集洛阳的藏书，说"乘舆法物，图籍器械"，不属于私人物品的都要接收。可惜的是在运送的过程中船

大唐名城：长安风华冠天下

只触礁了，很多图籍都被冲散。唐代在长安和洛阳都设有国家藏书机构，包括文学馆、弘文馆、崇文馆、秘书省、翰林院、集贤院和史馆等，进行图书典籍的收藏整理和国家文化工程的建设。

国家不仅收藏图书，还收购散在各地的图书，尤其是建立了史馆修史制度。令狐德棻就给李渊建议过，说"文史不存，何以贻鉴今古"，最后由宰相负责监修，完成了宋、齐、梁、陈、周、隋六代正史。唐太宗大兴文教，经常出资进行图书编修，还建立了专门负责修撰书籍的史馆。很多国家收藏不齐全的书籍，往往要通过民间征集来配补。

开元时期，唐代图书文化事业发展到一个高峰，欧阳修说"藏书之盛，莫胜于开元"。唐玄宗曾下令全国的公卿士庶家里有收藏图书的，都可以"官借缮写"，在大学者褚无量的主持下，还编定了国家藏书目录《群书四部录》。不仅收藏丰富，而且担任相关工作的学者待遇也非常好。当时有个叫徐坚的学者担任中书舍人，同时在集贤院上班，他认为集贤院的学士们待遇太好了，说"此辈于国家何益，如此虚费"，意思是纯粹浪费资源，就想申请撤掉集贤院。当时他的顶头上司是张说，就高瞻远瞩地给徐坚分析了一通，张说指出，以前的帝王成功之后，就会放纵

第五章 人文荟萃：魅力文化之都

自己，往往大兴土木，声色犬马，但当今圣上则推崇儒术，主张刊定图籍，发展文化事业，这种是"所费者细，所益者大"，你的想法是太狭隘了。

与恢弘的国家图籍收藏相配合，长安还有许多私人收藏家，他们代表着一类文化群体，为中国文脉的传承与发展做出了自己的贡献。其实，书籍在当时是一种奢侈品，不是随便什么人都可以收藏的，首要条件是要有一定的财力支持，而王孙公子、宗室贵戚、官僚士大夫则最有可能收藏大量书籍。据说太宗的儿子越王李贞的藏书非常多，甚至都超过国家收藏，"秘阁所不及"。韦述家的藏书据说有2万卷，他小的时候就已经全都熟读、记诵了。他到长安考科举，因为年纪太小了，看起来非常不起眼，却引起了主考官宋之问的关注。他问韦述，你都做过哪些事啊，韦述回答，我喜欢写书，已经写了《唐春秋》三十卷了，可惜的是还没有写完。至于文章做得如何，就等您来评判了。果然，这一年他就一举中第。就是这样一个专心学问，家藏丰富的人，在安史之乱中，他跑的时候仍旧抱着国史，但家中的其他藏书在战火中都被焚毁了。

藏书越多，就越能受到当时士人的尊重，有个叫李承休的官

大唐名城：长安风华冠天下

员，收藏非常丰富，经常有人来到他家借阅书籍，他就告诉子孙一定要认真阅读，如果有人借阅，就安排在旁边的院子里。果然，他的儿子李泌后来就当了宰相。在图书的收藏这方面，李泌也没落下，据说有3万卷，还亲自编号。韩愈有一首诗，说"邺侯家多书，插架三万轴"，比韦述的收藏还要多1万卷。那些家庭贫困的人，为了读书有时候也会想尽办法进入国家藏书机构。《旧唐书》记载了一个叫阳城的人，因为家里贫困买不起书，但他很好学，于是就去集贤院做了个抄书的工作，他"窃官书读之，昼夜不出房"，不分白天黑夜地把自己关在集贤院里读书，一直持续了六年时间，最终"无所不通"。

朱雀大街作为郭城的中心干道，每年有很多重大活动都会在这条路上举行。代宗时期，长安发生旱灾，京兆尹黎干就在朱雀大街上举行了祈雨活动。他建造了一条庞大的土龙，然后让城里的巫人术士都来参加，围着土龙跳舞。黎干也亲自参与其中，引得围观的人大笑。但是没有效果，然后就打算到文宣王庙祈雨，请孔子显灵降雨。这事都传到皇帝的耳朵里去了，代宗就让他不要瞎折腾了，听天由命。

德宗贞元时，为了应对长安的旱灾，德宗就命令在两市举行

第五章 人文荟萃：魅力文化之都

祈雨活动，刚到朱雀大街上，"市人广较胜负，及斗声乐"，围观的人太多了，甚至还有一些乐舞爱好者相互竞赛，表演曲艺，街东有个叫康昆仑的外国人，弹得一手好琵琶，观众都以为街西没人能弹得比他更好了。结果街西的人也不甘落后，也建了一座表演舞台，楼上忽然出现一个抱着乐器的女子，一曲弹罢，康昆仑都甘拜下风，甚至想拜她为师。那女子实际上是个和尚假扮的，法号善本，是西市富豪邀请来的。

国家级音乐家许和子，唐玄宗时被召入宫，改名叫永新，"永新善歌"是当时的集体认同。许和子的歌声高昂，具有"响传九陌"的魔力。据说有一次唐玄宗让李谟用笛子来吹奏许和子的歌，结果是"曲终管裂"，可见其歌声非常高亢，而且还非常有感染力。有一次玄宗在勤政楼上举行宴会，围观的人太多了，烦乱嘈杂，玄宗都听不到百戏的声音。高力士就建议说可以请许和子来唱一首歌，果然效果非常好，曲罢之后，全场安静，据说"喜者闻之气勇，愁者闻之肠断"。

长安居民的娱乐活动和节令变迁密切相关。唐人也有春季踏青、郊游的习惯，一般在草木发芽、春风和煦的时候，他们就会携带美酒佳肴，呼朋唤友，成群结队出游。郊游的群体上自皇帝

大唐名城：长安风华冠天下

百官，下至平民百姓，不分男女老幼，洋溢着一派和谐气象。杜甫在《丽人行》中就提到"三月三日天气新，长安水边多丽人"，说的主要是上巳节的盛况，妇女盛装出游。赏花听曲成了长安人生活的风尚，官方也会积极参与，比如教坊中的梨园弟子就创作了许多助兴的乐舞。寒食节与清明节是唐代非常盛大的节令，衙门机构会给官员放假，让他们祭祀祖先，进行扫墓，这也成了大家举行游乐活动的一个契机。元稹在《寒食日》中说"今年寒食好风流，此日一家同出游"，可知他们在寒食节除了祭祀之外，举家郊游，好不惬意。打秋千也是寒食节的一个重要娱乐活动，《开元天宝遗事》记载说宫中会在寒食节竖立秋千，宫娥嫔妃游乐，同时举行盛大的宴会和乐舞，玄宗把这称为"半仙之戏"，整个长安的人们都争相效仿。

皇宫内廷并不生产日常生活用品，但宫内人员数量非常大，他们的日常所需则由朝廷派专人去京城的市场上采买，称为"宫市"。白居易《卖炭翁》说的就是宫市的情况，从宫内来采买的黄衣使者经常仗势欺人，异常豪横，千余斤的一车炭，老翁在南山的冰天雪地里不知花了多少时间才运到京城，本来想以此来维持生计，不料却遇到了宫里采购的人，他们"手把文书口称敕"，

第五章 人文荟萃：魅力文化之都

没人敢去分辨他们究竟是真的宦官，还是伪冒身份而掠取他人财物之人，在皇权威压之下，普通百姓只能默默承受，眼睁睁看着自己的劳动成果被无情掠夺。

深宫内院，等级秩序森然，礼仪规范严明。偌大的皇宫，除了皇帝及其后宫妃嫔之外，还有一众侍候人员，他们主要由宫女、太监构成。宫女太监数量庞大，他们穿梭在宫城的各处，也是长安宫廷文化的重要内容。根据史料记载，武德九年（626）八月的时候，朝廷一次性就释放出宫3000多人，这可能是李世民通过兵变夺取政权之后，为了体现皇恩浩荡而特意做出的举措，但很显然，这么多人再加上那些没有被释放出宫的，宫人数量相当多。这里面很多人恐怕都是从隋朝开始就在宫内服侍的，唐朝初年不能一下子就积累那么多的人。到了唐太宗贞观二年（628）时，长安大旱，蝗虫灾害严重，国家就削减用度，也采取了释放宫人的做法。因为宫人数量很多，使得一部分人无事可做，供养数量庞大的闲人耗费颇多。当时有个叫李百药的官员就上书，提议削减宫人数量，因为据他所获得的信息，"大安宫及掖庭内，无用宫人，动有数万，衣食之费，固自倍多"。

这个李百药出身名门望族，乃是博陵李氏家族的成员，他早

大唐名城：长安风华冠天下

在隋朝就做过官，一度是杨勇的重要帮手，后来炀帝即位，就把他给贬出京城。唐太宗重新重用他，任命为中书舍人，参与修史工作，著名的《北齐书》就是他编写的。因为为人刚正不阿，又熟悉宫内情况，所以敢于直言进谏。李百药看得很远，养一些"无用宫人"纯属无效内耗。当然，这数万人还只是没有参与干活的人，恐怕其中也有一些过于年幼或者老迈不堪事务的女性。即便隋朝留下来的底子很厚，但也禁不住这么挥霍。所以唐太宗就放他们出宫，能够婚配的就去成家，年老的就回家养老，如此一来，减少了很大一部分国家的开支。

玄宗时期，置"十王宅""百孙院"让亲王皇子居住，又派遣宦官监督他们，以避免有人图谋不轨。他甚至在华清宫旁边也建了个"十王宅""百孙院"，里面伺候的宫人有四五百人。宫女或宫婢数量非常庞大，也有一些高层管理人员，叫宫官，其他普通的宫人，平时主要负责侍奉皇帝、后妃的饮食起居及宫廷洒扫之类的事务。敬宗宝历二年（826），再次进行裁员，把掖庭宫里那些没有具体事务的、身体不好的、服侍态度不好的，一次性裁掉了3000多人。这也是多亏了宫人数量庞大，不然裁掉这么多人，恐怕日常运转都成问题。

第五章 人文荟萃：魅力文化之都

在宫里担任宫官的女性，也算是有权有势的人。她们给皇家服务，自然有许多机会和皇亲国戚结交，拥有养尊处优的资格。而且她们生活得也非常安逸，有些在宫外也会置办住宅，据司马光记载，她们"多立外第，出入无节"，风头十足。在诸多的女官之中，最著名的当数上官婉儿，她对朝政介入得非常深。近年她的墓志出土之后，更是引起极大的轰动。有些外朝的官员也是见风使舵，谄媚逢迎，拼命巴结这些宫官，试图以此上位。宋若宪是文宗朝的著名才女，据说李宗闵拜相，就是因为打通宫内关节，巴结宋若宪，然后她在皇帝面前极力推荐，才获得重用的。这事还被郑注、李训等人抓为把柄来诬陷李宗闵。

宫官大小也是官，也算是有品级有身份的人，但终归是伺候人的职位，所以那些亲王贵戚也是把她们视为"婢"。舒王李元名是唐高祖李渊的儿子，与李世民是亲兄弟。李渊在大安宫时，李世民早晚都让宫官去送饭，有一次李元名也在，遇到送饭的宫官，元名的老师们就给元名说，这些宫官的品级很高，见到她们应当参拜。但元名反驳说："此我二哥家婢也，何用拜为？"太宗听后非常高兴，说不愧是我亲弟弟啊！唐律规定，犯了反逆罪的人，家属就要被没为官奴婢，地位也就比较低下了，做了奴婢就成了私人财产,可以被主人随意出卖赠送。

武则天登基后,改唐为周,把睿宗李旦降为皇嗣,并让他不再姓李,而是跟着自己姓武,又把原来的太子李成器降为皇孙。李旦作为皇嗣,被安排在了东宫,但能否顺利即位,在当时的人看来还真是不好说。武则天的这一做法严重助长了那些武氏家族成员的野心,武承嗣、武三思等人开始觊觎皇太子之位。若光是觊觎那也无妨,但这种觊觎之心受到了武则天的默许,所以武承嗣他们就开始了实际行动。有一天,有个叫王庆之的洛阳人,他带了数百人要给皇帝上书,要求废掉皇嗣李旦,立武承嗣为皇太子。很显然,这是一场有计划、有预谋的行动。马上就受到了宰相岑长倩的反对,武则天就征求另一位宰相格辅元的意见,结果也是持反对意见,这让武则天非常生气,后来就找借口把他们给杀掉了。

武则天接见了王庆之,就问他为什么有要废掉李旦的想法,王庆之就说现在您是皇上,当然应该让武家的人做皇太子,怎么还能继续让李家的人做太子呢?武则天很高兴,就给他一个"印纸",说想见我的时候,把这个给执勤的人看,他们就会带你来见我。于是这个王庆之就多次去见武则天,结果又惹恼了这位女皇,

第五章 人文荟萃：魅力文化之都

就让李昭德把他拉出去打板子，李昭德也很气愤，就把王庆之直接给打死了。

并非所有在长安生活的人去世后都会葬在长安附近，也有在长安去世，但归葬故里的情况。一些世家大族往往有家族墓地，因此，即便在长安去世，也要归葬家族墓地。裴皓是河东闻喜人，他在长安为官，宅第在安兴里，得病去世之后，便葬在奖州闻喜县高阳乡的东凉原，因为这里是这支裴氏的家族墓地。他的妻子郑华儿，在天授二年（691）去世，晚裴皓29年，于武周圣历二年（699）十月二十八日"祔于奖州闻喜县涑川里高阳原之旧茔合葬"，也是归葬在裴皓家族墓地。张师儒是长安人，张家成员在各地为官，所谓"南北驱驰，离乡日久"，但他还在长安崇仁里有房产，去世之后，也是归葬在长安万年县的宁安乡。温大雅在李渊起兵时，担任大将军府记室参军，主要负责文书事务。李世民即位后，礼遇有加，任礼部尚书，封黎国公。他在生前想改葬祖父，就请来风水先生卜卦，据说卜卦结果非常不好，风水先生说"葬于此地，害兄而福弟"，意思是现在选的这个地方，风水不佳，如果把祖先葬在此处，那对您不利，却可以庇佑您的弟弟。温大雅则说"若得家弟安康，我将含笑入地"。果然，

大唐名城：长安风华冠天下

改葬后才过了一年多，温大雅就去世了。朝廷赠谥为"孝"。

唐文宗李昂是被宦官王守澄、梁守谦拥立的，在位期间深受其害，曾和朝官联合，策划了诛杀宦官的行动，被史家评价为"有帝王之道，而无帝王之才"。太和九年（835）十一月二十一日的早晨，文宗准备趁着上朝的机会行动，金吾大将军韩约奏报，说左金吾仗院的石榴树上夜降甘露，是祥瑞降临，希望皇帝能亲自去看看，实际上是想将一众宦官都汇聚于此，好被禁军一举歼灭，于是李昂就和大臣来到含元殿，先让宰相李训等去查看，回来说不是甘露。李昂就让神策军中尉仇士良等带着亲信宦官去察看，当仇士良一行人来到左金吾仗院时，看到韩约等人慌慌张张，又隐约看到有士兵埋伏，就慌忙退出，并挟持了皇帝。李昂和朝臣原本打算以此为契机来清除宦官，不料事情败露了。于是仇士良等就命令神策军在京城大开杀戒，逢人就杀，李训、王涯等都被杀害，皇帝也被宦官们软禁起来了。

贞观二年（628）六月，李治在长安出生，然后他长期生活在长安，15岁之前都没有离开过。贞观十七年（643），他的两位哥哥皇太子李承乾和魏王李泰在储位之争中双双被贬黜，他在长孙无忌、房玄龄等一众大臣的扶持下被立为皇太子。次年

第五章 人文荟萃：魅力文化之都

十一月，随着太宗到洛阳，太宗东征高句丽，留下他监国，锻炼他处理军国政务的能力。这是他第一次出京，当时他已经16岁了。贞观二十三年（649）五月，唐太宗李世民去世，李治就继承了皇位，这一年他22岁。李治在位长达34年，直到弘道元年（683）十二月在洛阳贞观殿去世，他心心念念地要回到长安，临终前还说"天地神祇若延吾一两月之命，得还长安，死亦无恨"，可见李治对长安有很深的感情，死后归葬长安也是他的遗愿。武则天也没有违背高宗的遗愿，第二年（684）八月，睿宗李旦护送高宗灵柩返回长安，葬在了乾陵。

武则天称帝时，长期在东都洛阳，但晚年的时候，已经78岁高龄，却返回了长安，改大足元年（701）为长安元年。回到长安后，她大赦天下，还免除了关中百姓三年的赋税。武则天在长安待了2年之后，到长安三年（703）十月又返回了洛阳。关于武则天这次西返长安，学界有诸多猜测，有人认为这是"要从情感上缩短与李氏的距离，融洽与李显、李旦之间的关系"，也有人认为继承人的位置已经确定，还政给李氏已成定论。实际上，年迈的武则天回长安，恐怕还蕴含着她晚年对长安的深厚感情。

唐太宗时期向来被视为治世的典范。尽管如此，贞观十七年

（643）六七月间，官府却遭受了一次信任危机，这次信任危机的出现是多种因素作用的结果，但最主要是天象与政治裹挟到一起，才引起了长安居民的恐慌。

这年六月，突然发生了一次日食，就是民间常说的天狗食日。紧接着，长安坊间就流传开一则官府派遣"枨枨"四处杀人的信息，说他们披着狗皮，手指头像铁爪一样，专门趁着月黑风高的夜晚杀人，然后剖取人的心肝内脏，用以祭祀天狗。没有人知道这条信息的源头是哪里，也没有人去求证是否真的有人被这么残忍地杀害了。但这个谣言很快就在长安城里流传开来，弄得城内居民人心惶惶。一时间大家都躲在家里不敢出门，甚至还准备了弓箭武器来防备。身居皇宫大内的唐太宗知道后非常厌恶，就命令京城坊门夜间也不要关闭，派人到处宣讲安抚百姓的情绪。过了一个月，这个事情总算过去了。

贞观十七年（643）是非常特殊的一年，李世民在这一年里过得非常坎坷。首先是魏徵在年初去世，唐太宗非常惋惜，说："魏徵没，朕亡一镜矣！"不久，齐王李祐谋反，太宗让李世勣带领怀州、洛州等九州兵马平叛，最终李祐兵败，被赐死。朝堂之上也是波谲云诡，皇太子李承乾和魏王李泰的斗争愈加激烈，

第五章　人文荟萃：魅力文化之都

为了取得胜利，太子集团慌忙地发动了政变，试图夺取皇位，但事情很快败露，李承乾被废，太子集团中的侯君集、杜荷等一大批人被处决。另一边，魏王李泰也被幽禁，夺嫡之争似乎已经尘埃落定。身处长安的平民百姓当然不知道其中有多少凶险，因为这并没有严重地影响到他们的日常生活，恐怕也仅是茶余饭后的一点谈资。然而，这种平静的生活没过多久，就被这样一场日食天象所打破。因为日食天象是长安居民都能亲眼看到的，所以这次谣言迅速传播。

文宗大和九年（835）夏天，长安又出现了一则谣言，说是郑注要给文宗炼制金丹，炼制材料中有一种是需要活人小孩的心肝，为了筹措小儿心肝，文宗秘密下旨抓捕小儿，活取心肝用来炼丹。甚至说有些地方已经失踪了许多小孩，以讹传讹，于是长安的气氛又紧张起来了。许多有小孩的人家都吓得不敢出门，把自家孩子锁在家里严密看护。文宗听到后是又生气又担心，生怕引起变乱。就赶紧派出心腹宦官到处安抚人民情绪，说明情况，表示绝无此事，盛传的谣言是子虚乌有的，让大家不要恐慌。

唐代长安人的信仰中也有许多厌胜之术。西安博物院藏有一具神龟镇宅石，是唐宣宗大中十年（856）的历史遗物，神龟伏

大唐名城：长安风华冠天下

地，龟背刻"闭地户，开天门"六字，底部则刻了"宅德迁年，人受万岁，神龟为主，镇一宅内，万灾不起，大中拾年十月廿一日，辛卯记"字样。很显然这是唐朝人制作的镇宅石龟，目的就是辟邪、镇宅、驱鬼魅。只是随着时间的迁移，现在被掘出，原来很可能是在某位富贵人家的大门底下。根据敦煌文书《宅经》的描述，凡是居住在某处时，经常遇到疾病、逃亡、破财等家中多有不幸之事时，就可以采用厌胜之法，具体就是住宅"以石九十斤，镇大门下，大吉利"。

斗鸡是唐朝很流行的一种娱乐活动。王公贵戚尤其热衷于斗鸡，"初唐四杰"之一的王勃还"戏为檄英王鸡文"，专门写了一篇文章讥讽，李治看了后非常生气，把王勃驱逐出王府。玄宗斗鸡走马，多为人所知。据说唐玄宗李隆基还没当皇帝的时候，对长安清明节的斗鸡表演非常感兴趣。后来他当了皇帝，就专门设置了一个机构叫"鸡坊"，在全长安寻找雄鸡，然后饲养在鸡坊，专门派了500人去训练这些鸡，叫鸡坊小儿，以供他娱乐。这种行为影响非常不好，那些想巴结皇帝的亲王贵戚倾家荡产也要购买健壮的鸡，掀起了一股购鸡潮。有些家庭不富裕的人，为了赶时髦，会用木头制作一些鸡，名为木鸡。

第五章　人文荟萃：魅力文化之都

有个叫贾昌的人，就是凭借高超的斗鸡本领获得了玄宗赏识。有一天，贾昌在路边摆弄自己的木鸡，恰好玄宗看到了，发现此人斗鸡术非常高明，于是就让他去做自己的鸡坊小儿。由于此人熟悉鸡的习性，结果把鸡坊中的鸡都训练得非常勇猛，玄宗还让他做了鸡坊小儿的头，经常给予很多赏赐。于是，民间有诗流传出来，"生儿不用识文字，斗鸡走马胜读书。贾家小儿年十三，富贵荣华代不如"。真是荒谬至极，置那些十年寒窗苦读圣贤书的举子于何地！

举重活动也受到玄宗的喜爱，他曾让壮士举榻，而且马还能在上面行走。军队训练中，也是丰富多彩，据《新唐书》记载，六军宿卫将士，平时的训练科目中就有角抵、拔河、翘木、扛铁等内容。唐初有一位叫彭博通的壮士，力气非常大，在长安与其他三位壮士进行角力，吸引了很多人来围观，据说"观者逾主人垣墙，屋宇尽坏，名动京师"，结果三个人都输了。

打马球是唐朝贵族非常喜爱的一项娱乐活动，据说这是从波斯传入中国的一种运动，这项运动难度比较大，不仅要有过硬的技术，还要善于骑马，之所以深受皇室和长安人民的喜爱，可能和唐朝皇帝的血统有关。唐太宗就很喜欢这项运动，封演在《封

大唐名城：长安风华冠天下

氏闻见记》中记载李世民经常在安福门上观赏马球比赛。唐中宗李显也曾多次带领文武百官在球场观看比赛。上行下效，贵族们也乐意参与这项活动。章怀太子李贤墓的墓道墙壁上就绘制有打马球的壁画，20余位人物骑马持竿，形态各异，在一片空旷的地带竞逐驰骋，体现了马球运动宏大的场面。古人有事死如事生的观念，墓道中绘制如此恢宏的马球图，说明章怀太子生前可能就非常喜爱马球运动。

太宗曾观看过马球比赛，胡人误以为太宗也喜欢打马球，结果长安的马球活动盛行，太宗认为这会消磨意志，于是就把马球给烧了。中宗是打马球的好手，根据司马光记载，"上好击球，由是风俗相尚"，贵人们喜欢的运动，必然会引起人们争相效仿，自古便是如此。若说谁是唐代最会玩的皇帝，那必然是玄宗李隆基。他还是藩王的时候，就痴迷于马球运动，甚至连吃饭都顾不上，所以唐代坊间就有民谣说"三郎少时衣不整，迷恋马球忘回宫"。《封氏闻见记》记载了一次他和队友一起和吐蕃的马球队比赛的盛况。中宗景龙三年（709）十一月，吐蕃来长安迎娶金城公主，唐蕃进行了一场马球赛的较量。

唐玄宗李隆基是一位多才多艺的皇帝，他的马球技术也非常

第五章　人文荟萃：魅力文化之都

好，封演记载玄宗和吐蕃球队打球的时候，"东西驱突，风回电激，所向无前"。大明宫中也建有很多球场，以供皇室子弟随时娱乐。1956年在大明宫含光殿遗址发现了一块刻有"含光殿及毬场等大唐大和辛亥岁乙未月建"18字的"奠基石"。可知大和五年（831）在大明宫修过一个球场。

长安的月灯阁（今西安市大雁塔以东月登阁村）是唐长安城举行蹴鞠和马球赛会之处，故又有"月灯阁球会"之称。其位置在长安东南曲江池附近，是一个游览胜地，背靠曲江，面向浐水，周边地域相对空旷，所以经常在此处举行马球比赛。进士放榜之后，一些娱乐活动也就开始了。按唐代惯例，经过殿试之后的新榜进士，主考部门要为他们举行一系列庆祝活动，其中就有马球比赛。《唐摭言》中记载了两件有关月灯阁球会的故事。一次是咸通十三年（872）三月，"新进士集于月灯阁为蹴鞠之会"。一次是乾符四年（877），"诸先辈月灯阁打球之会，时同年悉集"。同时还描写了当时的新进士刘覃在马球比赛场挑战神策将军的激烈场面。

此时的关中平原，花红柳绿，风和日丽，人们会走出家门来到城东南的曲江胜地游览，同时还会去球场观赛，于是就出现了

大唐名城：长安风华冠天下

"幄幕云合，车马骈阗"的盛况。唐代长安不仅男子打马球，女子也打马球。王建在《宫词》中写道："对御难争第一筹，殿前不打背身球。内人唱好龟兹急，天子鞘回过玉楼。"

第六章

兵火照长安：播迁的天子与陷落的都城

　　唐朝的都城长安，既有灿烂辉煌、名扬中外的高光时刻，也有惨遭荼毒、数次陷落，屡经修缮又遭兵火的晦暗经历。诗圣杜甫在一首诗中说"黄昏胡骑尘满城，欲往城南望城北"，这是诗人经历安史之乱时的心境，他才逃出长安，在赶赴灵武的时候又被乱军捉回京城，目睹了京城沦陷、乘舆播迁、长安百姓流离失所。一个"望"字，抒发了作者依依不舍却又悲怆而无奈的情感，也道尽了长安人在遭受战乱和灾祸时的凄凉。

　　盛世的繁华固然让人追忆，而战火弥漫之下的都城更令世人

大唐名城：长安风华冠天下

揪心。唐朝后期，都城长安发生了多起战乱，既有军队叛乱，也有农民起义，还有吐蕃的侵占，要认识唐朝的波澜起伏，就不能只聚焦那些赞誉和荣光，也要了解这座古都的兴衰沉浮，看到长安城历经战乱，饱受沧桑，在风雨飘摇中沦为丘墟的历史。盛世的光环与坠入凡尘的过往交相辉映，见证了唐王朝的盛衰与荣辱。

玄宗统治的开元时期是长安城最繁华的时段，但自安史之乱以后，长安就日复一日地走向破败，最终城陷国亡。这当然是诸多因素作用的结果，但最主要的还是战火反复弥漫给长安带来了不可估量的损失。韦庄是唐末五代的著名诗人、政治家，他原本是长安人，京兆韦氏后裔，出身于名门望族，却随着战乱而入蜀，自此以后长期在王建政权做官。他对故乡长安的描写就极尽凄凉，他的《长安旧里》诗说："满目墙匡春草深，伤时伤事更伤心。车轮马迹今何在，十二玉楼无处寻。"记忆中的故乡与呈现在眼前的景象构成了巨大的落差，映入眼帘的只有无尽的悲惨与荒凉。

文物典籍在战火与动乱中被损毁，隋代牛弘称之为"书厄"，明代胡应麟认为唐朝的安史之乱和黄巢入长安也是两次"书厄"。其实，一座都城在战火弥漫下也会遭受巨大的创伤，可以称为

第六章　兵火照长安：播迁的天子与陷落的都城

"城厄"。长安这座古都，在唐后期数度被摧残，经历过多次"城厄"，最主要的有安史之乱、吐蕃占京、泾源兵变、黄巢之乱、朱温毁城等。虽然每次战后都有一定程度的重建与修缮，但朱温逼迫昭宗迁都之后，长安的地位一落千丈，此后的王朝选择都城时，都将目光转向了中原地区，五代时，除了后唐建都洛阳外，梁、晋、汉、周都在开封定都，一直到北宋，依然定都开封。自唐以降，长安再也无复往昔的繁华。

天子蒙尘、古都落难，煌煌盛世日渐凋零，象征着一个时代的落幕！

一、"渔阳鼙鼓"入长安

元和元年（806）的一个冬天，白居易和朋友一同去仙游寺游玩，当时坊间对唐玄宗和杨贵妃的爱情故事多有流传，是人们茶余饭后的一个重要谈资。朋友建议白居易写一首长诗来记述这段故事，白居易听取了朋友的建议，于是就创作了著名的《长恨歌》。诗中写道"渔阳鼙鼓动地来，惊破霓裳羽衣曲"，霓裳羽衣曲相传是唐玄宗创作的乐舞，渔阳即渔阳郡（今北京、

大唐名城：长安风华冠天下

天津一带），鼙鼓指的是一种战鼓，军队作战时用于鼓舞士气。实际上，这句诗说的是唐玄宗统治的天宝年间发生的一次藩镇动乱，也就是安史之乱。这次动乱声势浩大，叛乱军队攻陷了唐朝的京城，开启了唐王朝由盛而衰的序幕，也导致唐人的精神世界发生了重大转折。

唐朝前期的数位皇帝统治期间，虽然偶有战事发生，但旋即就被平定，更别说攻破京师长安。皇帝长期在宫内安居，有时候也会外出巡行，甚至在一些灾荒严重的年份，皇帝还会率领百官和长安百姓去东都洛阳"就食"，时间有长有短，但往往都会平安返回京城。太宗、高宗在位时，发生过不少战事，有许多开疆拓土的行为，内患并不突出，国内呈现出和平气象。但到了玄宗李隆基统治的后期，情况却出现了变化，盛世之下蕴藏着巨大的危机。

李隆基是唐高宗李治和武则天的孙子，他的父亲是李旦，由于排行第三，又被称为李三郎。少年的李隆基被封为临淄王，武则天对这位小孙子非常喜欢，称赞他是未来的"太平天子"。在他七岁的那一年，按规制参拜皇帝，仪仗整肃，武则天的堂侄武懿宗目中无人，大声呵斥李隆基的随从护卫，他马上厉声反击还

第六章　兵火照长安：播迁的天子与陷落的都城

以颜色，说："这是我李家的朝堂，你是什么东西，敢呵斥我的护卫！"这事传到了武则天的耳朵里，非但没有怪罪，反而"特加宠异之"。

唐中宗李显死后，皇后韦氏准备效法武则天当皇帝，李隆基为了阻止，就策划了秘密反击行动。他先是联合姑母太平公主和父亲相王李旦，以"匡复李唐""拯救社稷之危"的名义诛杀了韦后及其党羽，拥护自己的父亲李旦登基，是为睿宗，这次政变叫"唐隆政变"。后来，睿宗又把皇位让给了李隆基，自己当起了太上皇，但依旧大权在握，宠信太平公主，任其肆意干政，史料记载"宰相七人，五出其门。文武之臣，太半附之"，可以说真是权势滔天了。到了先天二年（713）七月，李隆基决定清算太平公主及其党羽，最终太平一党失败，被赐死。李隆基就这样踏着亲族的尸体坐稳了皇位。因此，他深谙政治斗争的残酷，也清楚天下太平对国家百姓的意义，所以在治理国政方面有独到的高明手段。

开元时期可谓是君明臣贤的阶段，走的是举国共致太平的发展之路。李隆基重用有"救时宰相"之称的姚崇等人，听取了姚崇提出的振兴"十策"，史称"十事要说"，惩治贪官污吏，清明

大唐名城：长安风华冠天下

吏治，发展社会经济，繁荣文化事业，缔造了"开元盛世"的治世局面。但时间一久，日渐懈怠，也就再难保持曾经的锐气了。天宝年间，随着玄宗治国风格的转变、边疆政策的失误，再加上用人不当，李林甫、杨国忠先后秉政，清明的政治风气逐渐沦丧，各种社会矛盾逐渐尖锐起来了，这就预示着唐朝即将迎来一场空前的危机。

唐朝前期延续了北魏以来的府兵制，寓兵于农，将士遇到战争就是军人，平时则是农民，所谓"兵散于府，将归于朝"。但随着唐朝的稳定，府兵流失严重，各地负责管理府兵的折冲府无兵可调。所以武则天以来，开始采用募兵制，职业军人登上历史舞台。再加上边境强敌环伺，国家战略收缩，于是在靠近边界的区域设置了军区，号为"节度"，唐玄宗时期有著名的天宝"十节度"，长官叫节度使，这是唐后期藩镇的最初形态。欧阳修说藩镇兵"起于边将之屯防者"，就是说他们都是负责防戍边关的军区，自己招募军队、负责镇守一方的大员。

天宝十四载（755）十一月，在河朔地区盘踞已久、掌控河朔三镇的节度使安禄山发动了叛乱，他打着"清君侧"的旗号，名义上要诛杀奸臣杨国忠，实际上是蓄谋已久，打算推翻唐朝的

第六章　兵火照长安：播迁的天子与陷落的都城

统治。安禄山原本在幽州节度使张守珪帐下只是一个低级将领，却颇有政治手段。在中央争取到了玄宗的支持，认了杨贵妃为干妈，于是仕途通畅，逐渐成了河朔地区最高军政长官节度使，是防御北方契丹、奚等民族南下侵扰中原的军镇一把手。权力愈大，政治野心也就逐渐暴露。原本与河朔构成东西牵制格局的河西陇右受到吐蕃的侵扰，安禄山控制的地域便出现了一家独大的局面，叛乱的条件也就成熟了。

这次叛乱声势浩大，参与人群的组成也很复杂，又多是久经沙场的骁勇之士，所以发展非常迅速。他们一路南下，先攻占了东都洛阳，然后西进潼关，攻入长安城，最后把皇帝也赶出了京城。首都被叛乱的军队占领，两京及整个北方都陷入战乱之中，这是自从唐朝开国以来第一次遭受到如此巨大的冲击。这次叛乱给盛唐王朝沉重一击，让这个曾经光辉耀眼的王朝开始走下坡路了。

从安禄山在范阳起兵的公元755年十一月起，到公元763年正月史朝义自缢，首级被送到京师，前后共七年多。而京城长安陷落，从天宝十五年（756）六月玄宗逃出长安，燕军大将孙孝哲率领大军进入长安开始，到公元757年九月，张通儒、安守忠

大唐名城：长安风华冠天下

战败退出长安，天下兵马大元帅、广平王李俶领大军入京，收复都城，长安落入贼军手中共计一年零五个月。

这将近一年半的时间，放在整个唐代289年的历史中，可以说是微不足道，甚至还没有唐玄宗去洛阳"就食"的时间长。开元十二年（724）、开元二十二年（734），玄宗两次因为关中地区发生灾荒，京城出现粮食危机而跑到洛阳就食，前一次在洛阳住了两年零十个月，后一次则住了两年零九个月。天子离京巡幸，本是常事，但安史之乱迫使皇帝出逃，京城由乱军所占领，这在唐朝还是首次出现。这对唐朝而言，尤其是对长安而言，是一场无法估量的灾难。

安禄山起兵之初，朝廷就没有重视这场叛乱，还以为是小打小闹。当时的宰相杨国忠向玄宗保证，说叛乱分子只有安禄山，很多将士都是被逼无奈，如果朝廷征讨，要不了几天就会"传首诣行在"。这显然是低估了安禄山纠集的这批杂糅了多民族的军队，在战略思想上已经出现了重大失误。唐玄宗将安西节度使封常清调来主持平叛，商议讨伐策略的时候，这位主帅也是很自信地说："计日取逆胡之首献阙下！"主帅都如此轻敌，官军更不必说，一股轻敌的气息弥漫着整个朝廷。事实上，长期没有经受

第六章 兵火照长安：播迁的天子与陷落的都城

过战争的他们，怎么会是安禄山大军的敌手。

叛乱大军一路南下，攻陷东都洛阳之后，派兵西进，准备夺取京城。在这个过程中，他们遭受到洛阳周边地方军队的坚强防御，其中最著名的是颜杲卿的常山保卫战和张巡、许远的睢阳大战。

颜杲卿是长安人，以文儒传家，性格刚正不阿。安禄山非常赞赏他的才能，就招在幕下，让他做营田判官，同时还代理常山太守。安禄山叛乱时，颜杲卿没有屈从，而是号召河北兵民抵抗叛军。史思明带军攻打，颜杲卿死守常山，最终寡不敌众，兵败被擒。叛军劝他投降，用他最小的儿子颜季明威胁，颜杲卿誓死不从，后来儿子被叛军杀害。颜杲卿被押送到洛阳，安禄山非常生气，质问他说："我待你不薄，你为什么还要背叛我？"颜杲卿怒视安禄山，骂道："你原本是营州牧羊的一个羯人罢了，得到皇帝赏识才获得高位，天子哪里亏待你了，你竟然反叛！我家世代都是唐朝忠臣，遗憾的是不能杀了你报答皇恩！"安禄山没有办法，就下令把他绑在柱子上，但颜杲卿还不断辱骂安禄山为叛贼，丝毫不惧，叛军就割了他的舌头，最终气绝身亡。

张巡是南阳人，通晓兵法，崇尚气节。他有个哥哥叫张晓，在京城担任监察御史的高官，但他坚持凭自己的才干建功立业。

大唐名城：长安风华冠天下

安禄山叛乱时，他正在真源（今河南鹿邑）当县令，就建议上级长官修建城池，招募乡勇，筹谋御敌之策。但上级却畏惧叛军，竟让他迎接安禄山的大军入城。他拒绝执行这种卖国的命令，于是自己领导义军抵抗乱军。许远是唐朝名将许敬宗的玄孙，当时担任睢阳太守，就联合张巡一起坚守睢阳（今河南商丘），从天宝十五载（756）正月到至德二载（757）十月城破，终因军力悬殊，寡不敌众而被叛乱军队擒杀，但僵持了近2年的时间。司马光记载，对峙期间和叛军交锋有四百多次，军士们"带甲而食，裹疮复战"，足见战斗非常惨烈。张巡和许远在睢阳的坚守，就像一颗钉子一样嵌在敌人要害部位，构筑了叛军南下江淮的天堑，最大程度地保全了江淮地域免受乱军蹂躏。

安史叛军要西进长安，潼关本是最难攻克的一道屏障，但朝廷决策上的重大失误，再加上将相不和，互相猜忌，最终导致这道关卡没有发挥出应有的作用。当时朝廷高层对安禄山叛乱的估量非常不足，叛乱军队都开始南下了，太原等地方官员赶紧报告给朝廷，可玄宗却还是坚持信任安禄山，认为这是"恶禄山者诈为之"，故意抹黑自己的爱将。后来被证实之后，宰相杨国忠还说只有安禄山一个人叛乱，将士都是被逼迫的。这就使得在军事

第六章　兵火照长安：播迁的天子与陷落的都城

决策上产生了重大失误，没有及时调动边关劲旅平叛，而只是让地方镇压。封常清是当时的名将，自告奋勇前往洛阳募兵御敌，却也低估了叛军的实力。另一位名将高仙芝则在京城招募了一些市井亡命之徒，和久经沙场的安史叛军显然不能相提并论。果然，他们很快就战败了，退回到潼关。朝廷只能让在家养病的陇右节度使哥舒翰披挂上阵，任命他为兵马副元帅，去潼关御敌。哥舒翰认为应该坚守潼关，但朝廷强迫哥舒翰出关平叛，他所带领的军队素质低下，平日养尊处优，训练不佳，一遇战事竟毫无作战能力，很快就败下阵来。756年，潼关失守，长安城东面已无险可守了。

出关作战，放弃自己的优势，这是非常不明智的决策。朝廷任用的这三位统帅和安禄山一样，都具有少数民族的背景。可见，当时朝中实在是无大将可用，只能任用他们来作战，却又不信任这些将领，直接屈杀封常清和高仙芝，又迫使哥舒翰兵败投敌。

潼关失守，西进长安再无阻隔，但叛军没有马上就进入长安，而是观望了十日。皇帝眼见潼关守不住了，就赶紧带着一些臣僚逃出了京城。承平百年，长安居民对战乱的记忆已经非常模糊了，这突如其来的变故，让他们措手不及。果然，长安顿时一

大唐名城：长安风华冠天下

片混乱，百官和人民四处逃散。叛军攻入长安城，占据了唐朝的宫殿。安禄山让孙孝哲和张通儒来管理长安，他们就在城里大肆杀戮，"妃王宗枝皆罹其酷"。安禄山听说逃亡的百姓也乘机抢劫过府库里的财物，就以此为借口，命令大军在长安城抢掠三日，还没来得及逃跑的百姓就遭殃了，家里多年的积蓄都被洗劫一空，"铢两之物无不穷治"。这一趟下来，城内百姓对乱军更加痛恨，都希望唐室早日光复长安。

安禄山早年在长安的时候，就见识过皇室的奢侈生活，他也想享受一把，所以在大军进入长安后，他命令守将满城抓捕乐工伶人，把长安城里的乐器、服装，甚至舞马、犀、象等曾经供玄宗娱乐的物品都运送到洛阳。《开元天宝遗事》记载，安史乱军在长安大肆掳掠文武百官和宫嫔乐工，每次都会抓数百人押送到洛阳。有些来不及跑的官员，迫于形势，不得不投降安禄山建立的"伪"政权，被安史成立的大齐政权授予职位，其中有很多像王维、萧华这样的人，这一经历成了他们一生的污点。比如萧华，他就是没来得及跑，"从驾不及，陷贼"，被抓住后强行授予魏州刺史。有些被迫投降的官员，被授予很高的官位，如哥舒翰被授予司空、陈希烈被授予侍中、张垍被授予中书令，都是"伪

第六章　兵火照长安：播迁的天子与陷落的都城

官"，所以长安收复后，有三百多人"素服待罪"，等着接受朝廷的处理。

长安百官居民面对来势汹汹的乱军，他们手无缚鸡之力，只能四散逃命，有的藏在里坊街巷里，有的跑出城躲到终南山，也有来不及跑的，就往人烟稀少的城南里坊去躲避。《东城父老传》记载了一个这样的故事，贾昌家在紧临东市西边的宣阳坊，他平日里是斗鸡走狗，不务正业。有一次被玄宗撞见，彼此兴趣相投，就让他做了鸡坊小儿，专门负责给玄宗养鸡。玄宗还给他说了一门亲事，让他娶了梨园弟子潘大同的女儿。潘氏善歌舞，很受杨贵妃的喜爱。后来安史叛军攻入长安，贾昌原本也要和玄宗一起跑，结果他被马给摔伤了，没跑掉，就躲到南山里去了。安禄山也认识贾昌，进城之后就悬赏抓他，但他改换姓名，躲避了追捕。后来长安收复，他回家后发现"居室为兵掠，家无遗物"。妻子也跑散了，躲在长安城南的昭国坊，孤儿寡母整日靠打柴为生。

叛军不仅抢夺财物，还展开残暴的屠杀，尤其是"陛下亲戚，勋旧子孙，皆置极法"，越是高官贵戚，越是被乱军残杀得厉害。有个叫李承宗的官员，当时是乾陵使，主要负责管理乾陵的相关事宜。乱军攻占长安后，就被残忍地杀害了。根据《李承

大唐名城：长安风华冠天下

宗墓志》记载，"狂胡勃兴，割剥京畿"，他死的时候才37岁。

突然进城的叛军，打断了长安居民平静的生活。居民承受着乱军的烧杀掳掠，在经历了一段恐慌期之后，也开始明里暗里地组织起对抗力量。先是城里逐渐流传开了一则信息，说是太子李亨已经纠集了长安以北的勤王军队，不日就要来收复长安了。这就燃起了长安居民内心的希望，于是就有人跑到大街上，大声呼叫"太子大军至矣"他们喊完就跑，等到叛军满城搜索的时候，早已找不到人影。长安的地方豪强也组织起了一些武力对抗，他们攻击刺杀安禄山任命的官员，即便抓到被诛杀，但很快就有其他人站出来继续从事这些对抗活动，这让叛军恨之入骨。司马光说"诛而复起，相继不绝，贼不能制"。这些反抗就像飞蛾扑火一样，前赴后继，一波接一波，这也起到了一些效果。开始从长安扩散开来，长安周边的势力也加入进来了，长安西门附近成了对抗的前沿。这就严重限制了叛军四下扩散的进度。也许是自知军事力量不敌唐廷的勤王军，也许是内心胆怯作祟，当他们看到长安城北方有尘土飞扬的时候，就已经萌生了退意。

玄宗出逃的路上，太子李亨与玄宗分道扬镳，北上灵武，自行登基称帝，是为肃宗。李亨以广平王李俶为天下兵马大元帅，

第六章 兵火照长安：播迁的天子与陷落的都城

郭子仪为副元帅，并借助长安西北方边军，又团结了回纥的军队，组织军力展开平叛，筹谋收复两京。至德二载（757）五月，郭子仪率军进攻长安，遭到叛军猛烈抵抗。九月的时候，双方在长安西南的香积寺展开决战。

香积寺之战是收复长安的关键性战役，也是朝廷军队和叛军之间展开的一次大规模正面对峙战。双方都认识到这场战争的重要性，各自都投入了大量的兵力。参加作战的部队除了唐朝征调的安西、北庭军队，朔方军和各地藩镇军队外，还有回纥派遣的骑兵及南诏、大食等派遣的军事援助，可谓"国际联军"。李嗣业、郭子仪、王思礼各主一军，仆固怀恩率领朔方骑兵和回纥骑兵作为机动力量。战争一直从中午持续到傍晚，斩杀敌军六万，香积寺北尸横遍野，血流成河。

这次决战，双方都做足了准备，刚一接触，叛军试图集中优势兵力撕开缺口，以便于发挥骑兵迅捷冲杀的优势。安守忠、李归仁亲率精锐骑兵冲入唐军的军阵，造成了极大的冲击，唐军中军大将李嗣业见形势危急，便身先士卒冲杀，史料说他"肉袒，持长刀，立于阵前，大呼奋击，当其刀者，人马俱碎，杀数十人"，场面可谓非常惨烈，李嗣业的这一行为，极大地鼓舞了唐

大唐名城：长安风华冠天下

军的士气。还有一位叫王难得的大将，是都知兵马使，为了救部下而被叛军射中额头，王难得自己拔掉了箭头，肉皮都撕掉了一块，满脸都是血。这样的勇武之人颇多，发挥了扶大厦于将倾、挽狂澜于既倒的作用。

叛军在战场东侧埋伏了骑兵，想从侧面伏击唐军，却早被唐军侦察到，仆固怀恩和回纥骑兵出动，消灭了伏军。然后穿插到叛军后方，和正面进攻的军队形成前后夹击格局，叛军阵形大乱，兵士死伤无数，参战部队逃回长安。当夜，仆固怀恩请命，想率领骑兵捉拿安守忠、李归仁等叛军首领，但广平王未允，错失了乘胜追击的良机。逃回城中的叛军，自知大势已去，再也无法阻挡唐军收复长安的步伐，于是纷纷逃离长安。九月十六日，平叛大军开进长安，收复了被安史叛军占据了一年多的京城，长安光复。

在光复长安的过程中，唐朝获得了回纥的支持。李俶还与叶护结拜为兄弟，叶护亲自率领骑兵进援，他们到达扶风，郭子仪为友军安排了接风的宴会，准备宴请三日，叶护推辞说："国家遇到大难了，我们是来帮忙的，恐怕没有多余的时间来吃饭呀！"后来，至德二载（757）冬，肃宗在长安宣政殿设宴，款

第六章 兵火照长安：播迁的天子与陷落的都城

待友军，感谢回纥相助，下诏称赞葛勒可汗父子的援手，说"功济艰难，义存邦国。万里绝域，一德同心"。葛勒对肃宗的帮助，使肃宗甚为感激。乾元元年（758），葛勒向唐朝求亲，肃宗毅然决定将亲生女儿宁国公主嫁给葛勒可汗。唐朝和亲的公主，很少有皇帝的亲生女儿，一般是加封宗室女为公主来和亲，但肃宗让自己的亲生小女儿去和亲，这是很难得的。果然，这一举动使葛勒非常感动，他说"唐国天子贵重，将真女来"，便将宁国公主册封为可敦，这是类似于汉人的皇后的一个头衔。但这也导致回纥对唐朝的影响更加深刻，所以，史家评论回纥助唐平叛一事时说"于国之功最大，为民之害亦深"。

这次叛乱是安禄山和史思明先后领导的，最初的舆论界定只是"逆胡"负恩叛乱，和时有发生的其他少数民族的叛乱并无二致。但随着形势的发展，朝廷逐渐失去控制能力，虽然在借兵回纥，征调西军之后，最终平定了叛乱，但是征战过程极为艰难。后世史家将这一事件合称为"安史之乱"。其延续时间之久、涉及范围之广、影响程度之深，在中国历史上为数不多。安史之乱是唐朝人的噩梦，也是长安城的灾难。这起历史事件对唐朝的影响，被后人反复叙说。

大唐名城：长安风华冠天下

安史之乱使长安城自建立以来第一次落入敌手，也是百年来首次被攻破，皇帝被驱逐出京。这场空前的浩劫，对长安造成了不可弥补的创伤，根据《旧唐书·郭子仪传》的记载，"宫室焚烧，十不存一；百曹荒废，曾无尺椽"。除了建筑的破坏，还有人口的损失，"中间畿内，不满千户"。自此之后，唐朝一蹶不振，香积寺之战20年后，朱泚军乱，再占长安，唐朝年复一年地走下坡路了。

二、吐蕃人与泾原兵

安史之乱平定后不久，长安又受到第二次战火荼毒，这次攻入长安的是吐蕃。广德元年（763）十月，吐蕃攻入长安，代宗君臣仓皇出逃，驻跸在陕州（今河南三门峡），大将郭子仪等承担了收复首都的重任。20年后的唐德宗建中四年（783）十月，泾原镇的士卒经过长安的时候，又因为赏赐不公而发动兵变，把皇帝赶出了长安，跑到奉天避祸，乱军围困京城，剽掠京师一月有余，长安再次遭受了劫难，史称"奉天之难"。

在平定安史之乱的时候，朝廷把长安西部的军队大量抽调到

第六章　兵火照长安：播迁的天子与陷落的都城

内地平叛，结果导致西部边防空虚，吐蕃就趁着这个机会大肆扩充地盘。他们侵占了长安以西的大片领土，河西、陇右陷入吐蕃。面对吐蕃如此大敌，朝廷官员却是欺上瞒下，尤其是程元振，边将的多次告急都被他给压了下来。广德元年（763）九月，吐蕃大军攻陷了泾州，这是处在泾水上游的一处重要的交通关卡和战略要冲，距离长安不到500里，可以说是关中的西北门户。看到吐蕃大军进攻，州刺史高晖投降了吐蕃，还充当了吐蕃军队的向导，引导吐蕃大军一路东进。十月的时候，经过奉天、武功等县，渡过渭河，兵临长安城下。

吐蕃军队势如破竹，直到打进邠州，代宗才获悉吐蕃打来的消息。大军临城，京师震动。代宗赶紧任命雍王李适为关内元帅，郭子仪为副元帅，让他们组织军队出镇咸阳，以抵御吐蕃军队。然而，郭子仪早就赋闲在家，身边也没有可以指挥的军队，就临时招募了二十人前往咸阳。要知道，郭子仪此时面临的可是吐蕃联合了吐谷浑、党项、羌等少数民族的军队二十余万人，他们已经开始渡过渭水向东挺进了，郭子仪区区二十余人又如何能抵御数量如此多的军队？

在朝廷内部，程元振专权独行，欺上瞒下，贻误军情。郭

大唐名城：长安风华冠天下

子仪被任命为副元帅去咸阳御敌，看到大军人数众多，就赶紧派遣中书舍人王延昌进京求援，希望朝廷能够派大军支援，却遭到了程元振的百般阻拦，王延昌连皇帝的面也没见到。更要命的是，身居大内的代宗却正在筹划逃跑的事情，一听到敌军过了便桥，他就赶紧逃出长安，跑到陕州去了。长安又陷入混乱，官员百姓四散而逃。郭子仪听说后，就马上返回长安试图劝阻，不料代宗已经走了。代宗逃跑的时候，下诏各地发兵勤王，大家都畏惧程元振的权势，没有人敢发兵救援。太常博士柳伉请求皇帝诛杀程元振，但皇帝只是削夺了程元振的官爵，让他回家养老去了。

代宗一行人渡过浐水，射生将王献忠还发动了叛变，带了四百人要跑回长安。他们胁迫唐玄宗的儿子丰王李珙等，想迎接吐蕃大军入城。刚到城西开远门，就遇到了返回长安的郭子仪，王献忠想拉郭子仪入伙，就说："今主上东迁，社稷无主，令公身为元帅，废立在一言耳！"很显然，这是想效仿唐玄宗出奔蜀中，肃宗北上灵武的故事，打算拥立新皇帝了。郭子仪沉默不语，李珙说："公何不言？"然后被郭子仪一顿臭骂，接着就带领着部队去追赶代宗。

第六章　兵火照长安：播迁的天子与陷落的都城

吐蕃大军很快就进入长安，投降吐蕃的高晖和吐蕃将领马重英就拥立广武王李承宏为新皇帝，还设置百官，让于可封、霍环做宰相，建立了傀儡政权。李承宏是章怀太子李贤的孙子，他的父亲是邠王李守礼，于可封和霍环都是唐朝的官员，这对他们来说真是无妄之灾！

吐蕃占领京城之后，免不了进行一番烧杀抢掠，放纵大军在长安城里掠夺府库里的金银财宝，抢劫市场上的物资，还四处放火，焚烧房屋建筑。于是，"长安中萧然一空"。吐蕃人抢劫的重点除了金银财宝外，还有长安的居民妇女、知识分子和技术人员。据记载，他们掳掠京城的士人、女子、百工等，要"整众归国"。太常博士柳伉在一封疏奏中分析这次祸乱时，也指出吐蕃在长安的暴行，他说"劫宫闱，焚陵寝"，皇帝刚一出京城，"百姓填然，夺府库，相杀戮"。当时苗晋卿在家养病，也被抬到宫里，胁迫他支持吐蕃的行为，但他闭口不言，他们也不敢杀他。

肃宗借兵回纥，约定收复长安时土地人民归唐朝所有，金帛子女则让他们纵情掠取。虽然后来没有在长安实行，但是改在洛阳履约。已经遭受战火荼毒的长安，恐怕早已被安史大军洗劫一空了。除了吐蕃对长安的破坏，那些四下逃散的军人也到处抢掠，京城异常混乱，长安的百姓都跑到山里去躲避这次兵灾。

吐蕃占领长安期间，战败的唐朝军队和吐蕃军在城内大肆劫掠，杀人放火，抢夺财物，长安居民受战乱之祸，在京城附近的山谷里躲避。郭子仪并没有直接率领大军攻进长安赶走吐蕃军队，一来是吐蕃军队驻扎在京城，占据地利优势，二来是京畿重地，贸然进攻担心给长安造成更大的损失。所以，郭子仪采取了里应外合的进军策略，部署了一系列的军事行动，主要包括部署疑兵，利用社会舆论，和占领军展开心理战。他派遣各地勤王军队为进攻主力军，又让长孙全绪派遣手下的射生将王甫秘密潜入京城，联络滞留在城内的百姓和各方势力，趁着夜色在朱雀大街击鼓呼喊，说"王师打进来了"，以此制造混乱，动摇城内吐蕃军队守城的决心。果然，孤军深入的吐蕃军队听到这样的信息，仓皇之下就弃城逃跑了，郭子仪等人顺利收复长安。十二月，代宗离开陕州返回长安，郭子仪等带领官军在浐水东恭候大驾，皇帝一见到郭子仪，就说"用卿不早，故及于此"。郭子仪在这次收复长安的行动中发挥了举足轻重的作用。

实际上，还有资料表明吐蕃在长安遭遇的不仅是人民的抵抗，使他们无法建立起稳固的统治，更重要的一个因素是他们无

第六章　兵火照长安：播迁的天子与陷落的都城

法适应长安的生活环境。吐蕃军队在高原地区生活，突然进入关中之后，水土不服成了一个很难克服的阻碍，这其实也是他们很快退出长安的一个重要因素。

虽然吐蕃仅仅占领京城十五日，却对长安造成了非常巨大的破坏。更重要的是，吐蕃在长安以西的广阔地域站稳了脚跟，使唐朝西部防线陷入空前的危机。虎视眈眈的吐蕃时刻都有可能再次东进，这无疑让长安陷入无尽的恐慌之中。

西部防线的崩溃，给唐朝带来的震动是空前的，白居易说"平时安西万里江，今日边防在凤翔"，这是何等奇耻大辱！长安以西万里疆域严重收缩，凉州失陷，河陇被占，凤翔这样的核心地域成为西部边防，长安暴露在敌人触手可及的地方，成了他们嘴边的一块肥肉，随时都面临着被吞掉的危险。唐朝丧失的不仅仅是广袤的西部领土，最要命的是作为首都的长安距离凤翔前线非常之近。这无疑是悬在唐王朝头上的一把利剑，不知道什么时候就会落下。因此，代宗的首要任务便是重建西北边防，他主要采取了两个办法：一是调动周边地域的大军，在长安以西构筑军事防线，形成了新的军政格局；二是神策军出镇，按照藩镇的模式让他们驻扎在京城西北部，以防不测。这些藩镇被习惯性地称为"京西北藩镇"。

危机之后，唐朝为了应付西面的形势，还特意设了许多节镇，比如让名将马璘为泾原节度使，镇守泾州以随时防备吐蕃再次东进。凤翔、泾原等地，原本都是处在王畿附近，拱卫长安的地方，现在却成了两军对垒的前沿阵地。这种变化，体现了唐朝整体发展势头逐渐衰落，昔日气象已经不复返了。

唐德宗李适是个锐意进取的皇帝，也是饱受争议的君主。他继位之后，进行了大刀阔斧的改革，最主要的当然是任用杨炎为相，废租庸调，行两税法。同时，在他统治期间，还开展了一系列的削藩战争，甚至还发生了因为削藩而引起的连锁反应。"泾原兵变"导致他出逃奉天（今陕西乾县），长安城被乱军占领，这或许是他当皇帝时最屈辱、最惊心动魄的一段经历了。

建中二年（781），成德镇的节度使李宝臣去世，按照惯例李宝臣的儿子李惟岳可以继承节度使的职位，只需要给朝廷上表报备就可以。但德宗早已经打定主意，要开始对藩镇下手了，于是他拒绝了李惟岳的请求。结果，李惟岳联合魏博、淄青等节镇对抗朝廷。德宗马上派兵讨伐，起初取得了明显的战果。然而，参与征战的军队都是各节镇组成的，实际上是用藩镇来制衡藩镇，

第六章 兵火照长安：播迁的天子与陷落的都城

这就存在明显的弊端。原本参加平叛的一些节镇开始对朝廷心怀不满，第二年就爆发了以朱滔为首，由卢龙、成德、魏博、淄青组成的"四镇之乱"，联合对抗朝廷。

战火原本只是在河北一带，但随着淮西节度使李希烈也加入叛乱，严重威胁东都安全。德宗马上派出手边能用的神策军去淮西平叛，哥舒曜带了五万神策军精锐去讨伐李希烈，却被围困在了襄城。德宗让泾原节度使姚令言率军救援襄城，以解围城之困。大军携家带口冒雨而来，都希望能获得朝廷优厚的赏赐，当大军经过长安时，京兆尹王翃出城犒劳，因为给将士的赏赐太薄，吃的饭菜过于粗糙，引起军卒的不满，犯了众怒，他们就发动了军乱，攻进了长安城，还抢劫了琼林、大盈库的财物。德宗仓皇失措，就跑到奉天去了，这次军变又叫"奉天之难"。

发生兵变的时候，德宗所仰赖的神策军精锐恰好远离京城，就慌忙让白志贞临时招募新军，以抵抗突然发难的泾原兵卒，结果是"无人至者"，临阵募兵，为时已晚。泾原兵成分很复杂，黄永年先生就曾指出，泾原的安西北庭兵本来就是极不稳定、惯于闹事的部队，甚至说他们是以作乱为茶饭常事的部队，在当时的节镇中确是罕见的。德宗排斥宦官，把宦官掌握的神策军交给自己的心腹白志贞，这就相当于把身家性命托付给他了，但白志贞此人严重失职，甚至把神策军搞得乌烟瘴气，战斗力全失。据史料记载，他在招募禁军的时候，玩忽职守，"受市井富儿赂而补之，名在军籍受给赐，而身居市廛为贩鬻"，就是说主管官员贪污受贿，把一些没有战斗能力的人都纳入到禁军之中，这些人顶着一个军人的名头，却在市井里从事商业活动。可想而知，无非干点欺行霸市，强买强卖的勾当罢了。真要到打仗的时候，他们肯定没有任何作用。果然，泾原兵过长安，仅仅有5000人，德宗让白志贞带领神策军御敌，结果是"竟无一人至者"，平日里领取国家钱物的时候，他们抢在前面，此时真的需要他们发挥作用的时候，一个个跑得比谁都快。反而是那些宦官对自己忠心耿耿，逃出长安的时候，窦文场、霍仙鸣等率领宦官紧随其后，护卫德宗出逃。

泾原乱军攻入京城之后，反而没了主张，因为他们贸然把皇帝给赶跑了，眼下没有主持大局的人，没有主事的人就没有主心骨，此时他们想到了在京城赋闲的朱泚。这位朱泚可以说是泾原军的老首长，军士们都非常熟悉，让他出来主持大局，一时间也没有人反对。姚令言就带百余人去请朱泚，此时朱泚在长安晋昌

第六章 兵火照长安：播迁的天子与陷落的都城

坊的家中，当天夜里，朱泚骑马进宫，住在含元殿。从家到宫城的距离并不近，沿途长安百姓都跑来观看。

乱军迎朱泚入宫，这让唐朝的官员心里疑窦丛生。那些平日里都不满朝廷的人，纷纷加入进来，想要凭此来获得功名利禄，李忠臣、张光晟都来投奔。朱泚虽然住在宫里，却没有马上称帝，依旧自称太尉。这就给唐朝的官员一点念想，还幻想着朱泚是忠心唐朝的，就劝说朱泚赶紧把皇帝给接回来，当然碰了一鼻子灰。第二天，有消息说朱泚要让某位亲王出来主持朝政，官员听了之后都很纳闷，跑去围观，却发现并不是那么一回事，而是朱泚筹划自己即位呢。果然，十月八日，源休、姚令言等人就簇拥着朱泚进入含元殿，登基称帝，自称为大秦皇帝，改年号叫应天。任命了一批人作为朝廷的官员，姚令言是侍中、源休是中书侍郎、平章事、判度支，许季常为京兆尹，朱泚还让他的侄子朱遂做太子，这一幕闹剧就这样开始了。

朱泚把自己的老宅改为潜龙宫，将国家内库的金银财宝都运到自己家里去了。长安百姓也有人看不惯，就浑水摸鱼，跑到朱泚家里抢财物，朱泚却没有办法制止。兵变发生不久，朱泚就派遣泾原兵马使韩旻带了3000人去奉天，以迎接德宗回朝为名义，实际上是要袭击奉天。当时情况非常危急,段秀实挺身而出,联合了泾原节度使姚令言手下的一个判官岐灵岳,准备偷出节度使的官印,写一份让韩旻放弃追杀的文书,但没有成功,最终伪造了一份文书,派人送给韩旻,追回了军队。朱泚和姚令言非常震惊,这件事情后来被岐灵岳承担了下来。若是这3000人成功追到奉天,当时的德宗身边没有多少军马,加之奉天的守卫十分薄弱,皇帝恐怕是难逃一劫了。

德宗在奉天的处境非常艰难,供给不够,日常生活都到吃草根的地步了。这还不是最主要的,关键是整个朝廷四分五裂,有所谓的"三帝四王",三帝即奉天的唐德宗、淮西的李希烈、长安称帝的朱泚,四王是叛乱的藩镇首领,朱滔、王武俊、田悦、李纳四人。史书说"天子羽书所制者,天下才十二三,海内荡析,人心失归",这种情况下,可以说稍有不慎恐怕就会导致唐朝皇统自此断绝。

睿智的政治家总是能在关键时刻发挥决定性作用,以扭转时局。德宗马上发出了一封《奉天改元大赦制》,实际上是以改元大赦的名义颁布的"罪己诏",说自己"上辱于祖宗,下负于黎庶",并在赦书中推出一系列新政举措,起到了非常好的效果,

第六章 兵火照长安：播迁的天子与陷落的都城

"四方人心大悦"，马上赢得了各地的响应与拥护。后来德宗回到长安，李抱真入朝对德宗说："崤山以东宣布赦书时，士兵们听了之后都感动得流下了眼泪，我看到这样的情况，便知道平定敌军是不足为虑的！"

另一边，朱泚在长安称帝后，马上就带兵向奉天发难。官军和朱泚带领的乱军在奉天城下展开大战，《奉天录》说"自辰接战，至于申酉之间"，战事几乎持续了半天，可想而知是非常惨烈的。这也说明双方的军力差距并不大，德宗在奉天坚守的时间越久，各地勤王军会集得越多，对朱泚就更加不利。从建中四年（783）十月三日发生兵变，德宗出逃到奉天，占领京城的乱军始终没有放弃对奉天的围攻，"奉天保卫战"持续了四十多日。朔方军原本参加对河北藩镇的征讨，得知皇帝被赶跑了，李怀光就带领了五万军队入援。

随着刘德信率领神策军回援，屯在东渭桥，这让朱泚感觉到事态的紧急。他再次加快了对奉天的围困，分兵三路攻城，官军在浑瑊等将领的带领下成功抵御了朱泚军队的进攻。后来，朱泚制造云梯进攻，也被官军采用火攻击退。最后解围的既不是神策军，也不是德宗在奉天组织起来的抵御力量，而是朔方军这支地

大唐名城：长安风华冠天下

方武力。李怀光从河北战场抽身而回，一加入战场就击溃了朱泚的乱军，又把他们逼回了长安，终于解了奉天之围。

兴元元年（784）五月，唐军多线作战，合围长安城，断绝退路的朱泚已经做好坚守长安的准备，如果唐军攻城，叛乱军队据守长安，势必给这座古都带来灾难。李晟并没有贸然攻城，而是突入禁苑，出奇兵制胜，从而将破坏程度降到了最低。史书记载"居人安堵，秋毫无所犯"，这说明军纪严明，直接军事冲突并不多，甚至"经宿方知"。五月二十八日，李晟、骆元光等突入京城，叛军乱作一团，有的投降了，有的逃跑了，朱泚和姚令言带了几千人准备跑到大本营泾州去，却被田希鉴给关在城门外。朱泚部下又发生叛乱，韩旻、薛纶等就把朱泚给杀了，还把尸首送到了朝廷。

在流亡途中，德宗就对白志贞的无能了然于心，于是就贬斥了他，让自己的心腹宦官窦文场和霍仙鸣来接管神策军，因为这两人在逃亡中一直扈从左右，对他忠心耿耿。从此以后，宦官开始发展起来了，最关键的是宦官掌军，形成了一股无法忽视的势力。有人认为，德宗朝的宦官对禁军军权的介入，是德宗昏庸的体现。实际上，德宗的意图很明显，他就是希望建立一支能够由

第六章 兵火照长安：播迁的天子与陷落的都城

自己把控、完全听命于自己的军队，所谓"犹之乎吾自操也"。只有这样，他才能预防祸起萧墙、应对专权的朝臣、对抗跋扈的藩镇。

清代的学者王夫之认为，德宗的削藩虽然波折，却是"事虽劳而固有功"的行为。德宗并非庸懦无能的君主，奉天之难发生，他被赶出长安，逃亡的坎坷和对未来的迷茫并没有击垮他，从他的行为来看，慌乱之中自有一些章法。比如揣度京畿附近谁是忠心国家的，有可能会出军勤王，就发去求助的手诏。还把求助的信息发给河北的藩镇，希望能得到他们的帮助。

我们常说"多难兴邦"，其实是出自陆贽之口，他在给德宗分析"乱"和"治"的关系时说，"理或生乱，乱或资理，有以无难而失守，有以多难而兴邦"。德宗是能听得进去意见的，他跑到奉天的时候，有一个重要的收获是陆贽，此人颇有学识，和德宗一起出逃到奉天，丧乱之中能有个笔杆子，对于德宗来说颇为重要，陆贽不负使命，果然写出鼓舞人心的文章。回朝后做到宰相，被视为中唐的贤相，是王佐、张良一类的人物。陆贽就长安守备空虚的情况向德宗做出过提醒，他在《论关中事宜状》中就说"宫苑之内，备卫不全"，京城如此空虚，万一有人心怀不轨,像朱滔、李希烈那样发动叛乱,朝廷该如何应对!

吐蕃占京和泾原兵变持续的时间都不是很长,而且两次收复长安,都没有在长安城发生非常激烈的冲突,对城市造成的破坏其实并不大。但反复的掠夺,纵火焚烧,使长安满目疮痍。最主要的是对唐朝在国际形势和内政权力格局上产生了极大的影响。吐蕃退出京城之后,唐朝不得不着力应对他们,于是在西部构筑军事防线,形成了新的藩镇格局。而奉天之难以后,唐德宗及其继任者都对禁军建设十分重视,扶持心腹宦官统领军队,使得唐朝的宦官专权具有了军事色彩。

三、"草贼"占长安

唐后期的中央财赋多仰赖东南供输,而朝廷连年不断的军事活动,只得靠持续的赋役加征来维持。这就导致繁华富庶的江浙地区逐渐不堪重负,出现了多起反抗运动,唐朝把他们称为"草贼"。

唐懿宗李漼对国家治理很不上心,司马光指责他"荒宴不亲

第六章 兵火照长安：播迁的天子与陷落的都城

庶政"，意思是不负责国家的具体政务。实际上，从皇帝的角色来看，作为天子本就应当从总体上把握国家大政，皇帝和宰相的职能是相通的，宰相是佐天子"执大政"，所以皇帝要在宏观层面决策，如果插手非常具体的事务性工作，反而会让朝廷的行政机构职权落空。唐德宗时，有个叫邢建的人大言不惭，散播京城的信息，德宗亲自过问，陆贽为此上疏，说德宗不应该管这事，因为这属于"有司之守"。但无论如何，懿宗的"荒宴"却是出了名的，欧阳修说懿宗和僖宗两个皇帝是"昏庸相继"。懿宗确实好大喜功，多行沽名钓誉之事，尤其崇信佛教，劳民伤财之举比比皆是。

懿宗对佛教的崇奉到了痴狂的地步，著名的法门寺迎佛骨的主角就是这位皇帝。大臣提出反对意见的时候，他竟然说"生得见之，死亦无恨"。若是一个简单的事情，那还罢了，可为了这项活动，朝廷花费巨大，排场非常盛大。根据《资治通鉴》记载，为了迎接佛骨，朝廷造了很多用金银珠宝装饰的器物，包括浮图、宝帐、幢盖等，从京城到法门寺三百里的路上，"道路车马，昼夜不绝"，这种程度的耗费，即便有国家财政的支撑，却也是非常奢华的消耗性行为。

大唐名城：长安风华冠天下

懿宗生活奢华，统治无方，这对国家来说是一场灾难。唐懿宗的爱女同昌公主出嫁，举办了非常豪华的婚礼，皇帝"倾宫中珍玩以为资送，赐第于广化里"，甚至连窗户也用各类珍宝装饰，家具是用金银打造的，还赐钱五百万，场面何其盛大。然而，这位同昌公主却无福消受，刚出嫁两年就去世了。懿宗非常悲痛，所以送葬的规格也很高，据《资治通鉴》记载，服玩有一百二十车，锦绣、珠宝玉器，铺开三十里地。当时有个翰林学士叫刘允章，向懿宗提建议，说国有"九破"，民有"八苦"，都是国家治理方面的现实问题和人民百姓面临的困境，包括官吏严苛、赋税繁重、怨抑难伸等，可见当时的统治矛盾已经非常尖锐了。早在太和二年（828），高中进士的刘蕡在科举对策中曾预见性地提出"宫闱将变，社稷将危，海内将乱"，还提醒说，朝廷如果不及时做出应对措施，"恐陈胜、吴广不独起于秦，赤眉、黄巾不独起于汉"。这在当时的环境中来看，还是多少有些危言耸听。不料四十年之后，懿宗在位的时候，社会矛盾再也无法遮掩，终于爆发了规模较大的起义。

懿宗统治期间，社会并不安稳。宋祁评论说"唐亡于黄巢，而祸基于桂林"，说的就是唐朝末年连续在各地爆发的起义对唐

第六章　兵火照长安：播迁的天子与陷落的都城

王朝的影响。唐朝末年，各种社会矛盾集中爆发，朝廷统治腐朽，农民土地兼并严重，贫富差距越来越大，连年战乱不断，再加上天灾频发，农民的生活十分艰难。

懿宗刚即位，浙东就爆发了以仇甫为义军首领的起义，他们攻占了县城，官军数次征剿都未能取胜。义军功取嵊州后，开府库赈济百姓，周边被生计所迫的农民纷纷投效，很快就发展到3万多人，又攻占了上虞、余姚、奉化等县，一时"声震中原"。地方官征讨失利，朝廷赶紧派富有战斗经验的王式出任浙东观察使去主持平叛。王式是当时著名的儒将，他运筹帷幄，策略得当，很快就平定了叛乱，最终"斩草贼仇甫，浙东郡邑皆平"。然而，仇甫起义只是一个信号，预示着更大的起义即将来临。咸通九年（868）七月，桂林戍卒发动起义，以庞勋为首领，史称"庞勋起义"。声势比仇甫更浩大，席卷了整个江南地区。鄂岳观察使刘允章在给朝廷的上奏中说"庞勋聚徒十万"，可见庞勋纠集的起义部队在人数和影响上都比仇甫更甚。最终朝廷仰仗沙陀骑兵才平定了这次叛乱。

沙陀军队战斗力强悍，主要是因为他们骑兵占很大的优势。陈寅恪先生一针见血地指出，"沙陀军殆以骑军见长，故当时中

大唐名城：长安风华冠天下

原无敌手也"，给予了很高的赞誉。他们是以骑兵为主力的部队，所以在镇压庞勋叛乱、黄巢叛乱中发挥了非常重要的作用。庞勋、黄巢叛乱，纠集的叛乱军队多是平民，他们既无驰骋沙场的经历，也没有优良的装备，可以说是全凭一腔血勇组建起来的杂牌军。虽然短时间内气势很盛，但在沙陀铁骑之下，弊端也就显现无遗。

李克用的父亲朱邪赤心就是因为在镇压庞勋之乱中战功突出，所以才被授予节度使，还给他赐名李国昌。据说李克用在庞勋之乱中表现得非常耀眼，他一马当先，冲锋陷阵，军中将士都称他为"飞虎子"。所以，李克用真正崛起是通过镇压黄巢而攫取了深厚的政治军事资本。史料记载"破黄巢，复长安，功第一，兵势最强，诸将皆畏之"。

仇甫和庞勋这两支义军的活动地域都在江南一带，朝廷虽然费了很大的劲才平定，但毕竟没有攻进长安，也没有赶跑皇帝。此后陆续也有农民的反抗活动，但大都被及时镇压了下去。当矛盾积攒到一定程度，必然会以一种摧枯拉朽的形式集中爆发。接下来的另一起撼动了唐王朝统治根基的黄巢起义，则给唐王朝以致命的一击。

第六章　兵火照长安：播迁的天子与陷落的都城

唐懿宗后两任皇帝李儇和李晔是两兄弟，他们都是懿宗的儿子，哥哥李儇是老五、弟弟李晔是老七。他们兄弟两个相差5岁，都是在大明宫里出生的。李儇在位仅15年（873—888），李晔在位不足16年（888—904），然后唐朝就在风雨飘摇中亡国了。末期皇帝多艰难，可以说，他们兄弟二人是唐朝最屈辱的皇帝。广明元年（880）十二月到光启元年（885）三月，黄巢军占领长安，李儇为了躲避战乱跑出长安避祸长达4年多。

懿宗李漼去世是在咸通十四年（873）七月，即位者是他的第五个儿子李俨，后来改名为李儇，当时才12岁，是为僖宗。他的顺利登基，全靠宦官田令孜的扶持，于是田令孜自然就成了当时的掌权者，小皇帝俨然一个傀儡。田令孜担任左神策军中尉，掌管着皇帝的亲军，僖宗年纪轻轻，根本就没有把控风云变幻的朝堂局势的能力。所以从一开始，僖宗就非常依赖田令孜，史料记载"政事一委之"，甚至呼田令孜为"父"，这不是没有可能。

皇帝孱弱，宦官野心大，巴不得小皇帝一生懵懂，才好成为他们把握权柄的借口。田令孜卖官鬻爵，欺上瞒下，甚至连国内发生的叛乱活动也不告诉小皇帝。宋人欧阳修说，"是时贤人无在者，惟佞邪沓贪相与备员，偷安嚜默而已"，可见朝政有多混

大唐名城：长安风华冠天下

乱，朝廷之上竟然没有一个正直敢为的大臣，尸位素餐之辈充斥着朝廷，乌烟瘴气的政治环境中哪里有能力去治理国家。

宦官专权，僖宗又是个"小顽童"，除了治国安邦的能力不行之外，各项娱乐活动他都很在行。他好赌、好玩，在整个唐朝都是能排上号的。僖宗刚即位，就大肆赏赐，他把国家内库的财物赏赐给歌妓伶人，有些人一天能获得上万多的赏赐，国库财物有限，可经不住这样的挥霍，于是就有人建议没收长安商人的财物。商人经商，辛苦经营，赚的是血汗钱，可这位皇帝率性而为，竟然在田令孜的建议下"籍京师两市蕃旅、华商宝货，举送内库"，强行没收，横加掠夺。若有人胆敢到官府告状，不问缘由，一律在京兆府杖死。昭宗时期的大宦官杨复恭也是如此，僖宗去世后，他一手扶持昭宗即位，皇帝赐他丹书铁券。他的儿子都在外任刺史，把持一方军政事务，被人称为"外宅郎君"，有六百多个养子，分散各地充当监军。史书说"天下威势，举归其门"，绝非虚言。

乾符年间，中原大部分地区都发生了灾荒，很多人食不果腹，有一些铤而走险的人，就占山为王，做一些非法勾当。他们和朝廷对着干，所以被官府称为匪盗、贼寇。庞勋起义失败后，

第六章 兵火照长安：播迁的天子与陷落的都城

一些残余势力到处流窜，抢掠地方，其中，王仙芝和黄巢也是其中的一员，他们在山东一带进行贩卖私盐的非法贸易活动。不久，山东曹州（今菏泽）有一则谣言流传开来，说"金色蛤蟆争努眼，翻却曹州天下反"，这就给黄巢起义提供了舆论借口。

乾符五年（878）八月，王仙芝在江淮一带被宋威带领的神策军打败，王仙芝战死。残余部队四散而逃，其中主力部分在尚让的带领下投奔了在亳州的黄巢，重新推举黄巢为首领，黄巢自封"冲天大将军"。广明元年（880）九月，黄巢率大军北上，一路上攻克唐朝州县，收纳沿途丁壮，不断补充兵力。十一月，起义军逼近洛阳的时候，黄巢就把自己"冲天大将军"的名号改为"天补大将军"。这个名头原来是王仙芝用的，叫"天补平均大将军"，现在王仙芝已死，黄巢成了第一号人物，所以他也就顺理成章地继承过来了。但去掉了"平均"两个字，这可能意味着随着起义军势力的增长，他们起事的初衷已经发生变化了。

在进入洛阳之前，他就发布檄文给唐朝的各地，说我马上要打进洛阳，兵锋进入长安，"自欲问罪，无预众人"，向唐天子问罪，这些事情都和你们没有关系，你们不要掺和进来。僖宗马上

大唐名城：长安风华冠天下

在延英殿和大臣们商量对策，田令孜提出派遣神策军去防守潼关，同时做好出逃的准备。就让张承范带了两千多人去潼关防守，但是神策军的军士已经严重腐化了，京城官僚富商贿赂管理神策军的大宦官，让他们的子弟挂名在军队中，平时凭借这个名头干点仗势欺人的事情，很多人都没有上过战场，现在一听说要实打实地去打仗，都很害怕，就出钱雇用了一批在病坊养病的贫困人户代替他们出战，这些人平日里连兵器都没摸过，又哪里会打仗，其战斗力也就可想而知了。

广明元年（880）十二月，黄巢大军攻占了潼关，负责抵御黄巢军队的宰相卢携听到潼关失守，非常惧怕，就在家里服毒自杀了。官员都开始跑了，宫内非常恐慌，宦官田令孜率领了五百神策军护卫皇帝出京城，要去咸阳。皇帝在仓促中就带着诸王、妃嫔，在百余人的保护下从金光门逃离了。京城里谁也不知道他们的皇帝已经跑了，连文武百官都没有来得及通知。

黄巢封尚让为平唐大将军，大军都披散着头发，穿着从洛阳抢来的华丽衣服，把洛阳的财物、粮草辎重等都运到长安来了。唐朝的金吾大将军张直方率领还没有逃跑的京城官员，在灞水附近迎接黄巢入城。当天晚上，黄巢大军就开进长安了。他们从长

第六章 兵火照长安：播迁的天子与陷落的都城

安东的春明门入城，引得民众夹道观看。当黄巢登上太极殿的时候，据说有数千的宫女参拜，称为黄王。黄巢非常高兴，还说"这是天意啊"，当晚，他派人把守宫门，严禁人员出入，他自己则跑去住在长安的田令孜宅第中。十二月十三日，黄巢就住到宫里去了，在含元殿即位，改朝换代，定国号大齐，用金统来纪年。搜寻皇帝的衮冕，没有找到，就让人在黑色的衣服上画了一些图案来代替，也没有即位时的礼仪乐队，就用击鼓数百下替代。

黄巢占领京城之后，就放弃了对皇帝的追击，反而在长安城肆意妄为。这就给了唐王朝重新组织军力，抵御乱军的时间。到中和二年（882）六月的时候，各地勤王军陆续抵达京城附近，"四面俱会"，黄巢在京城里成了瓮中的鳖。

大军刚进入长安，黄巢还做出一副爱护百姓的模样，看到长安城里的贫民，就让军士给他们一些钱财。黄巢的将领尚让还放出话来，说"黄王起兵，本为百姓，非如李氏不爱汝曹，汝曹但安居无恐"，意思是黄王不像李家的皇帝那样不爱惜大家，你们不要恐慌。试图以此来安抚民众，在一些具体的行动中，也是落实劫富济贫的想法，所以进城的时候并未损毁宫殿建筑。史料记载"初，黄巢据京师，九衢三内，宫室宛然"。但这只是暂时的，

大唐名城：长安风华冠天下

黄巢起义军成员的构成非常复杂，里面不乏一些走投无路的盗贼和地痞，他们看到长安的景象之后，难免不动一些坏心思，没过几天，军士就开始在长安城里大肆劫掠，跑到人家里强行索要财物，称为"淘物"。稍有家资的富人家都遭受了抢掠，军队首领还侵占了城里豪华的住宅，抢夺奸污城里人的妻女，抓到大唐的官员、宗室，也是全部屠杀。司马光记载"各出大掠，焚市肆，杀人满街"，黄巢本人也没办法禁止。他们尤其憎恨官员，只要捉到或者遇见官员，全部都会杀害。

韦庄在《秦妇吟》中说"天街踏尽公卿骨"，就是指黄巢领导的起义军在长安城里大肆屠戮朝廷官员，尤其对李氏皇族和宗室成员毫不放过。官军战败之后，乱军入京城，"燔掠西市"。虽然黄巢下令军队不能擅自杀人，然而，黄巢的部众大多是由盗贼组成，自然难以约束。黄巢召见唐朝的官员，大家都很害怕被杀，没人敢出面，起义军就在城中大肆搜索。宰相豆卢瑑、崔沆等藏在永宁坊的张直方家里，有人就偷偷告诉黄巢，说张直方藏匿唐朝大臣，黄巢就亲自带人攻入他家，不仅杀了一众大臣一百多人，连张直方也没有幸免，全家都被杀了。也有人不忍受辱，全家都自尽了。

第六章　兵火照长安：播迁的天子与陷落的都城

李儇一行人跑出长安后，兜兜转转半年多，最终还是决定去成都。第二年春，各地勤王的军队都在长安附近会集，黄巢被围困在城内，京城的粮食都不够吃了。乱军就在城里四处抢掠，甚至还有一些黄巢乱军的人拿着城里搜刮来的金银珠宝去和围城军士换吃的。长安的百姓为了避难，都跑到山里去了，但还是被军队抓出来了。

勤王军将领王处存领着2万人攻入京城，百姓欢呼雀跃，迎接勤王的军队。城里人都说黄巢已经退败而走，但是大军才入长安，就又进行了一轮劫掠，"分占第宅，俘掠妓妾"。甚至那些平日里在长安游手好闲的人，也假冒大军，到处抢劫。黄巢假意退出长安，实际上在等候王处存防备的松懈，果然勤王军一进城就只顾着抢掠，完全没有留意巨大的灾难即将来临。黄巢就派遣部将孟楷带了几百人，偷偷进城伏击王处存的军队，长安居民还以为是勤王军队，欢欣鼓舞地迎接。而另一边，王处存的军队在城里搜刮了很多财物，都没法及时运走，人也来不及跑了。黄巢返回长安后，对长安百姓欢迎唐朝军队的行为非常恼火，就让部下在城里大开杀戒，据说"丁壮皆杀之，坊市为之流血"，黄巢军队屠杀了有八万人，"血流于路可涉也"，长安街道上到处都是鲜

大唐名城：长安风华冠天下

血，被称为"洗城"。王处存不仅没有成功夺取长安，反而让黄巢军气势更盛了。此后，勤王军队又在长安附近和黄巢军队展开几次战斗，互有胜负。直到李克用率领沙陀军队南下，形势才逐渐发生了变化。

中和三年（883）四月，勤王军队决定发动总攻，在渭桥附近摆开战场决战，最终一举取胜。黄巢慌乱之下，就放弃长安，带着余众向东逃跑了。大军再次进入长安，京城光复。黄巢退出长安的时候也没有手下留情，在长安城里纵火焚烧。朱温的智囊敬翔编《梁太祖编遗录》时就提到这个情况，说"巢焚宫闱、省寺、居第略尽，拥残党越蓝田而逃"，可见，黄巢的军队到处放火，烧毁了许多的宫殿建筑和官署衙门，甚至长安城里的一些普通房屋也遭殃了。

黄巢败走之后，勤王军队并未停止追击。但僖宗却不敢贸然回京城，依旧躲在成都府。中和四年（884）十月，军队平叛后就给远在四川的僖宗上表，请他回京，但皇帝并没有动身。直到十二月，当时没来得及跑，仍旧在长安的王徽联合其他百官再次请皇帝返回京城。光启元年（885）正月，僖宗才决定返回长安，然后一路慢慢悠悠走了三个月才回到京城。

第六章　兵火照长安：播迁的天子与陷落的都城

黄巢乱军虽然已经被赶出了长安，但各大军阀之间勾心斗角，相互攻伐，都试图扩充自己的地盘。而负责平叛的军队来自各地，无法集中节制，因此派系众多，纪律非常松弛。当他们进入京城之后，便在长安开始了新一轮的为非作歹，他们"争货相功，纵火焚剽，宫室居市闾里，十焚六七"，这些人和一般的盗匪不同，经历过战场的厮杀，好不容易捡回一条命，他们抢掠起来更是不遗余力。

安禄山攻陷长安后，对长安城和宫殿建筑进行了第一轮的损毁。此后又遭吐蕃和泾原兵大肆破坏。虽然陆续修缮，逐渐恢复，但黄巢之乱及其后藩镇兵的剽掠，许多宫内的建筑被烧，就只留下个含元殿。史料记载"火所不及者，止西内、南内及光启宫而已"。中和元年（881）四月的"洗城"，让长安再次血流成河。唐朝的藩镇军队把黄巢军赶出长安后，他们互不统属，又在京城相互攻战，城内非常混乱。黄巢侦察到这个情况，于是再次攻入长安，他对之前长安军民和唐朝官军联合的事情非常恼火，于是"纵兵屠杀，流血成川"。

长安城被黄巢乱军损毁非常严重，再加上多次的战争，使得长安很不太平。所以唐僖宗才一直逗留在成都。直到光启元年

（885）三月才回到长安。一进京城，看到长安满目疮痍、一片狼藉，内心五味杂陈。

朱温原本是游手好闲的乡里恶霸，黄巢之乱时曾加入叛乱大军，因他征战勇敢，被黄巢授为东南面行营先锋使。中和二年（882）九月的时候，朱温看到黄巢势力逐渐衰微，又加上自己在同王重荣的战争中屡次受挫，于是诛杀了黄巢派遣的监军使严实，和手下大将胡真、谢瞳等人归降朝廷，被僖宗赐名为全忠，加入唐朝阵营讨伐黄巢。次年三月，朱温被任命为宣武节度使，只待收复长安就可赴镇。很快，黄巢军在朝廷大军和朱温归降军队的震慑下就退出了长安，他也就顺理成章地带领自己的部下成了宣武镇的最高长官。

自从战火燃起之后，长安百姓就跑到附近的山谷里去躲避战乱，导致田地荒芜，长安粮食供应成了很大的问题。乱军被困在城里，更是没有补给来源，所以长安城里的粮食都涨价很多，一斗米能达到三十钱，有些官员都沦落到卖饼为生的地步。黄巢军队在城里大开杀戒，尤其是皇室成员受害最大。驸马于琮就是受害者之一。他当时在家里赋闲，黄巢派人去请他，想让他出山帮助大齐做事，被于琮拒绝，于琮说我是唐朝的大臣，不会辅佐你

第六章 兵火照长安：播迁的天子与陷落的都城

们这些黄巢的泥腿子。黄巢的人听了非常生气，就将其杀害。于琮的妻子广德公主是唐宣宗的女儿，说："我是皇帝的女儿，不能独活，可以和我相公一同赴死。"于是也被杀了。

黄巢占领京城的时间颇长，在这期间，皇帝则在外逃亡，长安百姓官员的生活可以说笼罩在杀戮和掠夺之中，房屋建筑的损失不计其数，长安城的损失无法估量，最令人痛心的是一轮轮惨绝人寰的屠杀。

中和二年（882）五月，朝廷解除高骈的盐铁转运使，高骈让幕僚上的一份表文中斥责僖宗任用奸臣，顺便也提到了黄巢的暴行，说"黎庶尽被杀伤，衣冠悉遭屠戮"，可见杀人非常狠绝。朝廷在收复京城的露布中也说"毒流百姓，盗污两京"，这是官方昭告给全国百姓看的。郑畋则说他们"广侵田宅，滥渎货财"，巧取豪夺，毫无纪律，这就注定了乱军难以长久。

长安城遭受此厄，黄巢占领期间，乱军的损毁当然是最主要的，其他方面的损毁也不可忽视，如在收复的过程中，像窦玫、王处存、康君立这样的勤王军队，也在城里放火、掠夺、杀人，同样给长安造成了严重的损失。往往就是一把火、一口刀，战败的官军和城里的乱民相互裹挟，从各个方面摧残着这座古城，动摇着唐朝统治的根基,消磨着盛唐气象和长安风华。

四、长安余音:最后的都城

文德元年(888)二月,僖宗李儇终于回到了阔别已久的长安,可次月就病死了,年仅 27 岁。即位的是他弟弟寿王,原名叫李杰,后来改名为李晔,当时已经 22 岁了。李晔原本与皇位无缘,但奈何哥哥去世得太突然,当时宦官把持朝政,于是他便被杨复恭等宦官推上了皇帝的宝座。此时的李晔虽然不是懵懂无知的小皇帝,但他继承的是一个实打实的"烂摊子"。

李晔即位是非常偶然的,僖宗去世后,子嗣大多年幼,究竟谁来继承这个皇位,朝官和宦官存在很大的分歧,他们都有自己的小算盘。朝廷大臣原本是要拥护李晔的另一位哥哥吉王李保,他们认为吉王贤德,而且比李晔年长,堪当重任。这个建议遭到神策军观军容使杨复恭等人的反对,因为在蜀中逃难的时候,李晔一直陪在僖宗身边,也表现出很好的军事才能,杨复恭坚决支持李晔。就这样,原本与皇位无缘,却在因缘巧合下被宦官推到了历史的风口浪尖之上,自此之后,李晔的人生逐渐被改写。皇

第六章 兵火照长安：播迁的天子与陷落的都城

位于他而言，不是荣耀而是灾难，因为时局的发展已经远超出他的能力范围，即便他有实现伟大复兴的政治理想，终究是难扶大厦于将倾。可能他自己也想不到，大唐王朝竟然会葬送在自己手里，他背负了永久的骂名。

他继承的这个"烂摊子"究竟有多烂？可以说已经病入膏肓，积重难返。外有各路节镇虎视眈眈，相互攻伐，战争不断，内有宦官把持朝政，引朋树党，参与政治决策，上下其手，皇帝处境尤为艰难。最初，李晔还有一番振作的宏愿，要重振大唐雄风，恢复祖宗的大好基业，史称"有会昌之遗风"。宋代史学家司马光说他很有"英气"，礼重大臣，推崇儒术。这样的皇帝放在承平时代，必然会打造一个相对繁华稳定的国家，可惜的是，在当时"内有显宦，外有强藩"的时代背景下，像他这样的皇帝要想治好国家，注定会遭遇更大的困难。

身为君主，他自然清楚问题的症结所在，他认为首要任务是培养一支真正能够听命于皇帝的军事力量，这样才能震慑诸藩镇，推进削藩。于是就在京城开始招募军士，规模非常大，据说有十万多人来应募，这不仅使他更有底气，似乎让大唐重新出现了生机。但是，这些新招募的人，怎么会是那些训练有素、久经

大唐名城：长安风华冠天下

沙场的藩镇武装的对手呢？

从龙纪元年（889）开始，昭宗全面推进削藩战争。首先将矛头对准了四川的王建，让宰相韦昭度主持讨伐事宜。这边战事还没结束，他又迫不及待地与河东李克用撕破脸，削夺李克用的朝廷官爵，命令大臣张濬带兵去攻打李克用。不久，又与李茂贞兵戎相见。无一例外，这些战争都没有取得成功。攻打四川的时候，很多势力都依附了王建。讨伐李克用，朝廷官军损失惨重，几乎全军覆没，李克用更加跋扈，直接公开上书指责昭宗。李茂贞距离长安最近，官军战败之后，凤翔大军兵临城下，迫使他杀了宰相杜让以平息风波。

李晔虽然是在宦官扶持下才当上的皇帝，但他对宦官是深恶痛绝的。早在僖宗出逃的时候，他也跟着队伍一起跑，因为太过仓促，来不及准备马匹，大家都徒步跟着队伍。李晔这时候还小，只是十三岁的年纪，一行多是山路，他走不动就靠在石头上休息，田令孜从后面经过，就催促他赶紧走，寿王向宦官观军容使田令孜说："足痛，幸军容给一马。"田令孜回答说："此深山，安得马！"不仅没给，而且还用鞭子抽打李晔，想让他赶紧走，李晔只是看了看田令孜，并没有说话，但已经将此事记在心里了。后

第六章 兵火照长安：播迁的天子与陷落的都城

来当了皇帝，在整饬宦官的时候，第一个就诛杀了田令孜。

然而，扶持他继位的宦官杨复恭却权大难制，形成了新的专权集团。拥立新君是宦官杨复恭最大的政治资本，自谓"定策国老"，甚至把皇帝也视为"门生天子"，专权跋扈，经常乘坐肩舆到太极殿见皇帝，完全不把昭宗放在眼里。他控制着神策军还不够，对朝廷政事也染指很深，可以参加延英殿议政，拥有参与决策的资格。堂状是宰相向皇帝汇报的一类文书，他们竟然在堂状后"贴黄"，用另纸写上自己的意见，可见已经严重介入朝政。有一天，皇帝和宰相在讨论国家政事，杨复恭也在，他们正谈到四方藩镇谁有可能造反的话题，孔纬直言不讳地说："陛下左右有将反者，况四方乎！"昭宗就问孔纬，孔纬直接指着杨复恭，提出了两个事实，一是你杨复恭是皇帝的家奴，怎么能够坐肩舆来见皇帝，二是你收养了那么多的壮士，认为干儿子，不仅让他们在朝廷掌管禁军，还让他们在外面担任方镇，这不是要造反吗？杨复恭却没脸没皮地狡辩说，我收的儿子都是壮士，这么做的原因是"收士心，卫国家"，哪里会图谋造反？杨复恭用收纳人心、保卫国家来当借口，昭宗又不是三岁小儿，自然明白杨复恭的心思，却也没有办法，于是打趣道："卿欲卫国家，何不使姓李而姓杨乎？"杨复恭听后也无话可说。

杨复恭有个义子叫杨守立，原来叫胡弘立，此人非常英勇，在禁军中名气很大。昭宗想要打压杨复恭，害怕他率领禁军作乱，就向杨复恭讨要这个人，说想让他来宫中任职。杨复恭就答应了，昭宗就让他掌管内苑屯驻的六军钥匙，并赐名为李顺节，以此来拉拢他。照理来说昭宗应该非常依赖并重用宦官，事实却并非如此。目睹过宦官在前朝的所作所为，他对宦官干涉朝政颇为不满。所以重用朝官，大臣孔纬等人经常劝昭宗行大中故事，以此来抑制宦官的权力。

大顺二年（891）九月，昭宗想让杨复恭退休，但杨复恭称病不受诏，皇帝就派遣策反成功的李顺节带禁军讨伐杨复恭，杨复恭的另一养子杨守信率军抵抗，双方在京城昌化里列兵对抗。昭宗跑到延喜楼上，以备不测，但一直相持到晚上，彼此也没有直接展开冲突。当天夜里，杨守信带人突围，保护杨复恭从通化门出京，边战边退，出逃到商州去了。

乾宁元年（894）正月，李茂贞来长安朝见昭宗，当时李茂贞已经坐拥十多个州郡，兵强马壮，不愿再屈居人下了。果然，次年五月，凤翔节度使李茂贞联合了邠宁节度使王行瑜、镇国节

第六章　兵火照长安：播迁的天子与陷落的都城

度使韩建，他们各自带领数千人的精兵攻入长安，杀害大臣，准备废掉昭宗，"京师大恐，人皆亡窜"，气氛一下子紧张到了极点。昭宗亲自到安福门上接见，指责他们不待皇帝命令，擅自带兵入朝意欲何为！但皇帝没有丝毫办法，只能被他们胁迫，不得已在同文殿设宴接待了他们。李茂贞和王行瑜说南衙朝官和北司宦官相互倾轧，争斗不断，严重影响朝廷政事，请求诛杀元凶首恶。皇帝只得贬斥了宰相韦昭度和李磎，不久王行瑜等又在都亭驿杀害了韦昭度和李磎。李克用是河东节度使，获悉此事后，马上率军勤王。

李茂贞等人早就有废立的想法，准备拥立吉王即位，但听说太原李克用已经起兵勤王，就只留下了一部分军队以宿卫为名，实际上是监督昭宗。七月的时候，李克用渡过黄河向李茂贞等问罪，李茂贞、王行瑜和韩建畏惧李克用的实力，于是退出长安。

王行瑜有两个兄弟，一个叫王行约，是匡国军节度使，另一个叫王行实，在京城担任禁军的左军指挥使。王行约在抵御李克用的时候战败了，于是退回长安，和王行实里应外合，在西市劫掠，并且想胁迫皇帝出京，去他们自己的地盘邠州。当时李茂贞

大唐名城：长安风华冠天下

的假子李继鹏是右军指挥使，就联合了宦官，准备劫持昭宗去凤翔。双方围绕着对皇帝的争夺，在长安城里大打出手。皇帝慌忙跑到承天门楼上，想调和双方的冲突，只有捧日都头李筠带领了一些禁军护卫，结果"矢拂御衣，著于楼桷"，乱箭差点就射中皇帝。李继鹏还在宫门放火，"烟炎蔽天"，烧掉了不少建筑。后来双方在退走的时候，"城中大乱，互为剽掠"，京城乱作一团。

这件事后，昭宗听说李茂贞和王行瑜要亲自来抢他，就提前跑到南山里去躲避战乱，逃难队伍浩浩荡荡，"京师士庶从幸者数十万"，次月，才在李克用的支持下返回长安。但宫室建筑损毁严重，还没来得及修缮，皇帝只能"寓居尚书省"，偌大的宫城，竟没有皇帝的立足之地了。一直到这年的十月，大明宫才修缮完毕，于是昭宗就迁到大明宫。可是，马上就又遭受到严重的破坏。

乾宁三年（896）七月，李茂贞再次带兵杀入长安，大军进京之后，纵火焚掠，烧掉了很多的建筑，"宫室廛间，鞠为灰烬，自中和以来葺构之功，扫地尽矣"。还没有完全修缮好的长安宫殿，又一次被战火给毁掉了。昭宗逃到华州投奔了韩建，让韩建负责修缮长安，还任命韩建为修创京城使，在华州筹集修建材料，修葺大明宫。第二年七月，昭宗和学士、诸位亲王

第六章 兵火照长安：播迁的天子与陷落的都城

在华州，他们登上齐云楼，向西望着长安，还让乐工演唱他写的《菩萨蛮》词，君臣泪流满面，回忆长安的点点滴滴，心中五味杂陈。

李茂贞此时声名狼藉，害怕惹来众怒，于是主动上书，承认错误，还承诺会献助修宫室钱。然后各地的藩镇也见风使舵，纷纷进贡钱物，帮助修复宫殿，试图以此来向朝廷表忠心。这次修建时间并不长，很可能只是重点修缮了一些地方，比如唐后期非常重要的宫殿建筑大明宫，至于其他的殿阁，恐怕都没有来得及修好。昭宗在韩建的监视下生活，直到光化元年（898）八月，昭宗从华州返回长安，终于结束了在外漂泊的两年时光，于是改元乾宁为光化，并大赦天下。

谁也想不到，李晔未能挽救唐王朝这座大厦的将倾之势，长安在这位皇帝的手中，竟然永久地丧失了帝都的身份，成了最后的都城，帝王州的身份一去不复返了。

朱温与李克用相互攻伐，互有胜败，朱温想联合朝廷讨伐李克用，得到了宰相的支持。在接下来的两年里，朱温和李克用忙着争夺地盘，无暇顾及朝廷。唐政府就在这种环境中，崔胤与唐昭宗合谋进行了诛杀宦官的行动。枢密使宋道弼、景务修等众宦

大唐名城：长安风华冠天下

官和南衙百官的斗争更加突出，甚至"各结藩镇为援，以相倾夺"。崔胤在朱温的支持下逐渐占据上风，诛杀了宋道弼和景务修，这让其他宦官非常害怕。而昭宗看着这乌烟瘴气的朝堂，自己没有一丝话语权，心态也慢慢地崩了，性格大变，变得喜怒无常，动辄诛杀身边的人。随时都有性命之忧的宫人和宦官非常惧怕，惶惶不可终日。终于，在光化三年（900）十一月的一天，昭宗打猎刚回来，晚上喝醉酒又杀了数名服侍的宫女宦官。神策军中尉刘季述和王仲先等宦官就发动了宫廷政变，囚禁了昭宗，让皇太子李裕监国。刘季述指着沦为阶下囚的昭宗说，"什么时候，什么事情，你没有听我的，这是一个罪行"，这样列了数十条昭宗的罪行。刘季述又让神策军的将领李师虔带兵看守，只能通过墙上的小洞送吃的。一朝天子，落到这个地步，哪里还有什么皇权威仪。

政变之后，刘季述等人就在宫里开始了一轮屠杀，睦王李倚是昭宗的弟弟，首先就被杀害了，其余的宫人、方士、和尚、道士，凡是和昭宗亲近一些的都惨遭荼毒。晚上杀人，白天运送尸体，每天都要运十车，以震慑他人。甚至还想杀崔胤，但惧怕朱温的报复，就只是解除了崔胤的财政使职。皇帝遭难，朝廷一片

第六章　兵火照长安：播迁的天子与陷落的都城

混乱，此时深受国恩的诸方镇反而坐视不理。刘季述派朱温的养子朱希度去见朱温，说可以请朱温来当皇帝。朱温犹豫不决，和部下商量的时候，大家都说这是朝廷的事情，我们藩镇不适合插手。只有李振力排众议，告诉朱温说这是一个机会，现在宦官在朝廷肆意妄为，如果你能匡扶正义，必然能够占得先机，所谓"霸者之资"。朱温恍然大悟，就让李振等人去长安，联合宰相崔胤共同扶持昭宗复位。

天复元年（901）春，昭宗复位，崔胤得到重用，朱温在朝廷的权势更加稳固。此时李茂贞来京，被封为岐王。宰相崔胤打算夺取宦官的军权，李茂贞极力反对，最终宦官韩全诲在李茂贞的支持下掌握了军权。李茂贞和朱温都有"挟天子以令诸侯"的想法，所以李茂贞想把昭宗拉去凤翔，而朱温则想让皇帝来洛阳。韩全诲握有军权，打压崔胤，于是崔胤就向朱温求救，然后朱温率领大军前往京城。韩全诲非常害怕，就让神策军先把府库里的财物都提前运到凤翔，天复元年（901）十一月，神策军左军中尉韩全诲勾结了凤翔节度使李茂贞，他们劫持着昭宗去凤翔，走的时候拆坏了一部分长安的宫殿。长安城马上又陷入一片恐慌，百姓四下逃命，"豪民皆亡窜山谷"，这都已经成了长安居

大唐名城：长安风华冠天下

民的常规操作了。虽说这次出奔是被胁迫的，其实昭宗也无可奈何，挟持皇帝出城的时候，李彦弼在宫内纵火，又烧毁了许多宫殿。

长安城历经数次劫难，但仍旧是唐朝的都城，是唐王朝存续的象征。然而，随着朱温胁迫昭宗迁都洛阳，唐朝的统治轰然倒塌，长安城的地位也一落千丈。朱温大军与李茂贞对峙了一年，天复三年（903）正月，才达成妥协，昭宗又回到了长安。回京之后第一件事就是诛杀宦官，朱温在内侍省杀了八百多人，"冤号之声，彻于内外"，还命令在外地执行任务的宦官，也由当地进行诛杀。

一切准备妥当，天祐元年（904）正月，朱温已经迫不及待地想要登上皇位了，他先上表说崔胤专权，离间君臣关系，祸乱国政，应该被处死，他的同伙郑元规、陈班等也应该一同诛杀。皇帝赶紧贬了崔胤等人的职位，但朱温对此并不满意，就让自己的儿子朱友谅带人去崔胤和郑元规的家里把他们都给杀了，又派遣牙将寇彦卿请昭宗迁都洛阳。他还亲自出兵，要求长安的居民都要迁徙，"驱徙士民，号哭满路"，声势非常浩大。士民都骂崔胤，说："贼臣崔胤招来朱温倾覆国家，害我们流离失所！"若

第六章　兵火照长安：播迁的天子与陷落的都城

是单纯地迁都那还罢了，关键是朱温还让人拆毁了长安的宫殿建筑、百官衙署、坊里民舍，然后把木材丢到河里，顺流而下，用作修建洛阳的材料，"彻屋木，自渭浮河而下，连甍号哭，月余不息"。这次迁都不仅是对唐王朝的致命打击，延续两百多年的大唐王朝走入末路，更重要的是对长安城造成了毁灭性的打击，使得长安成为一座废墟。城毁而人亡，人亡而政息，司马光就直言不讳地说"长安自此遂丘墟矣"。

昭宗在华州的时候，朱温就多次上表，请求皇帝迁都洛阳，但昭宗都没有同意，实际上朱温已经让东都留守张全义在洛阳修缮宫殿了。昭宗一行人到达陕州，朱温才来面见昭宗，何皇后哭着说："自今大家夫妇委身全忠矣！"从此他们的命运就托付给朱全忠了。昭宗还亲笔写了一份求救的书信给王建，希望他能够发兵来救援，王建就派出一支军队，联合了凤翔的军马打算把皇帝抢回来，可他们刚到兴平，就遇到了朱温留下断后的军队，就又折回来了。眼睁睁看着皇帝被朱温挟持而去。在朱温的逼迫下，昭宗和百官向洛阳进发。到洛阳之后，昭宗生活了七个月，当年八月，朱温就让蒋玄晖杀了昭宗，唐朝自此名存实亡。

长安遭到破坏，兵乱是最主要的，而藩镇之间在京城的争

大唐名城：长安风华冠天下

夺，实际上对长安城的破坏不亚于起义军队。奉天之难的时候，朱泚在长安城里筹备防守事宜，就有人建议把内苑和长安街道上的大树都砍掉，用来制作一种名叫"冲车"的战争器械。能够满足战争器械的树木，肯定不是一般性的小树，必然是那种高大的树，也不知道多少年来见证着长安的发展，现在却在战火中遭受了毁灭。

兴庆宫中的九龙池旁边，四周种植了各种树木，有垂柳、槐树和榆树等，以为观赏之用。但战火弥漫之下，都难以保全，"兵寇以来，多被剪伐"。即便躲过了战争的破坏，各种天灾也对长安的环境造成了很大的损害。姑且不说干旱导致的枯木遍地，自然灾害的雨雪风暴也摧残着长安城的各种设施。开元二年（714），长安发生了大风灾害，风力非常大，据说导致"长安街中树连根出者十七八"，许多树木连根拔起，住宅和建筑当然也难以幸免。

太和九年（835）四月的时候，长安中的一次大风"拔木万株"。枝繁叶茂的树木，长得越是茂盛，在这种大风天中越容易被吹倒。北方冬天寒冷，伴有冰冻，所以经常是凛冽的北风加上寒冷的冰雪，遭遇冻灾也是常有的事。元和十五年（820）九

第六章　兵火照长安：播迁的天子与陷落的都城

月，还没到长安最冷的时候，就突然降了一场雨夹雪，"街衢禁苑树无风而摧折，连根而拔者不知其数"，开耀元年（681），太平公主和薛绍结婚的时候，公主要从大明宫出来，然后到宣阳坊的夫家，傍晚时分，迎亲队伍举着火把，把沿途的树木都给烧毁了。

唐朝宫殿建筑象征着皇权威仪，唐律明确规定，若是毁坏皇室的宫殿、陵墓、宗庙，则属于"十恶"中的谋大逆罪，是要被杀头的。所以一般人并不敢损坏朝廷的宫殿建筑，但历经唐朝，长安数次遭厄，无数建筑遗产毁于一旦。玄宗要在长乐坊里建造一座道观，却因为木材不够用，就拆了一些宫殿作为修建道观的木材。兴庆宫里的通乾殿，大明宫里的乘云阁、甘泉殿等，都被拆了，然后修建了兴唐观等天尊殿、门楼、老君殿等。这种拆东墙补西墙的行为，自然只有那身居高位的皇帝才敢，若是一般百姓，别说拆损宫殿了，就是砍一棵山陵附近的树木，都会被重重惩处。

大宦官鱼朝恩为了巴结皇帝，就想在通化门外修建一座章敬寺，说是为代宗的母亲章敬太后祈福。结果，修建寺院需要的木材很多，没有征得皇帝的同意，把曲江附近的馆阁、华清宫的楼台水榭、政府机构的官署、朝廷将相百官的旧宅等，都给拆掉了，

大唐名城：长安风华冠天下

用所得木材来修建这座寺庙。当然，这绝对不是全部，没见于记载而被强行拆迁的长安建筑，不知道会有多少。

作为统治者的唐朝皇室成员和官僚显贵，他们在平时的生活中就已经对城市的面貌和宫殿建筑有一些损坏行为，但这相较于战火而言，可以说是微不足道。安史乱军、泾原乱军、黄巢乱军、吐蕃乱军等，在长安实行的残酷掠夺和屠杀，是国家的灾难。李克用、朱温等大军，他们进入长安时也没有闲着，动辄杀戮劫掠，这种军队乱兵的剽掠，作为一般居民哪有反抗的余地。尤其是朱温，挟持皇帝迁都的时候，径直拆坏宫室建筑、居民房屋，简直就是毁灭性的行为。

长安之厄，战乱为首。天子播迁之时，京城之地似乎缺失了精神脊梁，长安的苦难，是城中居民的悲催世界，也是烙印在这座古都中最丑陋的疤痕。从安史之乱玄宗幸蜀开始，到昭宗被迫迁都为止，百余年间，唐朝的皇帝被多次赶出京城，在外漂泊，京城被乱军占领，遭受了一轮又一轮的蹂躏，繁华古都屡次被踩入泥泞，又一直苟延残喘。长安城享受过最耀眼的荣光，也承受过最屈辱的撕裂。

大唐长安与唐王朝一样摇摇欲坠，在人祸中走向衰落。如果

第六章　兵火照长安：播迁的天子与陷落的都城

仅着眼于光彩照人的长安，应当看到蓬勃兴盛的长安图景，但历经沧桑的长安，也是长安城叙事中无法忽视的环节。巍巍长安城，战火不断，一次又一次的摧残，终使大唐国都一去不返，再也无法承载起京都的城市功能。自唐亡以后，宋、元、明、清之世，再也没有哪个王朝选择以长安为都城，长安风华终是一去不复返了。

尾 声
回首望长安

隋筑大兴，唐都长安。从隋文帝开皇二年（582）六月修建大兴城算起，直到天祐元年（904）正月，唐昭宗在朱全忠的胁迫下迁都，除了武则天称帝时定都洛阳（神都）外，长安（大兴）作为隋唐两代王朝的都城长达300余年。长安凝聚着中国文明发展的精髓，蕴含了中华各族人民对中国古代历史文化的丰富想象，同时，长安也是一个具有象征意义的文化符号。

千年之后，回首望长安，虽然无法真切地体会唐都气象的真容，但通过文物典籍、考古遗存仍可嗅到长安曾经的风光，文人

尾　声　回首望长安

学者也在字里行间流露出了大唐气象。精美绝伦的唐代文物光彩夺目，唐人英姿勃发的精神风貌，缔造网织的文明高度，兼容并蓄的文化情怀，如此种种让我们永远追忆。长安城华梵庄严，商旅络绎，是文人墨客的精神家园，太平盛世的理想寄托。大唐气象深深地烙印在每一个中国人的内心深处，血脉相融。

长安是政治的轴心、文化的腹地。大文豪韩愈说京师是"四方之腹心，国家之根本"。贵人们所在的宫城与文武百官日常办公的皇城是长安居民乃至全国官民心中既神秘又神圣的地方。官署之地，国政所系，公卿百僚出入其间。"天街"两侧，豪宅临街，达官显贵，门庭若市。点缀其中的古刹道场，可以满足对长安所有的美好想象。东西两市店肆林立，人潮如织，匆忙的行旅与街道上的叫卖声交相辉映，是体验长安人间烟火的最佳去处。

长安是权力场、名利场，无数人的长安梦、长安心、帝都情系于此，是心灵的皈依之地，精神的梦回之处。科举取士消泯了士庶身份的界限，使得社会阶层的流动成为可能，都城长安就成了无数文人墨客追逐功名的圣地。李白登上金陵凤凰台，回望长安城，说"长安不见使人愁"，因为皇帝受到蒙蔽，自己不能在都城做官，心中非常郁闷。吴融在龙纪元年（889）刚中进士及

大唐名城：长安风华冠天下

第，就被要去蜀中打仗的韦昭度辟为掌书记，去讨伐陈敬瑄。回京之后，他一直在京城任职，官侍御史。乾宁二年（895）五月，可能因为弹劾某个权贵而受到排挤，被贬官荆南。他出京去荆南的时候，途经蓝田附近的七盘岭，作了两首诗来表达内心的惆怅，其中有一句说"从此自知身计定，不能回首望长安"，表达了对自己前途的担忧，对长安官场生活的向往。

我们追忆的不仅仅是那座城、那个地方，更是被意象化的圣地。诗人学者，贩夫走卒，僧俗各界，他们浅吟低唱，书写长安往事，描绘古都图景，巍峨宫阙，古都胜景，华夷交融。

开放与兴盛是唐朝的"时代格"，唐朝统治者着力建构的大民族理念，缔造的"华夷一家"观念和统治秩序，平等的民族政策和中外经济文化的交融、交流、交汇，使得唐朝展现出兼容并蓄、广纳百川的时代风貌。唐朝幅员辽阔，治理的版图在唐高宗时到达巅峰。与汉代相比，"东不及而西过之"。唐朝民族政策开放，唐太宗"爱之如一"的理念得到周边民族的拥护，他们尊称唐朝皇帝为"天可汗"，甚至还修建了"参天可汗道"。长安城的异域文化绚丽多姿，唐朝文化还辐射到周边民族，他们定期来朝贡，将唐朝的物质文化和制度文明引入到自己的国家。新罗仿照

尾声　回首望长安

唐朝的科举制度而设立了国学,儒家经典是新罗学生的重要阅读内容。日本的乐舞、绘画、建筑、宗教、医药等,都受到唐朝的深刻影响。

乱军、盗匪洗掠长安的时候,繁华的京都沦为战火弥漫之地,再也听不到那市场的嘈杂繁闹,也听不到寺院清晨傍晚的梵音和钟鸣。李白在安史之乱爆发后的逃难途中,写给友人崔令钦的诗说"中原走豺虎,烈火焚宗庙",战乱之下,长安失去了昔日的欢声笑语,黎民百姓好似落叶飘零。杜甫说"积尸草木腥,流血川原丹",字里行间充满了血腥的气息,抒发出对山河家国支离破碎的痛惜,也是后人对长安沉痛记忆的追溯。

"长安"已经浓缩为一个极富内涵的文化符号,演变为"长安意象",承载了挥之不去,无法释怀的"长安情结"。是盛世的写照,是家国的象征,也是扬名立万、光耀门楣的理想之地。玄宗朝的宰相张说有诗句说"花萼楼前雨露新,长安城里太平人",精神向往的心灵家园,政治理想的寄托之地。

唐人心中有一份无法舍弃的长安记忆。白居易被贬忠州时,经常追忆长安生活,他和好友万州刺史杨归厚之间的唱和往来中,总是提及长安往事。如忠州荔枝熟透,他寄给老友品尝,并

大唐名城：长安风华冠天下

在诗句中说"不得充王赋，无由寄帝乡"。僧卿云在长安时，曾给他的知己好友沈彬写了一首五言律诗，说现在的社会风气是"生作长安草，胜为边地花"，但他还是想和神仙一样能够早日飞回自己的家乡。

宋人对长安的想象寄托了恢复盛世的理想，欧阳修说"十年歧路，空负曲江花"，是对仕宦坎坷、官场沉浮的写照，真实体现着长安作为功名场的深厚记忆。南宋的辛弃疾说"西北望长安，可怜无数山"，表达出无法抑制的爱国情感。想来这位为了恢复中原奋斗终生，却又壮志难酬的南宋词人，他所望的恐怕不是唐代的长安城，而是北宋的都城汴京，这是把汴京当做长安了。

往事已矣，杜牧说"南朝四百八十寺，多少楼台烟雨中"，长安亦是如此！"帝王州"的角色在唐代以后成了绝响，但大唐长安曾经享有灿烂辉煌的荣光，见证了王朝兴衰成败，是永不可磨灭的精神记忆。长安城具有时空的多面性，既是世界城市文明发展的高峰和象征，也是中国古代盛世文化的典范和载体。

回首望长安，永远的大唐气象，难忘的长安风华！

后 记

2022年7月,我从清华大学博士毕业,正式入职重庆大学工作。刚到重庆,还处在适应的阶段,加上事务繁杂,始终无法静下心来修改、撰写学术论文。2022年10月25日,耿元骊教授突然给我发来微信,说正在主编一套"唐朝往事"系列的普及性读物,问我是否愿意参加。

早在上海师范大学读研的时候,我就在会议上见过耿老师,也知道他主编过"宋朝往事"系列,反响非常好。后来读博期间,又参加了耿老师组织的第一届"西园研史:唐宋史青年学者论坛",相处日久,我们学员亲切地称他为"耿导"。说实话,接到耿导的邀约,我是非常开心的,因为这还是我第一次被约稿。同时,我也颇为犹豫,主要是有两个顾虑:一是怕自己能力水平所限,做不好,辜负了耿导的美意;二是我博士刚毕业,就目前的处境来看,所有刚毕业的博士普遍都面临着较大的考评压力,且这样一项写作工作对自己的考评帮助性也较弱。而且,这类写作对作者的要求也比较高,既要使用通俗写作的叙述方式,让语言表述不那么晦涩,还要有较高的学术修养,不致行文叙事显得过于枯燥。

纠结之中,我向在上海师范大学工作的赵龙师兄求助,希望能给我指点迷津。赵龙师兄说,若时间允许,可以试一试,先不要有太多顾虑。宋神宗在给司马光的《资治通鉴》写序时,引用了《周易》中的"君子多识前言往行以蓄其德"。我的授业恩师张国刚先生在通俗写作和知识普及性方面已经做了大量的工作,我也有幸曾参与《〈资治通鉴〉与治世得失》《〈资治通鉴〉中的历史智慧》等书稿的校对工作。包伟民教授在一次访谈中说,历史学应该走向知识传播,这是历史学从司马迁以来的一个传统,而通俗读物的写作最重要的是传播正确的认识。我思忖良久,决

后 记

定应承下这次邀约。因为我认为参与这项工作既是对前辈学者的效仿，也是对自己的一次训练。

记得当时耿导给了几个可供选择的题目，有史事也有人物，我就选了长安这个主题。原来的规划是聚焦长安城，叙述长安城的基本格局和大唐盛世波澜壮阔的气象，所以核心主题是"大唐气象，长安风华"。后来又考虑到长安城毁国亡的这段历史是理解盛世衰微的重要内容，便在写作的时候向这方面做了一些倾斜。

研究唐史就绕不开对长安的关注，荣新江教授在2003年的一篇文章中说，有关长安的研究远不如敦煌研究那样丰富多彩，甚至也没有建立起像"敦煌学"那样的"长安学"来。20年之后的今天，再来看学界的成果积累，可以说"长安学"研究已经蔚为大观。本书写作过程中，吸收了诸多前贤时哲的优秀研究成果，但限于书稿体例，没有在书中一一罗列，这是需要特别指出并致谢忱的！

我必须对耿导致以最诚挚的感谢！耿导认真细致，一丝不苟，严格要求按进度完成写作，按期对写作内容进行审核。赵龙师兄曾将耿导的督促之举形象地称为"催科"，正是在耿导的反复督促下，我才能按期完成交稿。

　　赵龙师兄是我本家师兄，我总有一种依赖感，诸事多向他请教，叨扰至多。师兄总是不厌其烦地给予指导，非常感谢！读博时的师兄张明、孟献志，同届雒晓辉也参与了这项工作，同为"难兄难弟"，交流颇多。工作单位的领导和同事多有帮衬，时时提点，使我尽快融入高研院这个大家庭。辽宁人民出版社提供了宝贵的机会，蔡伟老师团队费心编辑，校对老师非常细致，减少了许多讹误。如此种种，在此均表示衷心地感谢！

　　当然，个人学力水平有限，行文叙事必然多有错讹谬误之处，敬请方家多予指正。

赵耀文

2023 年 7 月 5 日于重庆大学